質的研究法

G・W・オルポート 著　福岡安則 訳

弘 文 堂

質的研究法◎目次◎

第I部　個人的ドキュメントの活用　G・W・オルポート▼著　福岡安則▼訳　9

第Ⅱ部

質的調査の醍醐味

福岡安則▼著

個人的な体験の鮮烈な物語のおかげで社会が変わることがある
G・W・オルポートの「偏見」概念

◉ 第I部 ◉

個人的ドキュメントの活用

G・W・オルポート著　福岡安則訳

緒言

読者が手にしたこの本は、社会心理学だけでなくほとんどの社会科学にとっても、とても大事な二つの問題に挑戦している。どんな資料を使えば、人びとの心の動きを知ることができるであろうか。そのような資料があるとして、では、どうすれば、妥当性のある一般化をおこなうことができるのか。この二つの問いである。

社会に生きる人間というものを理解するためには、AならAという社会に生きるBさんなりCさんという個々の人間の心的状態がわからなければどうにもならないことは、明らかだ。しかし、こういった心的状態を解明しようとする手持ちの方法は十分でなかったような気がする。また、心的状態についての手持ちの証拠にもとづいて出した結論を検証する方法を考案しようとすると、われわれは困難にぶつかってしまう。

〔事態は〕いささかジレンマの様相を呈している。一方では、社会生活の研究には、人間の経験という要因を理解する必要があろう。経験という主観的な側面を捉えなければならないのだ。……「客観的要因」だけに自己限定した研究では、不十分で一面的なままに留まる。そうは言うものの、人間の経験という主観的要因を見極め、その解釈の正しさを検証する決め手となる方法は、いまだ考案されていないと思われる。

ここに引用したのはハーバード・ブルーマー博士によって書かれたものであり、前述の大事な問題にかかわるものだ。というのも、この文章は社会科学の調査研究の一成果であるW・I・トマスとフローリアン・ズナニエツキの『ヨーロッパとアメリカにおけるポーランド農民』へのブルーマー博士による批判的検討の報告書のなかの一節であるからだ[1]。

トマスとズナニエツキのこの著作は、社会科学の方法の発展において一つの転機となった。ブルーマーは『ポーランド農民』の社会科学への貢献を八項目に要約しているが、その一番目と二番目は、「(1)社会生活における主観的要因の研究が欠かすことのできないものだということをはっきりと示してみせたこと、(2)人間的ドキュメント、とりわけ人生記録が研究の素材として使えるのだということをやってみせたこと」である。

個人的ドキュメントとも呼ばれる人間的ドキュメントが、『ポーランド農民』においてはじめて、広範で重要な役割をもつ社会科学の研究資料として取り扱われ、意味あるものとして批判的な関心を寄せられたのである。ブルーマーは、人間的ドキュメントを「個人の経験について叙述したものであり、社会生活に参与する人間としての個々人の行為をあらわにするもの」と定義している。

この定義を、本書の序文におけるオルポートの似通った定義と比べてみるのも面白かろう。われわれが人びとの心のなかで何が起きているかを知るのは、たいてい、人間的ドキュメント、個人的ドキュメントを通じてなのだ。『ポーランド農民』の最後の巻が出た一九二〇年以後、個人的ドキュメントの利用が著しく増えた。個人的ドキュメントという研究資料は、社会科学の諸分野に共通のものであり、かかる研究資料の収集面、評価面、分析面での一定程度の試みが蓄積されてきた。そして、いま、個人的ドキュメントの利用にあたっての方法論的諸問題へのまとまった反省がなされたのだ。

本書は、社会科学調査研究評議会（Social Science Research Council）の調査研究評価委員会によって企画、実施された一連の作業の記録の一つであり、「社会科学における調査研究の質の向上をめざすという評議会の責任」を果たすために、調査研究のあり方を検討するようにという委託を実行したものである。委員会は（当時のエドムンド・デイ委員長の下で）まず、社会科学分野の一定の出版物の批判的分析を書き留めることから手がけた。それらの著作は、その学問分野の専門家たちによって、傑出した作品であるとして選び出されたものであった。『ポーランド農民』もそうした優れた著作として選定されたものの一つであった。次の段階で委員会は、選び出された著作のうちの三冊を取り上げて、それぞれ口頭での議論を展開し、批判的な分析をおこなった。

1　ハーバード・ブルーマー『社会科学における調査研究批評（I）――トマスとズナニエツキの『ポーランド農民』の評価』（一九三九）。

その成果が、三作品についての分析と議論の記録として、三冊の刊行物となった[2]。

こういった形式で調査研究の検討を進めながら、委員会はつづいて、社会科学の方法についてのもう一つの一連の検討作業を始めた。個人的ドキュメントの利用に際しての諸問題が決定的な重要性をもっていることが『ポーランド農民』の検討を進めるなかで明らかになったので、この著作が出版されて以降の、社会科学分野における個人的ドキュメントの利用法を検討することになったのである。進取の気性に富むこのグループにとって、ブルーマーの報告書が第一の刊行物となり、本書が第二の刊行物となる。

委員会は、社会科学の他の分野における個人的ドキュメントの利用法についての覚書の追加報告も準備中であり、いずれ評議会によって刊行される運びとなろう。

さらに、前述の評議会からの委託が次第により広がりをもった意味を帯びるようになって、委員会はいまでは、個人的ドキュメントの利用法の検討の一環として、言うなれば方法の実験をおこなっている。個人的ドキュメントの同一のコレクションが選び出され、二人ないしそれ以上の研究者が別個にかつ独自に研究をして、そこから科学的な結論を引き出すように手はずが整えられたのだ。現在取り組まれている実験では、個々の実験ごとにテスト状況が異なっている。ある実験では、別々の研究者が同一の概念セットを用いて同一のドキュメントを分析してみる。もう一つの実験では、それぞれの研究者が自分独自の概念セットを考案して分析にあたる。さらにいま一つの実験では、それらとは別の方法的要素が、定式化された評価尺度として、一方では利用され、他方では利用されないといった具合である。これらの実験の結果を、一冊の本にまとめて出版することが計画されている。

社会科学のいくつかの分野における個人的ドキュメント資料の近年の利用の実態が報告されるとともに、これらの実験が完遂されたあかつきには、広範囲にわたる社会科学の領域での調査研究というものがいったいいかなるものであるかがかなり明確になろう。また、二〇年ないしそれ以上の時間をかけて取り組んできた社会科学領域における方法の革新の歩みが記録に留められることになろう。

委員会は、オルポート博士の本書がその主題についての洞察力にとみ意義深い論考となっているものと信じている。じっさい本書は、その表題に恥じない以上のことをなしとげている。読者は、心理学ばかりでなくあらゆる社会科学においても有意義な方法論的諸問題についての検討結果を見いだすであろう。

ロバート・レッドフィールド

シカゴにて

一九四二年一月

2　ブルーマー、前掲書。レイモンド・T・バイ『社会科学における調査研究批評（Ⅱ）——フレデリック・C・ミルズ『価格をめぐる行動』の評価』（一九四〇）。フレッド・A・シャノン『社会科学における調査研究批評（Ⅲ）——ウォルター・プレスコット・ウェブ『大平原』の評価』（一九四〇）。

自序

不況と戦争と悲惨の十年が、一つだけ好ましい結果をもたらした。ありふれた人間の苦闘、かれの日常生活の情景、かれの勇気、かれが地道に大事にしているもののすべてが、われわれの文化の舞台の中心にもちだされたのである。ドキュメンタリー映画、世論調査、ありふれた人間の生活を取り上げたラジオ番組（「われら庶民」という街頭インタビュー）、スナップ写真、平凡な体験を飾らないで綴った自分史（『こうして生きてきた』）などが流行した。平凡な兵士、平凡な赤ん坊、平凡な女学生などを呼び物にした『ライフ』とか『ＰＭ』のような雑誌が売り出され始めた。素人が個人的ドキュメントに興味をもつようになったのだ。そのような一般的な文化的潮流に巻き込まれて、社会科学者もまた個人的ドキュメントに関心を抱くようになった。

素人と違うのは、社会科学者は、自分が支配的な趨勢に影響を受けていることがわかるだけに、それが健全な徴候であるかどうか自問することだ。方法のことが気になる社会科学者は（ほんのちょっとしたことにも気になって仕方なくて）、かれの手許に殺到する山のような個人的ドキュメントを吟味しようとする。

社会科学者がこの問題についてあれやこれや考えだすと、かれは眩暈《めまい》を覚えるほどの矛盾に悩ませられる。かれの受けてきた科学的な訓練と抱負からして、はたして単一事例でもって代表性が保証されるのか、とりわけ、主観的な記録といったもので妥当性が保証されるのかと、疑心暗鬼になってしまう。しかし同時に、目の前の単一事例のなかに、パッと見ただけでこれは確かだと信用するに値する知見をもたらす、生き生きとしてかけがえのないものがあることを、どうしても認めざるをえない。社会科学の一般的な古典と比べてみても、事例ドキュメントのほうがより魅力的だし、より啓発的だし、決定的なことに、よりリアルだと思えてしまうのである。個人的ドキュメントは社会科学に完璧な方法をもたらすものである、と熱っぽく宣言する研究者がいるかと思うと、他方では、個人的ドキュメントなんて科学的と呼べる代物ではないと言い張る研究者もいる。一般的な風潮としては個人的ドキュメントの利用には反対の声が強いのに、同時に個人的ドキュメントの利用が急増しているという事実のなかに、さらなる矛盾が見られる。

個人的ドキュメントは、意図的にせよ意図的ではないにせよ、書き手の精神生活の構造とダイナミックスと機能に関する情報をもたらす、いっさいの自己表示的な記録である、と定義されよう。それは、さまざまな経験についての当事者自身の見方を記録したものであることもあれば、意識して自己吟味と自己描写に集中したものであることもあれば、ただたまたま知らず識らずのうちに自己を表示しているにすぎないものであることもある。

このように定義すれば、個人的ドキュメントはただ一つの種類の事例研究資料だけから成ることになる。事例研究が（あるいは生活史が）一人称体で書かれることもあるけれども、もっとよくあるのは、「外側《アウトサイド》」から研究者がだれかある他人のパーソナリティの本質的な構造と機能を描写するために、当該のパーソナリティを理解するのに必要なだけ、その人物を取り巻く環境と精神内部の状態を記録しようとするものである。三人称体の事例ドキュメントのすべてを考慮するとなれば、必然的に、伝記、診療記録、制度的記録、臨床日誌、さらには、無限に多種多様なサイコグラムや人物描写や記述的人物素描などのあらゆる領域を含むことになろう。しかし幸いにして、われわれに与えられた課題は、心理学者が分析的技法を適用する一人称体の人間的ドキュメント（書かれたもしくは語られた自己表示）に限定されている。ドキュメントは、単一の経験エピソードと生活史《ライフヒストリー》の断片だけを扱ったものであることもあれば、「内側《インサイド》」から見た一人の人間の経歴の接近可能にして重要な側面すべてを、包括的に――誕生から老齢まで――扱ったものであることもある。

経験と行ないの自己表示的記録としての個人的ドキュメントは、常にというわけではないが、通常は、自発的に、本人自身によって、公開を前提としないものとして書かれたものである。そのテーマは、おのずから、書き手の生活をめぐるものとなり、そのアプローチの仕方は、これまたおのずから、主観的（現象学的）なものとなる。こうして作成されるドキュメントは、率直さ、範囲、真正さ、心理学的価値の点で、玉石混淆となる。愚にもつかない戯言であることもあれば、人間生活の最も深遠にして意義深い経験が滲み出ているものであることもある。そして、そのいずれもが心理学者にとっては興味深いものなのである。というのも、愚にもつかない戯言のドキュメントであっても、心理学者は、いったいなぜそういったものが書かれたのか、さらには、なぜ退屈であったり欺瞞的であったりするのかを問うにちがいないからだ。

一人称体のドキュメントと三人称体のドキュメントとで、方法論的な問題の多くは同一であるけれども、なかには異なるものもある。制度的記録、社会的事例史、精神医学的病歴録といったものは本人の助けを借りないでも書くことができるが、個人的ドキュメントの作成となると本人自身が関与しなければならない。トマスとズナニエツキが『ポーランド農民』において採用した五種類の人間的ドキュメント――自叙伝（自分史）、手紙、新聞記事、裁判記録、社会的機関による記録――のうちでは、最初の二つだけが個人的ドキュメントとしての資格を備えている。伝記をはじめとする三人称体のドキュメントは、いずれも心理学の重要な一章を構成しはする。しかしながら、三人称体のドキュメントには、資料の出所は確かか、観察記録者は信頼できるか、表現技術の巧拙といった問題がつきものである。こういった問題は本書では考察の対象としない。とはいえ、一人称体のドキュメントも三人称体のドキュメントも、どちらも共通して、ある方法論的な難問に直面している。すなわち、どちらも単一事例を取り扱うのであって、この難問を乗り越えられるかどうかでは命運をともにするであろう。このように一人称体のドキュメントと三人称体のドキュメントは基本的に相通ずる面をもっているのであって、わたしが一人称体のドキュメントに限って、それが心理学において果たす役割の考察を進めることは、たいした問題ではなかろう。一人称体のドキュメントの役割が正当化されれば、本質的なところでは、三人称体のドキュメントの利用の妥当性もまた認められたことになろう。

　われわれは以下のチェックリストを用意して、個人的ドキュメントを扱っている文献（調査研究による作品であれ、それの批評をしている論文であれ）を網羅的に読みあさり、一つひとつの文献を検討してみた。(1)その研究が取り上げている一人称体の資料は、どんなものか？　たとえば、包括的な自叙伝《オートバイオグラフィ》（自分史）、特定の主題《トピック》に関する自叙伝（自分史）、芸術作品、日記、手紙、口述記録。ほかにどんなものがあるか。(2)用いられたドキュメントの来歴は？　広く読者に読まれることを想定して書かれたものか、執筆を依頼されて書かれたものか、出版されるとか何かに利用されるなどとは思ってもみないで書かれたものか。(3)そのドキュメントは、それ単独で研究資料となっているのか、それとも、他の資料によって補足されているのか？　もしも後者であるならば、その補足的資料の利用は、一般化の基礎固めとしては、確証のためなのか、対照のためなのか、それとも他の目的のためなのか？　(4)そのドキュメントの信頼性か妥当性のいずれかを確かめようとする試みがなされているか？　もしなされているならば、その内容は？　(5)研究者は、かれの用いた方法について、かれの利用した資料の価値について、どんなふうに述べているか？　(6)研究者は、ドキュメントを帰納的に利用しているのか、それとも、仮説とか理論とかドグマを例証するものとして利用しているのか？　それとも、その両方なのか？　研究者の推論は、あくまで目の前の事例に限定されているのか、それとも、一般化されて、「類型化」された人びとにまで当てはめられているのか？　(7)研究者がなんらかのバイアスにとらわれていることはないのか、あるいは、どんな準拠枠を採用しているのか？　そして、そのバイアスなり準拠枠は解釈にどんな影響を与えているのか？　解釈は、それ以外にはありえない必然的なものなのか、あるいは、そう言われてみればなるほどと思えるものなのか、それとも、こじつけとしか思えないものなのか？　個人的ドキュメントからその意味、その理解が引き出されるかたちで、研究者のコメントがなされているのか、それとも、研究者のコメントや解釈を読んではじめて、ドキュメントの意味がかろうじてわかるものなのか？

実際に作業を進めてみると、このチェックリストはあまりにきめ細かすぎた。このチェックリストのすべてを適用できたのは、ごく一部の研究でしかなかったのだ。しかし、このチェックリストにもとづく検討結果の一覧表を作成することはできなかったけれども、このチェックリストが本書全体の、とりわけ第一〇章から第一二章で展開する評価の枠組みとして大いに役立ったことには変わりない。たいていの場合、個人的ドキュメントを利用している研究は、いい加減な思いつきで、行き当たりばったりでやられているものばかりだ。およそ二百ないし三百人の心理学者たちが個人的ドキュメントを利用してきたのに、自分が採用している方法に思いをめぐらせたのは、せいぜい十人程度なのだ。批判的研究の名に値するこれら少数の研究については、第二章で取り上げる。

このプロジェクトが進められていくあいだ、アダ・オルポート、ジェローム・ブルーナー、ドロシー・デラバーレ、イルムガード・ノーデン、ヘレン・リッチ、ウォルター・ソルミッツ、フレデリック・ワイアットのみなさんから惜しみない援助が与えられた。ジョン・アーセニアンには、本書の内容と形式の双方にわたって多大な貢献をしてもらった。彼の助けがあってはじめて本書も完成できたと言えよう。これらの共同研究者のみなさまに、心から感謝の意を表したい。本書で提示されている結論のうちのいくつかは、ハーバード大学の心理学科における二学期間におよぶゼミでの議論に由来している。本書のようなかたちでこの問題の定式化をなしとげることができたのも、学生諸君が熱心に応答してくれることで議論の質を高めてくれたことによる。末筆ながら、本書を執筆する直接の刺激と機会を与えてくださった社会科学調査研究評議会に、心から感謝する。

ゴードン・W・オルポート

マサチューセッツ州ケンブリッジにて

一九四一年一〇月

▼第一章

没批判的利用

個人的ドキュメントを使って本を書くたいていの心理学者は、没批判的にそうしている。そう言ったからといって、かならずしもかれらの利用の仕方が未熟だとか素朴だというのではない。研究者たちの関心がもっぱら、当事者の精神生活の生き生きとして克明な描写に向けられてしまって、サンプリング、妥当性、観察者の信頼性、客観性などといった現代科学の諸基準には、あまり、というよりは、まったく、関心が向けられていないということである。この第一章で取り上げる著者たちは、個人的ドキュメントの採用にあたって、技巧と才気を駆使しているにもかかわらず、方法論的な問題にはほとんど関心を寄せなかった人たちである。

起源

ある意味では、心理学における古典的作品のほとんどすべてが、それを書いた著者の個人的記録にほかならない。ゲーテの『色彩論』は、知の偉人が自分の私的な知覚的経験を叙述したもの以上のなにものでもない。ヘルムホルツは、他に類をみない『生理学的光学』で、せいぜい一対の目についての自叙伝を書いたにすぎない。のちに実験室時代が到来してからでさえ、エビングハウスの一風変わった実験も、ほとんどもっぱら自分自身の記憶力とうらやむべき忍耐力についての記録であった。これらの、そして、たいていの他の、心理学における古典的作品は、ある意味で個人的ドキュメント以上のなにものでもないけれども、その著者たちが自分の作品を個人的ドキュメントと見做していなかったことは確かである。哲学者にして心理学者の内省的叙述は、絶対無謬のものであり、人類全般にとって十全に模範をなすものと考えられていたのである。

このドグマ的な現象学の時代が、一直線にそして突如として実験の時代へと移行した。ヴントの際立った天才と、他の有機体へと注意を向けさせた進化論の威光とが、この変遷を加速させた。制約なしに自由に書かれた手稿（個人的ドキュメント）の収集と分析が肘掛け椅子から実験室への飛び石となったと考える人もいるかもしれないが、事実はそうではなかった。ドグマ的な現象学への信頼から「他人」に対する制御された実験へと、不意に振り子が揺れたのだ。

突如として実験の時代がやってきたのちもしばらくの間は、実験室で収集される経験も、現象学者たちの研究で推定されていたのと同様の斉一性と典型性を示すはずだと思い込まれていた。ところが、観察する者によってその結果がまちまちであったり一致しなかったりしたため、研究者は困惑し、最初は偏りの大きいものを取り除いたり全体を平均化するとかしがちであった。しかしながら、まもなく、こういったごまかしでは通らなくなった。個人差を無視できないことが明らかになったのだ。この時点で、正常で・平均的な・成人の・人間の・精神とはこういったものだという先入観がある程度崩壊した。そして一九世紀の終わりには、多様性、広がり、分布、臨床類型などの概念が好まれるようになった。これと並行して、事例研究や個人的ドキュメントの利用も流行りだしたのである。たとえば、ゴルトンは、『人間の能力の調査とその開発』〔文献83〕のなかに、彼の友人知人によって書かれた個人的ドキュメントからの抜粋を取り込んだ。

以上にみるように、心理学における個人的ドキュメントの起源は、主として次の三点にあると言えよう。(1)心の科学の偉大な礎石をつくりだした現象学と内省の伝統。(2)生物学的実証主義の影響を受けて、研究の対象者（他の人間有機体）を求めるようになったこと。(3)一九世紀後葉における顕著な個人差の発見。これら三つの主たる影響に、いくつかのより小さな影響が混じり合った。(4)精神病者や天才への興味が旺盛なものとなり、かれらについての自叙伝体の資料が重視され、その事例報告が相次いだこと（クラフト＝エビング『性的精神病理』〔文献114〕、ロンブローゾ『天才論』〔文献127〕）。(5)心理小説の発達（エリオット、ドストエフスキー、メルヴィル）。(6)慎みを美徳とするビクトリア朝風の道徳主義が崩壊し、手紙や日記や自叙伝（自分史）のなかに秘めたる感情を書き表すことのタブーがなくなったこと（ハヴロック・エリス『性の心理』〔文献66〕、バシュキルツェフ『若き芸術家の日記』〔文献20〕）。

これらの条件が出揃ったことで、個人的ドキュメントの利用と解釈に完全に依拠した心理学の傑作がはじめて出現する舞台が用意されたのである。

ウィリアム・ジェイムズ『宗教的経験の諸相』（一九〇二）

ジェイムズが「おのれの運命の危機と闘いぬいた偉大な魂の持ち主たち」の個人的告白からの抜粋を素材にして、彼が担当することになったエディンバラ大学でのギフォード講座の講義を立案するに至ったのは、前述の諸展開の影響を受けてのことであるのは間違いない。ただし、それに加えて特別な条件も作用していた。『宗教の心理』〔文献169〕を著したスターバックが一八九〇年代に宗教経験に関する自叙伝体のレポートの豊富なコレクションを編纂していて、ジェイムズはこれらのドキュメントを利用することができたのである。[3]

ジェイムズは、信仰心の篤い人びとが自分の経験した最も宗教的な瞬間を自ら書き綴ったものを素材とすることで、彼の徹底的経験主義の仮説を検証することができるのではないかと考えた。宗教生活を間接的に研究しても、それはほとんどなんの役にも立たない、というのが彼の考えであった。オリジナルな状態を研究することによってのみ、「孤独状態に置かれた個人が、いかなるものであれ自分が神と考えるものとのかかわりの中にみずからが立っていると感知する限りにおける、感情、行為、経験」を露わにすることができるのだ、と。ジェイムズが自分自身を心底信仰心の篤い人間であると見做していたならば、従来の現象学者たちの自己満足的な方法を採用していたことであろう。しかし、謙虚にかつ実直に、自分は神秘的状態の享受からはほとんど完全に締め出されている人間であり、他人の言葉をとおしてしか神秘体験について語ることはできないと、ジェイムズは述べている。

ジェイムズが個人的ドキュメントに惹かれたのには、ほかにも理由がありそうだ。かつて（『心理学原論』のなかで）彼は心理学を有限な個々の精神についての科学と定義していたが、その時点では精神一般に力点を置く流行の風潮に従うことも辞さなかった。いま、『宗教的経験の諸相』〔文献100〕においては、ジェイムズは、有限な個々の精神がより複雑な水準の統合段階では、じっさいにどうなっているのかを知りたがっているように思われる。彼が採用する方法のなかには、多元論の心髄がある。ヘーゲル流の絶対論者ならば、有限なる生活史に心を煩わせることはなさそうであるが、多元論者であるジェイムズは、個別的なものについて自分自身が知り得た知識を超えた一般化を洞察することなど、なんぴとにもできないと確信している。

3　スターバックが質問紙の領域に足を踏み入れたことに対しては、ジェイムズはかならずしもそれを是とはしなかった。スターバックの著書への序文のなかでジェイムズは、「情報収集の〔この手法は〕アメリカではすでに、心理学と教育学の分野において厄介ものの兆しを見せ始めている」と述べている。しかし、ジェイムズはこの手法には不信感を抱いたけれども、「スターバック博士が用意した質問は、たいそう綿密で内奥に迫るものであった」というふうには感じ取った。そして、得られた結果の素晴らしさに自分が抱いた危惧は吹き飛ばされたとまで述べている。スターバックは、手引きとなる質問紙を印刷し、それに答えてもらうことで特定の主題に関する自分史を収集したのである。スターバックのその資料（全部で一九二のドキュメント）の処理の仕方は、一覧表を作成し、各項目のパーセンテージを出すことで、そこから帰納的一般化を導き出そうとするものであった。このタイプの研究には欠かせない、さまざまな落とし穴と予防手段についての議論を彼は展開しており、当時のものとしては注目に値する。じっさい、スターバックの研究を「没批判的」と評するのは厳密に言えば正しくない。スターバックの研究は、個人的ドキュメントを用いる際の方法をめぐって批判的に議論した最初のものの一つである。一八九〇年代なかばに、性的倒錯という特定の主題に関する自分史を取り上げたハヴロック・エリス〔文献66〕もまた、方法について注意を払って書き記しているということを、一言しておこう。しかしスターバックと違って、彼は自分が取り扱った資料から一般化を導き出すことはできないと考えたのであった。

こういう次第で、ジェイムズは人間ドキュメントを探し求めたのである。そして、人間的ドキュメントが見つかるのは、「博識の棲家ではなく、踏みならされた公道沿い」なのであった。感受性豊かにかれらの雄弁に耳を傾けて、彼は記述的科学の傑作をものした。『諸相』の著者はすべての事例の個性を十分に認めている[4]けれども、帰納的な気質がその著作には溢れている。彼は、資料から、かの有名な宗教的心性の諸類型——一回の生誕を必要とする「病める魂」、一回の生誕だけで足りる「健全な心」、聖と俗の理想が反目しあう「分裂した自己」——を抽出したのである。生の資料から、ジェイムズは、聖性の四つの基本的構成要素や禁欲主義の六段階をもまた展開してみせたのである。著者は謙遜して「個人的な性格類型へのパンくずほどの貢献」と呼んでいるが、これらの類型化は宗教心理学の分野でのかつてない秀逸なものであって、いずれも帰納的なものである。

われわれの目的にとってきわめて重要なことは、ジェイムズが、宗教の心理にアプローチする最も適した方法として個人的ドキュメントを採用せざるをえないという気持ちに駆り立てられたという事実である。他の方法では、人間が万物と折り合いをつけてやっていく根源的なやり方を発見することはとうていできないと、ジェイムズには思われたのである。

G・スタンレー・ホール

もうひとりの人間主義的心理学者であるG・スタンレー・ホールもまた、一八九〇年代に個人的ドキュメントを採用している。青年期の経験はたいそう儚く忘れさられやすいものであるから、十代の青少年についての知識は日記や自分史から入手すべきであると彼は考えたのだ。

青少年の書いたものは情動的な色合いが途方もなく濃いものでありがちであるという事実こそ、意識化された幻想がドキュメントに記録されることによって、「もしもそれが書かれないで、実際の出来事に転化していたら、大きなトラブルを引き起こすことになった性向に、無害な捌け口が与えられた」ことを意味しているとホールは考えた。『青年期』［文献86］のなかで、彼は次から次へとドキュメントを引用している――ゲーテ、ジョルジュ・サンド、ヘレン・ケラー、ジョン・スチュアート・ミル、アンソニー・トロロープ、等々。マリ・バシュキルツェフについて、彼はこう書いている。

彼女は、最良のタイプの、並外れた青年期告白者の一人と見做してよいだろうが、裕福で高貴な家柄に生まれ、一八七三年、一二歳のときに、なんらの飾り気も、気取りも、隠し立てもない、あくまで誠実で率直な日記をつけ始めた。……その日記は彼女が二三歳で亡くなるまで続いた。それは、ある意味で、ルソーの『告白』と好一対をなす女性版であると言えるが、いくつかの点で、人並みはずれて生気にみち天賦の才にも恵まれた魂の、青年期の激

4　「十人十色。わたしが思うに、個々人の経験は個々人の性癖と同様、限りなく多種多様でありうる」（『諸相』）。

動を解明するための、他のどんなものよりも貴重な心理学的ドキュメントとなっている。二度わたしはそれを読んだが、……読み返すにつれて興味がいや増した。

ゲーテについては、彼はこう書いている。

おそらく、これほど注意深い観察力と分析力をもって、自分自身の人生の発達諸段階を研究し、各段階の出来事を一つ残らず入念に描写した人は、いまだかつて誰もいないであろう。

また、ピエール・ロティの『ある子どもの話』については、こう述べている。もっとも、この作品は、ロティが年をとってから書かれたもので、どう考えても事実通りのものとは言い難いのだけれども。

この作品は、内面を綴った自叙伝の最良のもののひとつであり、終わりのほうの章で著者は一四歳半の少年に立ち返っているのだが、そこでの叙述は他のどこにもまして豊饒である。

青年期のドキュメントという問題全般について、ホールは次のように結論づけている。

わたしが確信するところでは、いまこそ、思春期文学が、それ自体で一つのジャンルをなすものと認められ、文学史と批評のなかでふさわしい位置を占めるべき好機である。

さらに彼は、若者たちに、自己認識と自己表現の技術を修得させるために、何事も隠し立てすることのない私的な日記をつけるように奨励すべきであるとまで勧告している。しかし、文学的自叙伝を熱狂的なまでに推奨しているにもかかわらず、ホールは次のようにも主張する。

〔自叙伝から引き出される〕これらの伝記的事実はすべて、もっとありふれた若者たちから得られる質問紙への応答のなかに見いだされるものばかりである。われわれの目的にとって、それらは後者の大袈裟に書かれたものにすぎない。誰もが内奥で感じていることを、優れた精神の持ち主が言葉に言い表しただけにすぎないのだ。

こう述べているということは、ホールは、彼が手掛け始めた質問紙法を、個人的発達についての情報を引き出す能力において、あまり劇的ではないにせよ、そこそこ役に立つものだと考えていたということだ。

ホールが収集した質問紙は、個人的ドキュメントをちょっとだけ制御したという類のものである。それらは、怒りの経験［文献87］とか恐れの経験［文献88］といった、主題を指定されたレポートなのである。彼はときに、学校の生徒たちに作文を書いてもらうというやり方で質問紙を補充した。恐れについての研究では、彼は一七〇〇人の被験者《サブジェクト》から手に入れた九〇〇の短めの手稿を提示して、それらのレポートを恐れの二五タイプに分類している。これらの手稿と分類をもとに、彼は系統発生的な仮説を推論し、恐れというものはすべて先祖伝来の不幸な後遺症なのだという結論を述べる。しかし、ドキュメントそのもののなかには、そのような解釈を必然的にもたらすものはなにひとつない。分類までは帰納的であった。だが、解釈は帰納的でもなんでもなかったのだ。

ジークムント・フロイト

フロイトは、個人的ドキュメントには目がなかった。そして、精神分析の大家としての彼の地位ゆえに、彼の後継者たちにもこの資料がじつに素晴らしいものと映った。何といっても、個人的ドキュメントは臨床場面での自然な産物なのである。臨床場面では患者は自分からすすんで話すように、つねに奨励されるのだから。

フロイト自身は、病気の診断と精神分析のためには生身の患者を個人的に知る必要があるとはかならずしも思っていなかった。ドキュメントをもとにした彼の精神分析のかなり有名なもののなかに、ゲーテの『詩と真実』のなかの出来事を扱ったもの［文献77］、イェンゼンの小説『グラディーヴァ』を扱ったもの〔文献81〕、パラノイアであったシュレーバーの自叙伝体の手記を扱ったもの〔文献80〕がある。[5] この最後の事例においては、彼は主治医から補足的な情報を得ているが、他の資料を利用できない場合でも、自分が手にした限りでのドキュメントの自己表示性をフロイトは信頼している。

総じて自分の研究に対するフロイトの態度を典型的に示しているのは、『続精神分析入門』〔文献79〕のなかで引用されているある個別事例をめぐって述べられた次の言葉であろう。

> それが私の女患者の場合のようなそれのみでありますならば、人は肩をすぼめてそれを無視するでありましょう。このようにきっぱりした転向を意味する信仰を時々の観察の上に打ち立てようなどと、誰も思いつきは致しません。しかし、それは私の経験した唯一の事例ではないという私の保証を信じて下さい。私はかような予言を若干集めまして、そのすべてについて、次のような印象を得たのであります。（古澤平作訳）

5　ある少女が一一歳から一四歳半のあいだに書いたとされている『ある少女の日記』〔文献195〕にフロイトが序文を寄せて推奨していることもまた、興味深い。フロイトは、この日記は「巧まざる」「珠玉」であると言う。さらに、こうも述べている、「とりわけ性の神秘性が、はじめはあいまいに注意を引きつけ、やがて成長過程の知性を完全に虜にしてしまう次第がよくわかる。こうして、この子は秘め事の重荷に悩ませられるが、徐々に、その心の重荷を耐え忍ぶことができるようになっていくのだ」と。

はたしてこのドキュメントが本当に本人の書いたものなのかどうかが、一九一九年に初版が出されて以来ずっと議論になってきた。編集者は出版後ほどなくして死亡してしまい、批判に応えることができなかった。このドキュメントは、第八章でふたたび参照される。

このように、フロイトは、単一事例を、多くの事例について熟知していることを通して彼にはすでにわかっている一般的真理を例証するものと位置づけている。この態度は臨床医に特徴的なものである。臨床医はしばしば単一の事例を引用するが、そうするのはそれを多くの事例の典型と見做すからなのである。

ジェイムズとは違ってフロイトは、最初に事例を示しておいてから自分の結論を引き出すことをしない。彼はあらかじめ構築された理論の例証として事例を利用しているように思われる。彼の考えの枠組みが新しい事例を認めることで変わることはもちろんあるが、ここで問題にしている事例に関するかぎりでは、各患者は彼の理論を（創り出すのではなくて）例示し例証しているように思われる。この批判は（個人的ドキュメントの分析にもとづいた）精神分析学的な事例を取り上げた非常に多くの文献にも当てはまるだろう。治療場面ではたいていのばあい精神分析医は細心の心遣いと個性の尊重をもって患者に接しているが、印刷物での事例の議論となると、そういった特徴は通常影をひそめてしまっているように思われる。事例を手っとり早い型のなかに押し込め、患者の個性がないがしろにされているようにみえる。フロイトの信奉者ではない読者が、書物のなかに書かれた解釈を読んだときに、こじつけで無理強いだと考えるのはこのためである。その一方で、仲間内では、その解釈が、こういう解釈もありかなという程度を超えて、この解釈しかありえないというふうに思われるのだ。

最後に、フロイトが個人的ドキュメントを利用する際の職業倫理の問題に大いに配慮していた点については、一言称讃しておきたい。彼は、彼の後に続く者たちに、職業上知り得た秘密を漏らさないようにと、繰り返し警告している。事例の匿名性を慎重に守らなければならないと、彼は主張しているのだ。

『わが魂に出会うまで』と苦悩の文学

心理学の歴史において最も影響力のあった書物の一つは、編集の手を加えられたり解釈を施されたりすることなく、当事者によって書かれたままの正真正銘の個人的ドキュメントである。一九〇七年、数ヵ月の入院治療を要した躁鬱病による衰弱状態から回復してまもなく、クリフォード・ビアーズは、自分の経験をありありと、読む人を惹きつけてやまない物語、『わが魂に出会うまで』〔文献21〕に書き上げた。このドキュメントが世に出るや、ただちに、アメリカにおいて精神衛生運動が起こされ、この物語のなかに描かれた施設の悪弊の多くが取り除かれた。この本そのものは、一七版、二五刷を重ね、三ヵ国語に翻訳された。この本が書かれたのは、この精神病の躁の局面の二度目の穏やかなぶり返しのあいだに、激情に駆られながらの回想のなかにおいてであったという事実も、この本の本質的な真正性も、測り知れないほどの有益な影響力も、いささかも損なうことはなかったのである。

われわれの当面の目的にとって重要な事実は、この有名なドキュメントが、別の情報源をまったく利用していないことである。形式張っていえば、このドキュメントは、信頼性の保証も妥当性の保証もない。書き留められた経験の代表性の保証もない。こういった限界を備えているにもかかわらず、この物語は精神科学の古典となり、意義深い臨床的ドキュメントとして世界中で認められ、心理学や精神病理学や社会福祉に対する貢献を讃えられたのである。制御の観点からすれば、これほど出来の悪いドキュメントはほとんどないが、実際的な観点からすれば、科学的な安全装置はそれ自体では、ゴミの山からお粗末なドキュメントを拾いだすこともなければ、出来のよいドキュメントが科学の進展に寄与するのを邪魔することもないのだ、ということをわれわれに教えてくれている。客観的な裏付けが欠けているにもかかわらず、ビアーズの物語が人びとに受け入れられたのは、ひとつには、彼が自分の体験をじつに巧みに伝えているからであり、ひとつには、この著者が扱っている問題についてよく知っている臨床医やその他の読者の経験に、あらゆる点でこのドキュメントが合致するためである。この事例において重きをなしているのは、客観的な証拠ではなくて、高度の内的一貫性となるほどと思わせるもっともらしさなのである。

　ビアーズの後に多くの模倣者と後継者が続いた。ひとつには、彼が道を切り拓いたことで個人的な苦悩を語ることを妨げていた沈黙の壁が崩壊したことがあるが、いまひとつには、主観性を大事にする潮流が二〇世紀文学とともに流れ込んできたのであった。精神病治癒者の自叙伝にヒリヤーの『苦渋の語り』〔文献94〕、ブラウンの『置き忘れられた心』〔文献38〕、ジェイソンの『狂気』〔文献101〕、キンドウォールとキンダーの「軽度精神病に関する覚書」〔文献110〕、クラウチの『回復した心』〔文献115〕があり、神経症患者の語った物語にレオナードの『機関車＝神』〔文献125〕とフィールドの『私自身の生』〔文献71〕があり、アルコール依存症患者についての話にノッセンの『アルコールに抗った十二人』〔文献142〕と「第八病棟の入院患者」の悲痛な物語、『妄想の扉の向こうに』〔文献98〕がある。吃音者のジョンソンの『吃りだからといって』〔文献103〕、そして、生まれつきの障害者であるフープスの『はじめから勝算なし』〔文献96〕とカールソンの『そういう運命のもとに生まれて』〔文献46〕も、自分の身の上を語ったものである。これらはすべて生き生きとしたドキュメントであり、悲嘆にくれている仲間たちを元気づけるとともに、心理学者の製粉機のための穀物として役立ったのである。

ビアーズよりも四年も前に書かれたある身体障害者の自叙伝にも言及しておかなければなるまい。それは、ヘレン・ケラーの『わが生涯の物語』〔文献109〕である。ヘレン・ケラーの自叙伝も、通常ならざる精神状態についての主観的な叙述のもつ価値に心理学者の注意を引きつけたことでは、ビアーズと同等の栄誉を受けるに値するものである。

ベーカー判事記念財団の企画

ウィリアム・ヒーリー博士とオーガスタ・ブロンナー博士の社会科学への貢献は、非行事例についての多くの記録のなかに「子ども自身の話」を含めるべきであると長年主張し続けたことである。ベーカー判事記念財団から一九二二年に出版された『二十の事例研究』〔文献104〕では、独特の提示の方法が取り入れられた。四〇頁あまりに及ぶ記録が片側の紙面に記載され、反対側の紙面にはそれについてのコメントが記載されたのである。研究者への助けともなり、解釈を容易にする工夫ともなるので、このやり方はこれまで以上に広汎に利用されるに値するものだと思う。この記録には、子ども自身の話が必ず含まれている。ときには、自分史からの抜き書きであることもあるが、たいていの場合は、かれの家庭、両親、学校、遊び友達、個人的な悩み事について、その子ども自身がどのように考えていたかが明らかになるような面接記録である。子ども自身の話を利用すべきであると主張して、この編纂者たちはこう述べている。

子ども自身の話は、われわれの研究テーマである非行癖を生みだすのに大いにかかわりのある、精神生活における諸要因のみならず外部状況に関する多くの要因についての知識を獲得する唯一の手がかりを提供するものである。非行少年をありきたりのやり方で調べていたあいだに朧《おぼろ》に思い浮かべていたのと比べて、はるかに内容豊かな心理が、情動的な背景をもなうかたちでの内奥の精神生活、記憶、思考、心像等々にかかわっていることがわかった。子ども自身の話は、理論的学術的な興味の素材というよりも、この事例にどうかかわるべきかという実践的な問題においてきわめて有用なものである。

トマスとズナニエツキの著作においてと同様に、ヒーリーとブロンナーの著作においても、主観的なドキュメント資料を取り入れるべきだという主張とともに、方法の問題についての自覚が見られる。やはり、これらの研究を「個人的ドキュメントの没批判的利用」の一つとして数えることは、厳密にいえば正しくない。これらの研究は、より新しく、より最近の批判的な展開の門口に立っているのである。

自叙伝にみる心理学の歴史

マーチソンは、一九三〇年から一九三六年にかけて彼の編集のもとに出版された『自叙伝にみる心理学の歴史』（全三巻）〔文献137〕において、心理学者が個人的ドキュメントを利用し評価するための、思いもがけない試金石を提供した。元はといえば、心理学の歴史に貢献するために企画されたものであったが、この三巻の書物に収録された四三の章から、心理学者たちが出版のために自分自身についてどのような個人的ドキュメントを書くものなのかということがわかる。また、ある程度、かれら自身が自分の採用している方法についてどのように考えているかということもわかる。

一五のケースでは、当時の時代状況を反映して、また、ある程度はかれら自身の精神的な発達を反映して、寄稿者は非個人的な知の歴史を叙述することを選んでいた。一九のケースでは、かなり主観的な素材が書き込まれていて、知の歴史とはいってもすっかり個人的な性格を帯びていた。たった九のケースだけが、ほんとうに私事に関するドキュメントであった。

心理学的方法としての自叙伝の欠点と価値について、寄稿者たちが述べているコメントには次のようなものがある。

心理学者にとって、自叙伝を書くということは、とりわけ自発的にかつ当然になすべきことのように思われる。そうすることで、実験室や世の中の被験者の心と同様に、自分自身の心も、生涯をかけて探究し、分析し、評価してきた対象であるということがわかる。（ジェイムズ・マーク・ボールドウィン）

わたしの回想録も終わりに近づいた。この回想録が誰かの興味をそそるかどうかには自信がない。——だが、わたし自身としては、おのれ自身を明晰に洞察するということは、心理学者にとってさえいかに困難であるかを教えられたのである。（エドゥアール・クラパレード）

わたしは主観的な心理学に対してつねに異議を唱えてきた。そのわたしがいま、きわめて個人的で主観的な心理分析を求められている。わたしの書く自叙伝は、きっとお粗末なものになるにちがいない。万一、後世の歴史家がわたしに言及することでもあれば、このわたしの自叙伝を滑稽きわまりないものと思うことだろう。（ピエール・ジャネ）

このように立ち止まって自己自身について瞑想することは、ただやれと言われただけでは実行に移せそうにない。なにか内的な動機付けが必要だ。——年をとって、最後の別れを告げたいと欲するのでもよければ、……人生のある時期に、来し方と行く末に思いを巡らしてみたいと思ったというのでもかまわないが。（ウィリアム・スターン）

科学的な心理学は、生きた人間の観察ばかりでなく、これまでよりも外延的、系統的に、書かれたドキュメントの分析をも手掛けるべきである、という確信をわたしは得た。……ドキュメントを研究するにあたっては、文学心理学の方法としては直観と共感的洞察だけでこと足れりとしていてはならない。むろん、これらの基本的な理解の手段は欠くことのできないかけがえのないものではあるけれども。……（心理学的な関心に従って用意された）資料を手に入れたら、比較の必要がある場合にはとくに、データをとりあえずは統計的方法によって分析してみることもまた推奨されるべきである。（カール・グロース）

自叙伝のなかで自己の精神的発達を描き出すことは難しいことである。自叙伝は、現在の自己の光に照らすかたちで解読された、過去の自分自身の物語である。多くの推測——しばしば間違った推測——が付け加えられる。「であったにちがいない」が「たしかにそうだった！」という仮面を被るのである。物語が、あまりにきちんと整いすぎているのは、お決ま

りのことである。(C・ロイド・モーガン)

自分の人生の知的な面だけを書けば、人間味のある人よりはむしろ堅苦しい人を描くことになるのは、ほとんど不可避である。(マーガレット・F・ウォッシュバーン)

この一連の自叙伝についてわたしがいちばん残念に思うことは、先祖や子ども時代や青年期についてわたしが知りたいと思う事柄を述べている筆者が、ほとんどまったくいないということである。(L・M・ターマン)

自叙伝を書き始めようとする人なら誰でも必要とされる準備は、自分のパーソナリティを分割する術を身につけるということである。二つのパースペクティブ、つまり、知覚と記憶をしっかりと分けておかなければならない。現在の特徴的な内面状況と過去の生活のなかに存在したと信じられる内面状況とを、忍耐強く、鋭敏に区分けする必要があるのだ。(サンテ・デ・サンクティス)

他の寄稿者たちも、この企画について、魅惑的だの困惑的だのいろいろと述べている。自分自身の記憶に誤りがあるのではないかと疑っている人も多い。ある人たちは、代表的な職業集団一般から個人的ドキュメントを収集することの価値について意見を述べ、ある人たちは、心理学者の心理学をうち立てようとするこの固有の試みについて意見を述べている。ある人は、悲しげに、次のように自問している。

> 自分の心理生活史を書くようにとの招待に、わたしは、どうすれば軽はずみな間違いを犯すことなく、誰よりも責任感をもって応ずることができようか。

方法論的な観点からすれば、マーチソンのこのユニークな企画は、一九三〇年代において、以下のことを明らかにしてみせた。(a)幾人かの傑出した心理学者が、出版を前提として自分自身の自叙伝を書くという課題に著しく魅了されたということ。(b)その場合でも、利用可能な標準的な技法はなに一つ存在しなかったということ(他の科学的な課題であったならば、ほとんどの寄稿者がお決まりのやり方で取り組むことができたであろうけれども)。(c)この企画の方法論的な側面に関していえば、意味ある提起はほとんどなかったこと。

雑誌『臨床心理学』(一九〇七〜一九三五)

発達一般ではなく個々の子どもの発達を重視する純粋に臨床的な雑誌の必要性を痛感して、ライトナー・ウィットマーが、一九〇七年に『臨床心理学』〔文献191〕を創刊した。知恵遅れの子どもたちの問題が主に取り上げられるはずであったが、健常な子どもたちの発達の問題にもこの雑誌の紙面が割かれることになった。『臨床心理学』の編集方針ほど、個人的ドキュメントの科学的な利用と開拓を促した心理学の定期刊行物は他にない。この雑誌が存続した二八年間に、精神的逸脱という問題への一般的関心からする多くの論文とともに、優に二〇〇を越す個別事例が掲載されたのである。しかしながら、われわれの当面の目的にとっては、この雑誌の歴史は否定的な結果しか残していない。事例研究の方法を批判的に論じた論文はただの一編も発表されなかったし、個人的ドキュメントの利用といっても、すべて、おざなりの退屈きわまりないものばかりであった。

われわれがこの企画の無味乾燥ぶりに注意を喚起するのは、方法論的な観点からして、まさに次のことを提言するためである。おそらくいまこそ、心理学的な個別事例と方法の議論の両方を掲載する真に臨床的な雑誌を創刊すべきときであろう。それが無理ならば、せめて、現存の心理学雑誌の編集範囲のなかに個人的ドキュメントを取り込むべきであろう。目下のところ、個人的ドキュメントを推奨したり呼び物にしている雑誌は皆無であるように思われる。

まとめ

以上の概観によって、個人的ドキュメントの利用を含んでいる研究の、実に雑多な配列が明るみに出された。およそ半世紀前に歴史的状況が吉兆を示して以来、個人的ドキュメントを用いた研究は着実にその数を増やしている。この第一章で振り返ってみた研究に共通の特徴は、アプローチの直接性と熱狂性であり、技法的な困惑に対する関心の圧倒的欠如であった。読者のみなさんは、今世紀に入ってからの行動主義の大きな影響をご存知なだけに、心理学者たちがこれほどまでに個人的ドキュメントに惹きつけられていたことを知って、驚かれたことであろう。方法の改良のための批判的検討が望まれるのも、この傾向がますます顕著になりつつあるためである。

▼第二章

批判的・実験的研究

人間的ドキュメントの利用が批判的な時代を迎えたと、その抱負をG・マーフィーとL・G・マーフィーとニューカムが『実験的社会心理学』〔文献138〕で述べている。

自発的な日記が（科学的な目的に資するために）制御された日記に駆逐されてきたように、事例法全体も「制御」の色合いを帯びてきている。とはいえ、事例研究はいまなお花盛りであって（伝記にせよ自分史にせよ、一、二頁の簡素なものから数百頁に及ぶ委細を尽くしたドキュメントまでなんでもありだ）、それらはしばしば臨床的に大きな価値があることを認めるに吝かではないものの、できるだけたくさんの資料の収集こそが比較可能なデータの統計的処理に不可避的に繋がったのは確かだ。すなわち、生活史のなかに表れるさまざまな行動項目を逐一定義し測定していく試みが可能になったのだ。

この著者たちは、システマティックに伝記を処理する技法が完成すれば、社会心理学もついに「精神物理学と同等の厳密科学」となることができる、とも述べている。たしかに、この第二章で見ていくように、こんにち方法の改良が着実に追求されてはいるが、方法の改良といっても、みながみな、科学として容認される統計学的諸基準の達成をめざしているわけではない。それらの多くは、単一のドキュメントの有効性と意義をより確かなものにしようとしているのだ。もう一言付け加えれば、精神物理学を見習うことが個人的ドキュメントにとって望ましい理想と言えるかどうか、はなはだ疑わしい。

転換点としての『ポーランド農民』

もし個人的ドキュメントの没批判的利用の時代と批判的利用の時代とのあいだに境界線を引くことができるとしたら、一九二〇年のトマスとズナニエツキの研究成果の公表がその日に当たろう。現在に至ってもなお、没批判的な利用の例が数多あるのは確かだ。しかし、個人的ドキュメントの利用をめぐっての方法論的な諸問題に社会学者の——そして、やや後れて心理学者の——注意が向けられ始めたのは、『ポーランド農民』〔文献181〕を手にすることができるようになったおかげであることは疑いない。まさに、この著者たちの途方もない熱意によって、その問題に焦点があわせられたのである。

完全無欠な個人的人生記録を入手できれば、それは完璧なタイプの社会学的資料となる、と断言できよう。よしんば社会科学が他の資料を利用しなければならないとしても、それはたんに、社会学的な諸問題の全体をカバーするのに十分な数のそのような記録の入手が今のところは困難であるという実際上の理由によるにすぎない。そして、ある社会集団の生活の特徴を取り出すのに必要なだけの個人的資料すべてを適切に分析するには、膨大な量の作業が要請されるという、これまた実際上の理由によるにすぎない。

ブルーマーによる『ポーランド農民』批評

社会科学調査研究評議会にぜひにと請われてブルーマーは、一九三八年に『ポーランド農民』についての優れた批評［文献29］を準備した。検討対象とされた『ポーランド農民』同様、この批評も、明らかに、社会学的視点から論じられている。ブルーマーは人間的ドキュメントを「個人的経験を叙述したものであり、それは、人間行為者としての、また社会生活への参与者としての個人の諸行為を表示するものである」と定義しているが、この定義がわたしがいま指摘した事実を裏付けていよう。心理学的視点に立つならば、人間的ドキュメントはかならずしも「社会生活への参与者」としての個人を表示するものである必要はないのである。というのも、非社会的な形態の思考や想像、気性とかひとりぼっちのときのふるまいについての内省、宗教的感情のほとばしり、その他にもほとんどもしくはまったく社会へのかかわりを示さない私的な精神状態というものがあるのだ。したがって、精神科医なり心理学者だったら、『ポーランド農民』で取り上げられた個人的ドキュメントを評価するにあたって、ブルーマーとはいささか異なった判断基準を用意したであろう。かれらだったら、ドキュメントがポーランド農民の生活の社会構造やモーレスや価値観を忠実に表しているかどうかにこだわりはしなかったであろう。かれらだったら、ヴラデクが代表的なポーランド人かどうかという問題にはさほど関心を払わないで、ヴラデクが自分自身の個人的生活について書き綴ったことの妥当性いかんに、もっと関心を寄せたことであろう。

しかしながら、ブルーマーの判断基準を採用するかぎり、われわれは彼の結論に同意せざるをえない。トマスとズナニエツキによって採用されたドキュメントは、一つひとつ取り上げてみると、次の四つの評価基準のどの一つをもみたすことができなかった。代表性が確証されていない。採用された目的に対する適切性が証明されていない。信頼性が別の資料によってチェックされていない。単一のドキュメントから引き出された解釈の妥当性がまったく証明されていない。

そのように惨憺たるまでに否定的な論拠を示しているにもかかわらず、だからといって、ブルーマーが人間的ドキュメントは科学の役に立たないものであるとの結論をくだしているわけではない。彼は急いで二つの重要な留保条件を述べている。彼はこう言う。(1)ドキュメントには科学的な価値はなにもないと拒絶するならば、「それらを丁寧に読み込むことで得られる理解、洞察、認識をむざむざ捨てさることになろう」。(2)集合的に取り上げれば、ドキュメントはずっと有効になる。というのは、多くのドキュメントを突き合わせていけば、一貫性をもった像が結ばれてくるからだ。まさに数の絶対量がドキュメントに「無視できない、代表性と一定の適切性と信頼性」を与えてくれるのだ、と。ようするに、ブルーマーの考えによれば、もしも揺るぎない論拠をなすだけの十分な数がありさえすれば個人的ドキュメントは科学的容認性の四つの基準のうちの三つをみたすことになる。ただし、この好ましい結論も、社会科学者の手もとに採用できる個人的ドキュメントがただ一つしかない場合のジレンマを考察しようとすると、不十分である。この問題については、第四章と第一一章で検討することにしよう。

第四の基準（解釈の妥当性）についても、ブルーマーは多くのことを述べている。

トマスとズナニエツキは、以上に見てきたように、手紙を帰納的な資料として扱って、そこからポーランド農民の生活の入念な分析を抽出したのではないことは、明らかである。しかしながら同時に、それらの手紙が単なる例証的な資料として扱われ、かれらの理論的分析の例示としてのみ提示されているわけではないことも、明らかである。手紙の扱われ方は、現実には、その中間なのだ。それらの手紙に対して厖大かつ綿密な註釈がなされているのをみれば、この著者たちがそれらの手紙についてよくよく考えぬいたあげく、そこから多くの着想と示唆と一般化を引き出し、それらを理論的叙述のなかに織り込んだのだということは、明々白々である。ただ同様に明らかなことは、この著者たちはあらかじめ、かなり包括的な理論図式（その理論図式はここで資料とされた手紙とはなんの関係もない経験からつくられたものなのだが）を用意していて、その図式によって手紙にアプローチしたのであり、その図式が手紙についての解釈を導き、たびたび無理強いさえしたということである。ようするに、理論と帰納的資料とのあいだに相互作用が存在した、と言えば聞こえはよいが、その相互作用たるや、きわめて曖昧なものだったのだ。

ブルーマーが曖昧さを指摘した理論と帰納的資料とのあいだの相互作用過程が、個人的ドキュメントの方法論的問題の核心である。

「手紙は、前置きや脚註からその意味や意義を得ているのであって、その逆ではない」のであるから、この著者たちがこれらのドキュメントをもっぱら帰納的なやり方で利用しているのではないことは明らかである。さらに、ブルーマーの判断によれば、ドキュメント資料に対してなされている解釈は、ときに、恣意的なこじつけであり、頻繁に、たんに「もっともらしい」ものにすぎない。資料の解釈のための枠組みが、その資料そのものによって作られているのではなく、著者たちによって外から持ち込まれているのである。そして、ドキュメントが「理論的概念の試金石となるだけの強靱で自立的な性格」をもっている場合もあるけれども、「理論的な観点を押しつけられると、いわば無力になってしまう場合も多い」。説明理論の論理の必然性を証明する基準が、なにもないのだ。その解釈の妥当性は「読者の判断によって検定されるにすぎず、しかもしばしば、読者の判断そのものが著者たちが示した解釈によって形成されてしまう」。この根本的な難問が、一九三八年一二月に社会科学調査研究評議会によってもたれた、ブルーマーの批評をめぐっての活気にみちた会議の中心テーマとなった。問いの核心は、妥当な社会理論を構築するための方法と条件であった。いくつかの基準がたたき台として出席者によって検討された。この問題については第一二章で立ち返ることにしよう。

『ポーランド農民』という調査研究と、ブルーマーの批評と、検討会議が産み出したものは、決定版とまではいかないとしても、一大成果として際立っていることは明らかである。ついに、方法の中心的問題に関心の焦点があわされたのであり、実証主義者や行動主義者の皮相な異論が完全に克服されたのである。ブルーマーの報告書へのトマスによるリプライのなかの次の言葉には、かれらも黙らざるをえまい。

> ひとは劣等感を埋め合わせるために、あるいは被害妄想をかきたてながら、ドキュメントをものすものであり、こうして書かれたドキュメントはあとうかぎり客観的な現実から乖離しているものだが、とはいえ、当事者が状況をどのように見てとっているのかは、解釈にあたっての最重要の要素であるとも言えるのである。というのも、かれが次にどんな行動をとるかは、かれの状況の定義づけに密接に関連しているからである。状況の定義づけというものは、客観的現実に即していることもあれば、「あたかも……かのように」という主観的認

識によってなされることもある。人が状況をリアルなものとして定義づければ、その結果として、定義づけられた状況こそがリアルなものとなるのだ。

クルーガーの『自叙伝体ドキュメントとパーソナリティ』

『ポーランド農民』出版後まもなく、E・T・クルーガーが自叙伝体のドキュメントの科学的研究データとしての有用性と妥当性について検討しはじめた［文献117］。彼の到達した結論では、本人の手になるドキュメントは、因果的要因の比較研究のデータとして、とりわけ、社会的態度の生成を解明するためのデータとして、きわめて価値あるものだということが強調されている。

彼は自叙伝を四タイプに分類していて、そこそこ面白い。

(1)告白的ドキュメント。このタイプのドキュメントの根っこにあるのは、性格破綻とか劣等感である。ちょっと他人には言えない告白をがむしゃらに書くことによって、葛藤や緊張から解放されるのだ。このタイプの書き物は「人間の魂の灼熱の経験からほとばしり出てくる。人間は休息や贖罪を希求するのだ」。その本質的動機は「社会への再編入」の達成である。他の人たちに自分の経験を理解してもらい、自分が感じるように感じ、自分が見るように見てもらおうと努めることで自分を社会のなかに再受容してもらいたい、という切望が滲み出ているのだ、と。こういった動機が多くのドキュメントに見いだされることは確かだが、それは通常ひそかに隠されているものであることを考えれば、クルーガーがこれを自叙伝執筆の「本質的」な動機と見做すのは行き過ぎであろう。
(2)自己本位的ドキュメント。このタイプのドキュメントには、たいていの場合、自己合理化過程が見え隠れしている。その特徴は、因習的であること、そしてしばしば防禦的であることである。クルーガーいわく、このタイプは「人生の恥ずべき些細事を誇りとし、それにまったく慣れっこになって、因習的なパターンに依存してしまっているか、それとも、因習から解き放たれたタイプだと、私生活をユーモラスに、超然と、ほとんど気取ることもなく物語ったものかのどちらかである」。
(3)科学的自叙伝。このタイプのドキュメントは、公平無私な態度の訓練の所産であり、個人が感じたり考えたりしたことを客観的に記述し分析しようとする意図的な目的をもって書かれたものである。こういったドキュメントには概念化の明晰さが備わっているけれども、新鮮さと自発性は欠けている。
(4)素朴なドキュメント。多かれ少なかれ慣習に縛られた人びとが書くのが、このタイプのドキュメントである。かれらは性格破綻に悩ませられたことがないために、本質的に私的な生活というものを欠いているようで、自分の経験についてのやや自画自賛的で、どちらかといえば見映えのしない物語以上のものを書くことはほとんどない。
クルーガーが、告白的ドキュメントを、率直さ、完全性、動機の明白さ、自己理想化に陥っていないことといった点において、きわめて優れたものであると評価しているのは、おそらく正しいであろう。書くことにおいてにすぎないとはいえ、葛藤がなんらかの解決を強いる緊張状態のなかで産み出された告白は、レヴィンの言うところの「個の内面」領域に接近しているのである。

本人の手になるドキュメントはさまざまな態度の起源を見極めるためのすぐれたデータであるというクルーガーの主張に立ち返って、一言しておこう。そもそも、精神的な起源などというものは捉えどころがないものである。じっさい、最良の自叙伝でさえも、その発端を闇の中に置き去りにしたままであるように思われる。たとえば、H・G・ウェルズは『自伝の試み』［文献188］で、自分に備わっている重要な諸特性の起源を突き止めようとして挫折し、自分の頭脳の「資質《テクスチャー》」という生得的な説明に、たびたび頼らざるをえなかった。多数の自分史を対象とした研究でも、結果は同様に芳しくなかった。ブレスローの「社会・経済的態度の発達」［文献37］の研究対象者《サブジェクト》たちも、その急進的もしくは保守的な態度の始まりに関して、価値ある多くのことを語ることはできなかったし、サイモンズの「女性教師たちのパーソナリティ調整」［文献174］の研究対象者たちも、職業として教師を選んだ動機について納得のいく報告をすることはできなかったのである。いろんな態度の起源と発達を確かめるためには、自分史だけでは事足りず、他の方法が補足的に利用されなければなるまい。

個人的ドキュメントの利用における信頼性と妥当性についてのストウファーの研究

ストウファーの『態度調査の統計的方法と事例史的方法の実験的比較』［文献172］では、四人の判定者が特定の主題に関する二三八の自分史を対象に、自分史の書き手たちの禁止に対する態度をめぐって、グラフ式の評価尺度上に評定した。二人一組になった判定者の合成評価を標準スコアとして、他の一組の判定者の評価との相関度を平均したところ、プラス〇・九六の信頼係数が得られた。その事例史の読み手たちにやってもらった合成評価と、それに先立って測定された研究対象者の禁止に対する態度との相関度を測ったら、プラス〇・八一の妥当係数が得られた。この単刀直入な研究の結論は、判定者たちは本人の手になるドキュメントの評価において一致することができ、さらに、これらのドキュメントの書き手たちの態度に関する別の情報源とも一致をみたというものである。ストウファーの知見は希望を与えてくれるものではあるが、個人的ドキュメントを用いるすべての研究がこの大きさの係数を得られると期待すべきではなかろう。というのも、ストウファーの研究は、ドキュメントの書き手の精神生活の一側面を扱っているにすぎないからである。もっと言えば、研究対象者に課せられた課題の類似性が、見かけ上の妥当性を産み出している疑いもある。おそらく、ストウファーの結論は単純化された研究条件のもとで期待されうるものの代表例と考えておくべきであろう。

大学生から収集した六〇〇のドキュメントのセットを用いて、キャヴァンとハウザーとストウファーは、「生活史資料の統計的処理に関するノート」［文献50］で、三人の判定者が特定の観点にしたがって事例を分類する能力を研究した（ここで特定の観点とは、たとえば、親たちが子どもに対して社会的発達を励まし促した程度、といったものである）。学生たちは、示された手引きにしたがって自分のことを書いた。そして、すべての観点において統計的に信頼できる一致が、判定者たちのあいだで見られた。じっさい、生活史を分類するという骨の折れる作業においても、単純な質問紙への被験者たちの回答を同一の概念で分類するのとほとんど同程度の一致をみたのである。この著者たちは、生活史資料を数量的に処理することは、手間隙はかかるけれども、やってやれないことではないと結論づけている。だとすれば、質問紙が本質的に同じ結果をもたらすのであって、しかも普通は質問紙のほうがはるかに便利だということだ。ちなみに、ホールがすでに世紀の変わり目にこれと同じ結論に達していたところである。

ダラードの『生活史のための諸基準』

ジョン・ダラードは、社会科学調査研究評議会の「協同と競争に関する小委員会」での研究として、一九三五年に生活史法についての意義深い批評、『生活史のための諸基準』〔文献62〕を書き上げた。彼は七つの基準を用意し、それらを用いて六編の代表的な生活史を採点したのである。六つの事例のうち一人称体のドキュメントは三つにすぎないが、ダラードが用意した基準のみならず彼のとった手続きもまた、われわれの当面の問題に深くかかわっている。

この研究分野において、読んでこれほど刺激を与えられ洞察にみちた書物を他に挙げることはできないが、にもかかわらず、われわれはそのアプリオリな性格を批判せざるをえない。ダラードはパーソナリティ形成における文化の圧倒的な重要性とフロイト心理学の絶対性とを確信していて、彼はこれらの相矛盾する観点を六つの事例研究に適用して悦に入ってしまっているのである。彼はパーソナリティにおける体質的要因や気質的要因とか、非フロイト主義的な発生心理学の広範囲にわたる教えは、ほとんど意に介さないのだ。したがって、この研究の枠組みは、この著者の知的バイアスを共有する人たちだけが容認できるものにすぎない。もしそのバイアスを受け入れるならば、六つの事例の評価も受け入れられよう。ぎゃくに、そのバイアスを受け入れられないのならば、六つの事例の評価もただの気まぐれと思われよう[6]。基準自体も数が少なすぎるし、また、容認できる生活史を手に入れるにはどうしたらいいか、おたがいに独立した研究者のあいだで解釈の一致を達成するにはどうしたらいいか、最適理解のためのプレゼンテーションにはどんな方法が考えられるか、といった問題は取り扱ってもいないのである。

表1は、ダラードが彼の七つの基準にしたがって分析した六つの生活史の判定結果を要約したものである。「+」は、彼がある研究を当の基準をみたしているものだと認めたことを意味し、「0」は、その基準が十分にはみたされていないことを意味し、「ー」は、そのドキュメントがその基準に関して欠陥があると判定されたことを意味する。ダラード自身はこういった記号を用いてはいないが、ここではできるだけ簡潔に彼の判定結果を要約するために一工夫してみた。

表1を見れば、この著者がフロイトに入れ込んでいることが一目瞭然である。彼はすべての基準で――文化の基準でさえ――フロイトに高得点を与えている。別の判定者であれば、フロイトが取り上げたハンス少年の事例がここまで高い評価を受けるに値するかどうか、とくに基準Ⅰ、

Ⅱ、Ⅳ、Ⅵに関しては、疑問とするだろう。しかし、ダラードによっていかように評価されようとも、読む人によっては、ハンス少年の事例分析をくだらないものとして、夢想的ですらあるものとして放り投げてしまう者もいよう。言い換えれば、ダラードの基準をもってしては、社会科学者たちによるドキュメントの評価が一致をみるなどということはないのである。H・G・ウェルズの自叙伝は、ダラードの手にかかっては散々な目にあっているけれども、フロイトの事例よりも比較にならないぐらい価値をもっていると考える研究者も多くいるだろう。要は、ダラードは自分自身の好みを公式化しているにすぎず、客観的な基準の確立には成功していないのだ。だから、ダラードの評価にみんなが同意することにはならないのだ。

表1からわかる興味深いこともある。臨床事例の強みは、幼少期の生活についての丁寧な記述（基準Ⅴ）と一定の理論体系のもとでの概念化（基準Ⅶ）にあるということ。また、臨床事例の弱みが文化的パースペクティブ（基準Ⅰ）が欠落している点にあることも、明らかである。社会学的な事例は、ちょうど裏返しのかたちで、文化への目配りに強く、幼少期の記述と概念化に弱い。そして（ダラードによって至れり尽くせりの評価を受けたフロイトの事例は別として）臨床事例にし

6　デイヴィスとダラードによって一九四〇年に書かれた『束縛下の子どもたち』［文献57］は、上述の七つの基準の適用として企画されたものであった。そこでは、黒人社会の下層、中流、および上流階級から選び出された黒人青少年の九つの生活史が取り上げられており、同一の説明概念――社会的地位の子どもへの影響、そして、排泄機能と性のしつけの最初期の状態――が採用されている。このお粗末な公式がすべての事例に等しく適用されると、子どもたちを互いに区別することができなくなってしまう。（ある所与の階級にとっては）文化は一様なものだと想定されており、かつは、フロイトのいう諸機制が遍在していると想定されている。しかし、子どもたちのパーソナリティは多様なのだ。

表1　ダラードによる6つの事例の評価[7]

基　準		アドラー	タフト	フロイト	トマスとズナニエツキ	ショウ	ウェルズ
I	研究対象者が文化的連鎖のなかの一標本と見做されていること	−	−	＋	＋＋	＋＋	＋＋
II	有機体の動機づけが社会的にレリバントであること	−	＋	＋	＋	−−	＋
III	文化伝達における家族の役割が認知されていること	−	−	＋	0	＋	0
IV	有機体的素質が社会的ふるまいへと仕立て上げられていること	0	−	＋＋	−	−	−
V	児童期から成人期に至るまでの経験の連続性が強調されていること	＋＋	＋	＋＋	0	＋	＋
VI	「社会状況」がたえず注意深く明記されていること	0	−	＋	−	＋＋	−
VII	生活史資料が組織化され概念化されていること	＋	＋	＋＋	0	0	−

ても社会学的事例にしても、基準Ⅳに関しては貧弱である。基準Ⅳは、学習の心理、特性と態度の因果関係、社会化の持続的な過程といったものにかかわっている。社会学者も精神分析学者も学習メカニズムの専門家ではないのであるから、ダラードはむしろ、「アカデミックな」心理学者によって用意された事例をも取り上げて、いかに人間有機体が「ゆっくりと、特定集団のなかで社会生活をいとなむことができるようになるか」を「仔細に」示すのに成功しているかどうかを検証してみるとよかったのにと思われる。

　では、アカデミックな心理学者であれば、単一事例にふさわしく具体的な用語でもって社会化過程について納得のいくように述べることができるかといえば、けっしてそうではあるまい。あらゆる個人がしつけの過程を経て多かれ少なかれ社会化された成人段階に至るものであるということは周知のことであるが、その変容過程の実際についてはまだ闇の中なのだ。まさに、いつ、どこで、条件づけ、暗示、同一化、抑圧、統合、差異化、昇華といった機制《メカニズム》がはたらくのかを、すべてが混沌とした成長過程のなかで確定していくことは、ほとんど不可能に近い。成長過程の諸機制の問題は、具体的に単一事例のなかで取り扱うよりも、抽象的に教科書のなかで論じたほうが、より説得的であろう。[8]

ダラードは「研究対象者が文化的連鎖のなかの一標本と見做されていなければならない」（基準I）と主張しているが、「いったい、どうして？　文化の鎖の一環としてではなく、一個人と見做しては、なぜいけないのか？」と問い返してみたい。ダラードは「行為が帰せられる有機体の諸動因は、社会的にレリバントなものでなければならない」（基準II）と要求しているが、やはり、「どうして？　もしも問題とされている事柄が（本能、自閉症、無為症状、甲状腺ホルモン

7　ダラードが取り上げた著作は、以下のとおり。アルフレッド・アドラー『R嬢の事例』［文献1］。ジェシー・タフト「七歳男児との三一回のふれあい」［文献175］。ジークムント・フロイト「ある五歳男児の恐怖症分析」［文献76］。トマスとズナニエツキ「ある移民の生活記録」［文献181］。クリフォード・R・ショウ『ジャック・ローラー』［文献164］。H・G・ウェルズ『自叙伝の試み』［文献188］。

8　ただ、教科書の執筆者たちがめったに指摘しないことは、成長のメカニズムの作動は事例ごとに異なっていて、そのため、発生論的解釈の唯一の基礎は個人についての集中的な研究に置くしかないということである。ある人にあっては遺伝的な特徴であるものが、別の人にあっては獲得された特徴であることがあったり、ある人にあっては同一化の所産であるものが、別の人にあっては差異化の所産であることがある。いずれにせよ、ダラードが提示した基準IVは、充足するのが極端に難しいものである。われわれが毎日観察している子どもであっても、社会化の因果的連鎖をはっきりと示してみろと言われれば途方に暮れてしまうのだから、それを書かれたドキュメントからやってみるなどということはどだい不可能なのだ。

過多症といった）純粋に有機体的なものであっても、社会的にレリバントでなければいけないのか？」と問うてみたい。他の基準すべてについても、同じことが言えよう。すべての基準が、ダラードの個人的な偏好であって、科学的公理ではないのだ。

おまけにダラードの基準の適用の仕方が独特であることにも、言及しておかなければならない。ダラードは、ときに、手続き上の手段として基準を守っているかどうかではなく、文化決定論的もしくはフロイト主義的な結論に首尾よく到達しているかどうかでもって、ドキュメントを評価してしまっている。すなわち、H・G・ウェルズは、文化伝達における家族の役割をきちんと書いていないとして叩かれているけれども、じっさいには、ウェルズはこの項目について十分に考察しており、この主題に一〇〇頁以上もの紙幅を割いているのだ。しかしウェルズは、自分の家族生活とそれに対する反応を詳細に跡づけた結果、文化伝達における家族役割の考え方には真っ向から否定的な結論に達し、自分の「頭脳」の「資質」という言い回しをすることで、有機体論的説明のほうを採用したのである。ダラードはこの結論が気に入らなくて、基準Ⅲに関して、ウェルズに対して低めの評価を与えたのだ。低い評点の理由が、ウェルズが基準Ⅲを守っていないからではなくて、ウェルズの結論がダラードがあらかじめ期待していたものでなかったからであることは明らかだ。

とにかく基準というものを設定するときには、まずもって、その基準がつくられる目的をはっきりさせておくことが肝要である。ダラードがもし、生活史の目的として彼が思い描いていることをあらかじめ明示していたならば、ダラードのアプローチにみられた恣意性の多くが避けられたであろう。彼がおこなっている最もそれに近いものは、「人間の成長を文化的環境のなかで明らかにし、それを理論的に意味づけようとする慎重な試み」という、彼なりの生活史の定義であろう。しかしながら、この定義をもってしても、文化に関する、また、精神分析に関する、この著者の排他的な先入観念を正当化できるものとはなりえていない[9]。

まとめよう。ダラードは文化決定論とフロイト主義への個人的偏好にしたがってドキュメントの利用のための基準を設けてしまった。そのような独りよがりの判断基準は、できるものなら外部評価にもとづいたドキュメントの解釈のための基準と取り替えられるべきである。そのようなより公正な基準の構築が現在模索されつつあるのは喜ばしいことだが、それも、大胆に自分自身の好みを前面に押し出してまで、社会科学における事例資料の作成と評価のための基準設定の可能性に注意を喚起したダラードの勇気のおかげであるところ大であると言えよう。たった独りで彼は森のなかに道しるべを刻みつけたのだ。多くの者が後に続き、いつかきっと森も切り拓かれるであろう。

9 コミュニティ調査における生活史の有用性を説得的に論証している小論「コミュニティ研究における生活史」［文献63］のなかで、ダラードは生活史を用いる目的についてずっとわかりやすく述べている。そこで彼は生活史が小さな町の社会学を概説するための貴重な説明用具として役立つと主張しているのであるが、ゆとりをもって自分の言いたいことを述べている。

自己欺瞞の問題

個人的ドキュメントを用いるほとんどすべての著者が指摘することは、ドキュメントを利用するにあたっては、それを額面通りに受け取るにはおよばないということである。偏執病患者の書いたものは、一語たりといえども信用できないかもしれないけれども、それでも、その書き手について多くのことを教えてくれるのだ、と。そうは言うものの、偏見、自己欺瞞、まっとうな見解とあやしげな見解、自我理想化、マンネリズム、コンプレックス、向上心、洞察の誤り、失敗ばかりすることへの言い訳――こういったあれやこれやの特徴がドキュメントに見え隠れしたり、ぎらつくことがありうる。だから、ドキュメントで報告されていることやら自己評価やらは、とても正確な記述だとは信じられない。人びとが見せびらかす信念よりも、うっかり示す信念を研究するほうが、より重要なことが多い。

あるドキュメントを額面通りに受け取っていいかどうか、どうしたらわかるのだろうか？　なぜ、われわれは、ある陳述を信用し、他の陳述を信用しないのだろうか？　普通、研究者の個人的気まぐれによって、真実性の判定が下されているようだ。もしかれがフロイト主義者であれば、明示的な動機の陳述は信用したがらないであろう。もしかれが行動主義者であれば、動機についての陳述ばかりでなく感情や思考や意志についての陳述をも割り引いて受け取るであろう。主観的な陳述であっても、研究者に自分自身の経験を思い出させるものであれば、信用されることになろう。ぎゃくに、その主観的な陳述が研究者には奇異で馴染みのないものだと思われれば、信用されないことになろう。心理学者は、それぞれ、自分なりのやり方で、自己欺瞞や自己合理化の徴候に気を配ってはいるのだ。

自己欺瞞を見破るための客観的基準がやがてできよう。フレンケル＝ブルンスヴィクが自己欺瞞判別法を試験的に試みており、「自己欺瞞のメカニズム」［文献75］という論文を発表している。たとえば、自分史に、度の過ぎた繰り返しのみならず、最上級の絶対的な言い回しが見られるばあいには、その書き手が自分を欺いている印である、といった具合である。フレンケル＝ブルンスヴィクの実験では、強情な性格で「気狂いじみたほど野心過剰」だと仲間たちに評されていたある学生が、「わたしは命じられたことは常にやります」と書いていた。主張の反復のみならず、「常に」「唯一」「万難を排して」といった絶対的な言い回しも、本人が自分にはこんな特質があると言っていることに対する仲間たちの評価とは、負の（マイナス〇・五〇ないしマイナス〇・六〇の）相関関係を示すのだという。ぎゃくに、「わたしは自分のこの理想をなし遂げることができるかどうか自信がありません」といった控え目な陳述は、はるかに現実の行動に裏付けられていることが多いのだ、と。このようなものを手始めとして、自叙伝体の書き物における自己欺瞞の徴候のリストを拡充し、読者や分析者がしかるべきところで疑いを抱けるようになるための訓練の補助用具を用意することは、あながち不可能ではあるまい。

端的に言って、匿名性が自我包絡的なドキュメントにどんな影響を与えるのかということが、マラーが「自分の名前を署名することの影響」［文献130］で問題にしたことである。子どもたちを使っての彼の実験は、奇妙なほど逆説的な事態を示した。署名なしのほうが、子どもはより自己を卑下すると同時に、より自我を誇大に見せ、自己慢心の傾向を示したのだ。匿名で書いたばあいに、自我防衛が弱まるのであり、慣習的な謙虚さの要請も少なくなったのである。おそらくこの二つの傾向はどちらも、マラーが結論づけているように、おそらく名前を書かされない場合のほうが、子どもの反応はより偽りのないものになり、自分の一般的な見解を表明するものだということを示していよう。これらの知見が大人の個人的ドキュメントにどこまであてはまるかは、まだわからない。しかし、故意の欺瞞を（そしておそらく自己欺瞞をも）減らす手段としてドキュメントの匿名性は、かなり効果的なのではあるまいか。

カートライトとフレンチの「生活史研究の信頼性」

カートライトとフレンチは、ある青年の数年間にわたる日記を精読し、そして彼との数時間の面接《インタビュー》を別々におこなった後で、一定のテストと質問紙に対して本人がどんな回答をするかの予見をしてみて、二人のあいだの観察がどれだけ一致するかという信頼性の研究をやってみた。また、概念化の問題でも二人の研究者のあいだでどれだけ一致するかも調べてみた。論文「生活史研究の信頼性」［文献47］で発表された以下の二つの知見はとりわけ重要である。

(1)二人の研究者のおこなった予見の妥当性のほうが、その信頼性よりもまさっていた。どうしてそのような結果が起こりうるのか？　それぞれがパーソナリティの異なった側面を正確に理解したからにほかならない。たとえば、ひとりの観察者は政治的行動、スポーツ、宗教の領域において正確に予見し、別の観察者は芸術、科学、社会行動の領域において正確に予見したということなのだ。この事態は、事例ドキュメントの利用にあたっては、まず真っ先に、観察者の信頼性が証明されるべきであると要求する批判者に対する警告を含んでいる。もしも同一の個人的ドキュメントを研究する研究者全員が同一の結論に達するならば、じつに気楽なことだろうけれども、みんなが同一の結論に達しないからといって、かならずしも個々の予見や解釈が妥当ではないということにはならないのである。

⑵第二の意義深い知見は、この二人の研究者がそれぞれ独立に研究をおこなったところ、研究対象者の基本的な動機の性質に関してよりも、彼の特性や態度、将来においてありうべき発達の方向に関して、より密接に見解の一致をみたということである。言い換えれば、見解の一致をみやすかったのは、概念的なレベルよりも、行動という具体的なレベルのほうだったのだ。レヴィン学派、マクドゥーガル学派、フロイト学派、マレー学派、ユング学派、W・I・トマス学派等々、さまざまな学説を奉じている人びとが、パーソナリティの「説明」において衝突しあっているのを目にしたことがある人ならだれでも、これが何を意味するかはわかるだろう。心理学者にとって、人生で何が起きているかについて意見の一致をみることはたやすいが、なぜそれが起きているかについて意見の一致をみることは困難なのだ。

ケースカンファランスという技法

別々の分析者は事例の妥当ではあるが異なる側面を心にとめるということは、カートライトとフレンチ〔文献47〕によってのみならず、レックレスとセリングの論文「社会学的面接と精神分析的面接の比較」〔文献154〕によっても論証されている。この事実を考慮して、最近、もうひとつの方法の革新がなされている。立場の違う分析者たちの異なる観点を持ち寄ることが有益なのだ。診断のためのケースカンファランスは、医療やソーシャルワークにおいてはお馴染みの方法であるが、心理学実験室においてはじめてそれを組織的に活用したのは、マレーとその共同研究者たちであろう。マレーほかの『パーソナリティ』〔文献139〕によれば、多くの実験者が多くの被験者のパーソナリティの多くの側面を取り扱っている。そして、五人の心理学者からなる判定会議で最終的な評価と解釈がなされた。ある実験目的に関しては、これらのメンバーが別々に作業し、あとでかれらの判定が比較された。他の目的に関しては、洞察と判断が共同討議で統合された。この研究においては個人的ドキュメントは採用された資料全体の一部をなしていたにすぎなかったけれども、この方法そのものは、多数の研究者が協同して自叙伝や日記や特定の主題に関する書き物を解釈するばあいに、いつでも利用できるものである。要点は、信頼性の研究では、判定者のあいだに厳格な独立性が保たれていることが望ましいのに対して、解釈の妥当性を高める手段としては、判定の統合が有望だということだ。カンファランスがしばしば解釈の妥当性を高める結果をもたらすということは、ダシールの「社会的状況の成人個人の行動に対する影響についての実験的研究」〔文献56〕でも証明されている。

ポランスキーの「生活史はいかに書かれるべきか」

現代の実験的アプローチのもう一つの例として、ポランスキーの研究、「生活史はいかに書かれるべきか」〔文献147〕を紹介しておこう。この著者はもっぱら三人称体の事例だけを扱っているけれども、彼の知見は一人称体のドキュメントにも適用できよう。いずれにせよ彼の方法は広く見習われるべきである。ポランスキーは、三つの生活史を選んで、それぞれについて六通りの研究をおこなっている。第一が、同時代の特性、態度、野心に焦点をあわせる構造的アプローチ。第二が、コミュニティや家族規範などに焦点をあわせる文化的アプローチ。第三が、時系列的パターンや幼少期の出来事に焦点をあわせる発生論的アプローチ。第四が、精神医学的観点を反映した、主要な不適応をめぐる研究。第五が、行動の逸話に着目しての、典型的なエピソードをめぐる研究。第六が、典型的な精神測定法による説明としての、テストスコアにおける個人差をめぐる研究。判定者たちは制御されたやり方で三つの生活史を読み、そこから予見をおこなった。六つのアプローチのあいだの予見力の成功順位は、構造的、文化的、発生論的、エピソード、個人差、そして主要な不適応の順であった。主観的な印象では、最も興味深いのは構造的アプローチであり、最もつまらないのは個人差によるアプローチであった。「正確な予見にかかわる三つの要因のうち、最も重要なのはアプローチの有効性であり、次が研究対象者自身の予見能力であり、最も重要でないのが判定者の能力である、と思われる」。

このような研究は、予見の力を増すことにおいて、また、読者の共感的理解を呼び起こすことにおいて、絶大な成功をおさめるためには、事例研究をどのように書いたらよいかをわれわれに教えてくれるという実際的な利点をもっているばかりでなく、心理学理論の見地からもとくに意義深いものである。もしポランスキーの研究が十分に立証されれば、パーソナリティに関するある理論（たとえば、構造的アプローチによって提起される諸理論）は広く認められ、他の理論（もっぱら統計的・精神測定的な見地だけからアプローチしたり、パーソナリティをいくつかのよくある変数に関して標準的規範からの逸脱の問題としてのみ捉えるような諸理論）は信用を落とすことになろう。

こういった研究を押し進めていけば、ある人生についてはあるスタイルの方法によって、別の人生はそれとは異なったスタイルの方法によって、上首尾に説明することができるといった事態の到来も夢ではなさそうである。かかる知見の理論的含意は、大きい。つまり、ある人生はあるパーソナリティ理論によって最も適切に概念化され、別の人生は別の理論によって最も適切に概念化されるのだ、ということになる。この想定を主観的ドキュメントにまで拡張すれば、ある強調の仕方（書き方のスタイル）がある人生には適切であるが、別の人生には不適切である、ということになる。人間は無限に多様なのであって、その人生は対照的なテーマによって構築されているわけだし、文化的規範への同調度の高い人もいれば低い人もいるのであり、神経症に悩ませられている人もいればそうでない人もおり、子どもっぽい性格の人もいれば大人びた性格の人もいる。これほど多様な人びとが、なにかある一つの決められた形式でもって、みなが等しく申し分のない自分史を書くことを、期待することができるとか期待すべきであるというのは、馬鹿げたことだと思われる。

ボールドウィンの単一事例の統計分析

ボールドウィンの研究「単一パーソナリティの構造の統計学的分析」［文献16］は、まだ全貌が公表されてはいないけれども、個人的ドキュメントのコレクションをもとに、一個人のパーソナリティ構造を数量的に分析しようとする、ちょっと珍しい試みであって、注目すべきものである。この試みは、もともとF・H・オルポートが「パーソナリティ研究における目的論的記述」［文献3］で提起した着想を、A・L・ボールドウィンが修正を加えて実行に移したものである。その資料は、ある未亡人が過去一一年のあいだに自分の気持ちを包み隠さずに書いた手紙のコレクションからなっていて、息子に対する異常なまでの愛着と、その息子の死と残された彼女のさみしさが綴られており、彼女がしだいに気力と希望をなくしていく様子が映し出されていた。カイ自乗の技法を応用した方法によって、この書き手の心のなかで、なんであれ二つの観念が関連づけられる頻度が数えられたのである。その結果、美的感受性が豊かで、財政的問題に几帳面で、息子の愛情を独占したがり、疑い深く、同性に対する強い憎悪感を抱いているという、劇的なパーソナリティ像が浮かび上がったのだという。

この方法は、個人的ドキュメントにもとづいて特異な単一のパーソナリティの構造を正確に分析するのに成功しており、無視できないものだ。統計学に「母集団」の新しい概念をもたらしたとも言える。すなわち、一人の人間の境界内でのさまざまな出来事や特性を「母集団」と捉え返しているわけだ。もしこの方法の所期の目標が達成されれば、統計学的観点と臨床的観点とのあいだに意義ある架橋がなされることになろう。

まとめ

第一章と同様、この第二章でも、雑多な配列でさまざまな研究をみてきたが、どの研究でも、基本的な方法の問題に関心が寄せられていた。観察者の信頼性（同一のドキュメントを分析する異なった判定者のあいだの見解の一致）に関心をもった研究者もいれば、解釈の妥当性を確証する方法とか、ドキュメントの予見力を発見する方法に関心をもった研究者もいれば、分類の問題、自己欺瞞の探知、匿名性の影響、統計学の単一事例への適用、あるいは、カンソアランスという方法の効果に関心をもった研究者もいた。どの研究者も、個人的ドキュメントからもっともっと多くの利点を引き出し、個人的ドキュメントが科学において占める地位を高めたいと努力している。

▼第三章

個人的ドキュメントの利用目的

心理学者が、書かれたドキュメントを頼りにするのは、さまざまな理由からである。利用目的のいくつかについて簡潔に説明したうえで、それぞれについて例示となる研究を紹介していこうと思う。そうすれば、役立てられている目的と追求されている科学的価値がいかに多様であるかがわかるだろう。その多様性は驚くほどである。

現象学的研究

もしわれわれが、人びとがいかに感じているのか、人びとはどんな経験をし、どんな記憶をもっているのか、人びととの情動や動機はどんなものなのか、人びとが行為する理由は何かを知りたければ、なぜかれらに尋ねないのか？　これが内省心理学者の立場の単純明快な論理であって、行動主義者や客観主義者がしかめ面をするにもかかわらず、多くの人に受け入れられている考え方だ。個人的ドキュメントは、たいてい内省的な手稿であり、複雑な意識現象の研究にとくに適している。複雑な意識現象にたまたま関心を抱いた心理学者が、個人的ドキュメントを利用するのはまったく自然なことであろう。W・シュテルンが『パーソナリティの見地からの一般心理学』〔文献171〕で、このことを次のように述べている。

> 人間はだれでもどのようにして悲哀とか不安といった感情が即座にわき起こったのか、自分では知っている。同様に、人間はだれでも、どのようにして想念が生じ、それらが互いに結びつけられるのか、あるいは、意志をもった行為につながる心的事象（衝動、熟慮、疑惑、葛藤、動機、決断など）がどのようにして心の事実としてあらわれるのか、知っているものだ。

ある意味で、これまでに提出され記録された内省的報告は、すべて個人的ドキュメントである。もちろん、その長短たるや、実験室での細切れのメモ書き（「わたしにはこの光の明るさとあの光の明るさが同じに見えます」といった文言）から、ルソーやストリンドベリやビアーズやレオナードのような、長くて入り組んだ魂の探索まで、さまざまである。

ゴルトンが『人間の能力の調査とその開発』〔文献83〕で利用した彼の文通者たちの心像についての記述は初期の現象学的ドキュメントであり、第一章で指摘したように、心理学における古典のいくつかは、そもそも、内省的記録がその著者たちによって入念に一般化されたものなのだ。現象学（および内省的方法）の長所と短所が、そのまま個人的ドキュメントの長所であり短所であると言えもしよう。こう述べたことの例外としては、個人的ドキュメントはたとえ額面通りに受け取らなくても診断的価値をもつことがしばしばあるという事実がある。とはいえ、伝統的な意味での現象学的報告を科学的に役立たせるためには、額面通りに受け取らなくてはならないのである。

宗教的経験の研究

あらゆる分野の経験のうちで最も主観的なものの一つは、宗教生活である。個人的ドキュメント以外の方法によっては、部分的な適切性をもってすら、それを研究できたためしはないと言ってよい。スターバックの『宗教の心理』〔文献169〕とジェイムズの『宗教的経験の諸相』〔文献100〕に続いて、数多くの研究者が宗教的経験の観点から収集された手稿、日記、自叙伝を分析してきた。なかでも、ヘフディングの『経験と解釈』〔文献95〕、ボーネの『成熟期における青年の宗教的成長』〔文献30〕、クプキの『青少年の宗教的発達』〔文献120〕、クラークの『宗教的目覚めの心理学』〔文献52〕は、とりわけ言及するに値しよう。主観的なドキュメント記録に共感を抱くことなしには、宗教心理学のなかに一歩たりとも足を踏み入れることが不可能なことは明らかである。

失業の心理的影響の研究

失業の研究のほとんどが個人的ドキュメントもしくはインタビューからの引用を含んでいるこ

とは、偶然ではない。失業問題も、社会的にも個人的にも混乱した領域を成しており、主観的な要因が際立った重要性をもっているのだ。復職のチャンスは、「人は職を失ったとき、その状況をどんな思いで過ごすのか?」という現象学的な問いに対する答えにかかっている。主観的な態度、人生観、モラールが、ことを決めるのだ。

二つだけ例をあげよう。ザワツキーとラザースフェルドは、「失業の心理的帰結」〔文献197〕で、懸賞募集によってポーランドの失業者たちから手に入れた五七の代表的な自分史を分析している。その書き手たちの感情的反応が、侮辱感、憤慨感、無力感、不安感のどれが目立つかによって分類された。無感動《アパシー》の時期、なんとかなりそうだとの淡い望み、あげくのはての黙りこくった黙従が、長期にわたる失業期間を特徴づけることが見いだされた。ラザースフェルド＝ヤホダとツァイスルは「マリエンタールの失業者たち」〔文献124〕で、失業者たちが四つのタイプ、すなわち、くじけないタイプ、諦めてしまうタイプ、悲嘆にくれるタイプ、無感動に陥るタイプに分類されることを見いだした。

青少年の精神生活

こんにちまで、大人たちが書いたものよりも、青少年の主観的な手記のほうが、より熱心に求められ、より徹底的に研究されてきた。とくにドイツとロシアでその傾向が強かった。青年期特有のさまざまな経験は大人には近づきがたいものである、と言われる。大人たちは、その後に遭遇した愛と生活の影響を受けて、物質的現実や社会的責任と折り合いをつけようともがくうちに、青年期に芽生えそして荒れ狂った暗中模索の記憶を完全に書き換えてしまうからだ、と。だからこそ、個人的ドキュメントが青年期研究の最良の手段であるという主張が、G・スタンレー・ホールの『青年期』〔文献86〕やシュテルンの『成熟期の始まり』〔文献170〕やイオヴェッツ＝テレシェンコの『青年期における友愛』〔文献99〕でなされているのである。

個人的ドキュメントは、青年心理の研究にとって、原理的に価値があるばかりでなく、実際的な利点もある。人生のこの時期には他のどんな時期よりも個人的ドキュメントが豊富にあるのである。

修養としての利用

ロシアの研究者のポポヴィッチは、実験にもとづいて書いた『青少年の内省向上の手段としてのセルフレポート』〔文献149〕で、セルフレポートを書くことを実行すると、青少年は自己統制力のみならず観察力と洞察力をも増すことができる、と報告している。高校生や大学生に自分史を書くことが課題として出されることはけっして珍しいことではなく、その課題をなしとげた学生たちが驚異的な人格的成長を示すことも稀ではない。ここ数年のあいだに、精神衛生学や社会心理学や性格心理学の授業との関連でセルフレポートを書く試みが明確に増えている。ウォリンの『パーソナリティ不適応と精神衛生』〔文献186〕はそういう事例を収集したものだが、この傾向がはっきりと示されている。

体験記録の実際的利用

個人的な体験の鮮烈な物語のおかげで社会が変わることがある（ちょうど、ストウ夫人の『アンクルトムの小屋』、ディケンズの『オリバー・ツイスト』、スタインベックの『怒りの葡萄』といった類の社会小説が社会を変えたように）。古典的な例としては、躁鬱病患者であったビアーズの自叙伝『わが魂に出会うまで』〔文献21〕がもたらした社会的影響についてすでに触れたところである。

もう一つの例が、ドイツの心理学者たちのお気に入りの体験記録にみられる。第一次世界大戦中、兵士のサイコグラフのための資料を収集すべく、ベルリン応用心理学研究所は質問紙を配布して、危険状態、性的適応、社会関係、戦闘状況、欠乏状態などについての兵士たちの体験を調査した。回収された回答の解釈は、プラウトの「兵士たちのサイコグラフ」〔文献145〕で見られる。この資料と他の似たような体験記録が、ナチスの心理作戦と軍事政策を策定する一要因となったという事実は見逃せない（ファラゴ編『ドイツの心理戦争』〔文献68〕参照）。アメリカの心理学者には、軍事政策の立案や軍隊の士気の高揚のためにアメリカ兵たちから本人の手になるドキュメントを集めた者はだれもいなかった。これがなされていたらよかったであろうに、と思う。

自己分析

個人的ドキュメントのなかには、治療を目的としたものがある。つまり、カタルシスを吐露することで神経症的気質の治療に役立てたり、洞察力を高めることで精神的安定を増進させようとするわけだ。この種のドキュメントの最も優れたものは、おそらく、神経症患者であったW・E・レオナードが、九週間の熱に浮かされたような状態のなかで一気に書き上げた（もっとも、その前に何年間もの準備期間があったのだが）四三七頁にも及ぶ『機関車＝神』［文献125］であろう。この物語は歯に衣を着せない筆致で書かれており、多くの点で自分自身と仲間たちに対して容赦のないものであるが、もともと、書くことで恐怖症が癒されるのではないかとの望みを託しつつ書かれたものだ。残念ながら恐怖症を癒したいという望みはかなうことはなかったのだが、この物語では恐怖症の症状が鮮烈に描写された。そして、このドキュメントは、心理学者と精神分析医の注目を集めた。精神分析医たちは、この本を自己分析の無益さの証拠として取り上げた。なぜなら、当事者が自分で自分を分析する自己分析では、治療者への転移の感情を斟酌することができず、無意識のなかに入り込んでいくことができず、抵抗やありとあらゆる自己欺瞞を誘発してしまうから、というのである。他方、心理学者のなかには、このドキュメントは洞察力にすぐれ、パーソナリティの起源と発達における基本的問題を見事に描き出している、と褒め称える者もいた。テイラーとギュラーが、このドキュメントの有用性についての多くの心理学者の見解を収集して、「『機関車＝神』の問題」［文献177］にまとめている。また、G・W・オルポートは「直観的方法によるパーソナリティの研究――『機関車＝神』を教材として」［文献11］で、このドキュメントは教材として有用であると述べ、その助けを借りながらパーソナリティ理解の理論を展開し、このようなドキュメントを読んだ者の心に刻み込まれて忘れられぬ印象が残ることを説明してみせた。

この種のもう一つの例は、二八歳の男性によって自発的に書かれた一四〇〇頁ものドキュメントをもとにしたニコレイセンの研究、『精神的葛藤解決のための新しい心理学的方法』〔文献140〕である。ニコレイセンは、「本人が自分自身の精神的葛藤を解決するのに助けとなる新しい体系的方法」を発見したと主張している。それは「本人が自分で自分の動機を説明し認識することで、自分のふるまいをより自己適合的なパターンに再調整する」というものだ。この主張に対しては、精神分析医たちは自分自身をきちんと分析できる人なんてほとんどいないと言って反駁するだろう。そうはいうものの、洞察にはいろんな段階があるのであって、患者自身がほかならぬ自分自身の目で見たドキュメントを書くことによっても、いくぶんかの治療効果がありそうである。ニコレイセンが言うように、自己分析を書くのに欠かせぬ条件は、本人が自分の現在のふるまいにこのままではいけないと思っていて、自分をつくり直したい、自分を理解したいと欲していることであり、さらには、みずから現実に立ち向かおうとしており、自分はそれを首尾よくやり抜くことができるという自信をもっていることであるというのは、疑いを容れない。

ミリチは「精神分裂病における書記カタルシス」〔文献133〕と題する事例報告で、ある統合失調症患者が自分が体験してきたことや考えてきたことを書きつけることで治癒したという事例を報告している。ミリチはその技法を「書記カタルシス」と名づけている。ちなみに、現在普及している「意味療法《セマンティック・セラピー》」によってセルフレポートの利用が着実に増加していくことが予想される。『ジャック・ローラー』〔文献164〕を書いたショウは、非行少年の場合に、自分史を書くという行為にカタルシス効果と治癒効果があることを見いだしている。自分の悩みや自分の来歴を書きつけるだけで、はたして、完全な治癒が達成されるものかどうかには疑問が残るが、本人になにかしらよい結果がもたらされることは、ほぼ普遍的に立証済みのことである。偉大な自叙伝告白者のほとんどが、自分が書いた自叙伝のカタルシス効果に言及している。

歴史上の人物の診断

個人的ドキュメントの最も一般的な利用法のひとつは、作家や芸術家やその他の天賦の才をもった人のパーソナリティの上に光を投げかける目的で、ドキュメントを分析することである。ちなみに、ブラグマンの研究に、「画家ロセッティの事例」〔文献34〕、「作家サイモンズの事例――麗しき同性愛の研究」〔文献36〕、「評論家デルの事例――青年心理学における一研究」〔文献35〕がある。スクアイアズの研究に、「ドストエフスキー――精神病理学的素描」〔文献166〕、「作家ジャン・パウル――精神分析的肖像」〔文献167〕などがある。トルストイについては、彼の死後に多くの診断が発表されている。たとえば、ヴェリコフスキーの「トルストイの『クロイツェル・ソナタ』と無意識の同性愛」〔文献185〕や、カープマンの「『クロイツェル・ソナタ』論――潜在的同性愛と去勢の問題」〔文献106〕がある。例は尽きない。モリエール、ジョルジュ・サンド、ゲーテ、画家のデューラー、詩人のコールリッジ、『ニルスのふしぎな旅』を書いたセルマ・ラーゲルレーヴ、ニーチェ、詩人のエリザベス・ブラウニング、エマヌエル・スヴェーデンボリ、劇作家のストリンドベリ、ルソー、トマス・アクィナス、エドガー・アラン・ポー、シェイクスピア――ここに名前をあげた人たちの誰一人として、歴史的診断から逃れられていない。

一面では、これらの歴史的診断は、その個人自身が興味の焦点となっているという意味では、まさしく「臨床的」なものである。また他面では、これらの歴史的診断は、ドキュメントを使うことで、分析者が一般的な論点を示そうとしたり一定の心的メカニズムを描き出そうとしているという意味では、「例証的」なものである。読者は、しばしば、比較的乏しい証拠にもとづいて診断を下している著者の無頓着さに呆れるだろう。また、平凡な人びとを扱った研究がほとんどまったくなく、もっぱら多彩な著名人ばかりを取り上げている大仰な雰囲気に、いくぶんか不快感をおぼえるかもしれない。

精神病診察の補助

非行少年によって書かれる自分史には精神病の診察や治療に特別な効用があることを見いだして、セリングは「精神病治療の技法としての自分史」〔文献163〕で、精神科医やセラピストはもっと自分史を活用すべきだと提唱している。書き物のかたちで医師に差し出される資料は、会話のかたちでの資料とは違った面をもち、それゆえに、精神科医はそこから多くの新しい手がかりを得られるのだ。セリングが言うには、自分史は治療の初期段階で入手されるべきであり、精神医学的診察プロパーに先立って、心理学者が患者に面接して自分史を書いてもらうのが最善のやり方である。自分史は精神科医が事例を判断するさいの助けとなるだけでなく、シュレーダーは「精神エネルギー論」〔文献162〕のなかで、精神病患者に自分史を書かせることが、治療上の独自の価値をもつことを明らかにしている。つまり、自分史が治療の道筋を考慮するさいの手引きとして役立つのだ、と。シュレーダーの考えるところでは、自分史は、神経症患者が手始めの自己洞察を獲得するのを助けるという点で、とりわけ価値がある。

ロザノフは『マニュアル：精神医学と精神衛生』〔文献157〕のなかで、個人的ドキュメントを精神医学の方法のひとつとして認定している。症候学の観点から、ロザノフは四種類の書き物を意義あるものと見做しているのだ。(a)自発的なドキュメント。「たとえ患者による陳述が不正確なものであっても、患者の視点からの自由な表現」をぜひとも必要とする精神科医にとっては、これは常に役立つ。(b)模写からなる書き物。(c)口述を書き留めたもの。(d)筆跡のサンプル。これは運動不全を知る手がかりになることがある。ヘンダーソンとギレスピーは、『テキストブック：精神医学』〔文献92〕で、「人間としての患者を理解する」手段としてドキュメントを利用することを推奨している。「心の病は個人の問題であり」、その「徴候は背景を無視したらほとんど意味がわからない」という基本原則を認めるべきであると言うのである。

当事者による検証と承認

一人称体のドキュメントの利用に関して、稀ではあるが潜在的にはとても大事なのは、他者による分析に対して本人によってなされる「反論」である。二つの例がある。一つは、ヴィッテルズが書いた『ジークムント・フロイト伝』〔文献192〕への「緒言」として寄せられたフロイトによる批判である。いま一つは、『現存する哲学者たちのライブラリー』として知られるシリーズ物の第一巻として出版された『ジョン・デューイの哲学』〔文献161〕のなかで、デューイ自身が解説者たちの論評に対して応答している。このような場合には、「生贄とされた者」自身が、伝記作家によって書かれた事実や解釈なるものに対して、訂正する、あるいは少なくとも抗議する機会が与えられているのである。その反論が正しいものであるかどうかは常に確かめられるわけではないけれども、いずれにせよ、分析し解説をした側の記述を本人がチェックできることは、スポーツマンシップに言うフェアプレイの精神を培う一つの仕掛けとなろう。もし本人が伝記作家の述べていることを承認すれば、読者は保証の上書きを得たことになる。本人が書かれていることを否認したばあいには、読者は証拠に重きを置いて自分で判断しようと、あるいは、伝記作家を取るか本人の言い分を取るか、それはご自由に、である。

特定の身体的コンディションが精神に与える影響

ダートマス眼球研究所で、ベンダーらは、視力という要因と大学への適応の関係について徹底した調査をおこなった。『大学生におけるやる気と視力』［文献22］という報告書には、統計データのほかに、広範なテストとインタビューと自分史にもとづいて作成された二〇編の詳細な「心のポートレート」が収録されている。この研究の結論は重要だ。視力の問題は——全盲の場合でさえ——、そのこと自体のせいで不適応を引き起こすことはない、ということがわかったのだ。目が見えないということが人生のやる気という水路のなかに入り込んでいって、元からの目標の代わりに別の目標に向かうという代償行動への誘引となったり、失敗の言い訳になったり、屈辱の根拠ともなり誇りの根拠ともなるのであるが、それらすべてのことが本人がどんな個性の持ち主であって何を求めているのかということ次第なのである、と。このように、自分史の利用は、身体的要因の影響を見極めるのに役立つ。

パーソナリティ形成においては、姿勢、話し方、食べ物、聴力、歯、扁桃腺、アレルギー、体型といったものが重要なのだという、殊更《ことさら》な主張をしばしば耳にする。この点、個人的ドキュメントは、専門家があまりに専門性を振りかざすのを押さえるのに役立つという利点がある。身体的諸要因が、結局のところ、当事者の人生全体のなかにどのように埋め込まれているのかを明らかにするのに役立つのである。

創造性と天才の解明

個人的ドキュメントは、創造性を研究するさいの一方法として採用されてきた。プラウトの

『創造的パーソナリティの心理学』〔文献146〕のように、科学者や芸術家から必要な情報を集めるために質問紙が利用されることもあれば、ダウニーの『創造的想像力』〔文献64〕のように、いろんな情報源から何気ない陳述が集められることもある。芸術家のなかには、ときに、あるクリエイティブな作品が生まれるにいたったのは、なぜなのか、そして、いかにしてかを、心理学的註釈がもはや余計だと思われるほど、クリアに語る人がいる。その一例としては、ウィラ・キャザーの「わたしが『大司教に死が訪れる』を書くに至ったいきさつ」〔文献48〕を挙げられよう。そのエッセイのなかで彼女は、その作品を書いた際の着想やインスピレーションについてみずから述べている。

自分がなぜ天才であるのかを語ることができる天才は誰一人としていないけれども、天才自身が自分の精神や情動のはたらきについて説明することは、天才とはいかなるものかについての過度に単純化された理論に対する歯止めとして大いに役立とう。ファリスは「天才を生む社会学的要因」〔文献69〕で、ターマンらの『天才の発生論的研究』〔文献179〕のような生物学的要因に偏りすぎたアプローチがいかに不適切であるかを指摘して、情動とか動機づけといった社会的な要因をも考慮する必要があると述べている。これらの要因については、天才自身が最良の報告をすることができるのである。

社会科学の心理学化

個人的ドキュメントは、心理学と他の社会諸科学とのあいだの最も確かな絆の一つである。人類学者や歴史学者が心理学の助けが必要であると感じ始めるときにはいつでも、当然にも具体的な事例について考えているのだと思われる。そして、そういうばあいに、不幸なことには、人類学者や歴史学者はかなり華々しさを感じさせる心理学的説明を選り好みしがちである。というしだいで、社会科学者に最も親しまれ、事例研究に際して最も頻繁に採用される心理学の一分野が、精神分析なのである。

その結果が、歴史学においては、通常、偉大な人物たちの神経症と精神病の集合的昇華によって過去を特徴づけることであった。「偉大な政治家の人格の下に潜む無意識の動機」〔文献53〕を書いたクラークや「心理学と歴史学」〔文献19〕を書いたバーンズが、傑出した指導者たちと無意識の動機づけを結びつける分析による歴史研究を提唱する人びとの代表である。フィアリングが、「歴史上の人物の心理学的研究について」〔文献70〕で、心理学的歴史家たちが本能、無意識、幼児期のセクシュアリティ、合理化等々のフロイトの概念をいかに偏好しているかを示している。また、グルーレも、「自叙伝と人格分析」〔文献84〕で、歴史学者たちに、ドキュメントのあまりに安直な心理学的解釈は差し控えるようにと警告している。

こんにち、たいていの政治学者は、動機と性格を詳細に研究すれば、行政手腕、改革、ボス・システム、投票行動、世論の諸要因、リーダーとフォロワーの関係、議会の手続きなどのさまざまな政治問題を解明することができる、と確信しているように思われる。これに対して、キャトリンが『科学としての政治学の方法』〔文献49〕で、性急で未熟なかたちでの政治学の心理学化に対して警告を発している。だが、政治学における事例ドキュメントの利用は着実に増加しつつある。

人類学においては、ラディンが『轟く雷《いかづち》――あるインディアンの自伝』〔文献153〕で、ダイクが『ハット老人の息子――あるナバホの自伝』〔文献65〕で、文化人類学的に価値ある自叙伝を編纂している。社会科学全般の傾向同様に、人類学の分野でも、解釈が精神分析から引き出されがちである。――それは、精神分析が最も労せずして頼りにできるタイプの心理学であるからなのか、それとも、実際にデータと適合しているのかは、いまだ疑問のままである。

社会学の分野では、心理学とのオーバーラップがいっそう進んでいる。個人的ドキュメントの利用において、社会学と心理学という二つのディシプリンはあい携えて発展してきたのだ。ときには社会学者がフロイトの諸概念の説明力に全幅の信頼をおくこともあるけれども、たいていのばあいは、心理学の選択的かつ多面的な応用が社会学的分析のなかに見受けられる。

まとめよう。社会諸科学は、具体的事例のレベルで心理学と力を合わせている。社会諸科学の解釈が抽象的ないしは「イデオロギー的」なレベルでなされることはめったにない、ということは注目に値する。特定の人間的な問題が論じられているさいに、これらの科学がお互いに引きつけあうのは、きわめて自然なことだと思われる。

文学の心理学化

社会諸科学と心理学の関係同様、文学と心理学が単一事例において交わるのはきわめて自然なことである。すでに指摘したように、精神科医が文芸評論家になることがしばしばある。逆に、伝記作家や文芸評論家が動機づけの領域に深入りしていくとき――実際そうする人が増えてきているのだが――、心理学者になってしまう。イギリスの伝記の権威であるニコルソンが『イギリスの伝記の発展』〔文献141〕で、伝記を書くさいの科学的関心が高まってきていて、いずれは、文学的・芸術的関心を凌駕してしまうだろうと予言している。

科学的関心は、発展するにつれて、貪欲なものとなろう。いかに統合力をもつ者でも、いかに表現の天才であっても、それに付いて行くことはできまい。わたしの予測では、科学と文学という二つの関心は袂を分かっていくことになろう。科学的な伝記が、専門化し技術化していくだろう。つまり、込み入った隅々にまで心理学的な展開が入り込んでいる伝記があらわれるであろう。そうなると、その伝記は心理学の専門家にしか訳がわからないということになりそうだが。……同様にして、社会学的な伝記、経済学的な伝記、美学的な伝記、哲学的な伝記があらわれるだろう。これらの伝記が興味深く示唆にとむものであることは疑いないが、分析的・科学的側面に力点が置かれることによって、否応なく、その作品に注がれる文学的努力は少なくなろう。

例証

おそらく最も一般的なドキュメントの利用法は、すでに心の中に思い描いているなんらかの一般化命題に具体例を示してみたいと願っている著者のために、例証的な資料を提供することである。数えきれないほどの引用句が、心理学や精神医学の教科書のなかに見受けられる。とくに精神分析学者が、ドキュメントを使えば原理をうまく解説できると考えているようだ。しかし、手稿が例証に役立つだけであるのなら、これといった科学的な利点をもつとまでは言えない。ドキュメントが重要性を帯びるのは、単なる例証のためではなく、発見のツールとして利用されるときである。

帰納

研究者が、わたしはかくかくしかじかの問題を探究したい、ついては、ドキュメントのコレクションだけから取りかかり、そこから何が立ち現れてくるかを見守りたい、ということは、理論的には可能である。しかしながら、そのような完全な白紙状態《タブラ・ラサ》は、まずありえない。なぜなら、研究者たるもの、誰しもが、自分が研究しようとする問題について、研究に着手する前から多少のことは知っており、発見したことを組み込んでいく準拠枠を不可避的に持ってしまっているからである。だが、個別的なるものが指し示すところに厳密に従って一般化がなされるという、帰納法の理想型に至る道はある。そのようなものが、ビューラーの生活心理学において、とりわけ、彼女が二〇〇以上の生活史を分析した『心理学的問題としての個人生活史』［文献41］において展開されている。この研究から、彼女にとってなくてはならぬものではあるが、あらかじめは思いもしなかった一般化、すなわち、人生の定めという概念が立ち現れたのである。どの人の人生にも——いかに坦々とした人生であっても——本人が自分の成功と失敗を測るべき、揺らぐことのない基準となるみずから設定した人生目標というものがあるのだ、ということがわかったのだ。じつは、運命と全体性の一般哲学がこの著者の心にはあったことは確かだが（ビューラーが属する、ナチスの支配下となっていくドイツの文化状況のなかでは、この哲学から逃れることはまず不可能であった）、彼女が必要としていたこの概念そのものの発見は、ほぼすべてのドキュメントのなかに繰り返し見られた証拠に由来している、と言ってよかろう。

著者たちがあらかじめは想定していなかった新しい洞察と帰納的一般化へと導かれたもう一つの例は、G・W・オルポートとブルナーとジャンドルフの「社会的破局状況下のパーソナリティ——九〇人のドイツからの亡命者の生活史の分析」［文献12］である。副題にもあるように、この研究では九〇人の亡命者の自分史が分析の対象となった。当初、多くの仮説が思い付かれていた（分析表の二〇頁にもなったほどだ）が、あらかじめ用意されたこれらの仮説のうちで、最終的な結論として生き残ったものは一つもなかった。仮説の大部分は棄てられ、残ったものも、ドキュメントを読み解くなかで修正を施されたのである。そうそう、サンプリングということで報告しておきたいことがある。最終的結論は、九〇のドキュメントすべてを読み終える前に、輪郭をあらわしていたということである。仮説を生みだすのには、一ダース程度のドキュメントで十分であったということだ。あとの事例は、その仮説を確証するためだけに使われたのである。

研究者というものは、誰であれ、自分なりの準拠枠をもって研究に取りかかるのであるから、混じりっ気なしの帰納などというものは、おそらくありえまい。とはいえ、研究者が個人的ドキュメントを取り扱うとき、ほぼ例外なく、帰納法が多かれ少なかれ一つの役割を演じるであろう。

職業分類など

個人的ドキュメントの帰納的な利用法の一つは、ドキュメントから類型を構築することである。じっさい、研究者がこれとこれは似ているなと思う事例を束ねていく作業は、ドキュメント資料のあらゆる処理のうちで最もシンプルなものである。たとえば、ヘンリーは、『性的変異——同性愛の研究』〔文献93〕で、自分史を材料として、性的変異に三つのタイプが存在するのではないかと考えた。ザワツキーとラザースフェルドは「失業の心理的帰結」〔文献197〕で失業者の諸類型を、プラウトは『創造的パーソナリティの心理学』〔文献146〕で独創的思索家の諸類型を、ジェイムズは『宗教的経験の諸相』〔文献100〕で信心深い人びとの諸類型を、帰納的に構築している。あまりに特異なケースは取り除きつつ、ドキュメントを合成していくならば、職業とはいかなるものか、大学とはいかなるものか、さらには国民とはいかなるものか、の「理念型」を構築することができるはずだとさえ考えられよう。可能性は、じっさい、無限に広がっている。ただし、構築した類型が妥当なものだと言えるかどうかは、心理学がいまだ解決できていない問題である。

対人関係

友人、夫婦、親子の絆といった対《つい》の関係を研究する手段として、二人の人間のあいだに交わされた手紙を利用する可能性を、これまで社会心理学者はほとんど見過ごしてきたように思われる。確かに、二人の文通者のあいだでやりとりされた往復書簡集が出版されてはいる。たとえば、アベラールとエロイーズの『愛の往復書簡』とか、ニーチェとワーグナーとのあいだの往復書簡が有名である。しかし、こういった往復書簡に関心を寄せた心理学者となると、いたとしても、わずかであったようだ。ベルンフェルト編『青年期の友情生活』〔文献24〕が、五人からなる女友達のグループを対象に、手紙、日記、そしてインタビューをもとにして、この友愛圏のなかのさまざまな関係を描きだしているぐらいだ。集団内の人間関係を測定するソシオメトリーの理論と実践と相携えて、ドキュメントを利用する手法を発展させていけば、大いに見込みがあると思われる。

テストや質問紙作成の第一歩

自叙伝体の叙述から引き出される洞察は、しばしば、標準化されたテストや質問紙に盛り込む質問項目を作成する際の手始めのたたき台となる。客観的な方法と尺度が大好きな研究者のなかには、この下準備作業が個人的ドキュメントの唯一の妥当な利用法であると見做す者さえいるほどだ。個人的ドキュメントを目の敵にする研究者たちでさえ、その後に続く、おそらくはより信頼がおけ、かつはより手間隙のかからない調査の技法を作り上げていく予備研究としては、個人的ドキュメントが役に立つということを認めざるをえないだろう。

補強や補足

しばしば、個人的ドキュメントは、ワンセットになったいくつかの方法のうちの単なる一つという役割しか与えられない場合がある。インタビュー、テスト、評価づけ、機関による報告書などの方法によって描かれた全体像に、ちょっと信憑性を付け加えるという目的だけで使われることがある。個人的ドキュメントは、そこから研究者が結論を引き出す未分化な母胎の一部をなすにすぎないわけだ。これは、トマスとズナニエツキがポーランド農民のセルフレポートを取り扱ったやり方にほかならない。

ボンディが『ドイツのプロレタリア青年運動』〔文献33〕において、第一次世界大戦後のドイツのプロレタリア青年を研究したときのやり方も、それと同様であった。これらの著者たちは、かれらの包括的な研究書に生き生きとした一人称体のレポートを仕込んではいるが、これらのレポートは、さまざまな方法の統合体に嵌め込まれているにすぎず、それ自体が独自の科学的目的に役立てられているわけではないのだ。

方法論的目的

第二章で紹介された著者の多くは、まさしく、どのようにすればドキュメントを最も有効に利用できるかを発見するためにこそ、ドキュメントを採用していた。たとえば、ストウファーの『態度調査の統計的方法と事例史的方法の実験的比較』〔文献172〕、カートライトとフレンチの「生活史研究の信頼性」〔文献47〕、ダラードの『生活史のための諸基準』〔文献62〕などが、その好例である。このリストにわれわれは、理解とはいかなるものかをめぐってのいくつかの研究を付け加えることができよう。宗教的ドキュメントの分析にもとづいたヘフディングの『経験と解釈』〔文献95〕、レオナードの『機関車＝神』を読んでの学生たちの反応から導き出した、経験的・直観的な理解理論であるG・W・オルポートの「直観的方法によるパーソナリティの研究」〔文献11〕、因果関係を確定する際の手続きの妥当性を保証する識別の過程を確立するのに役立ったコマロフスキーの『失業者とその家族』〔文献113〕。ここに挙げた研究は、心理学者が個人的ドキュメントに適用した理論的な利用法のうちのいくつかである。この種の研究では、個人の行動とか、行為の一般法則よりも、むしろ、行為の意味を認識し評価していくプロセスに関心がおかれている。

まとめ

この第三章では、心理学において個人的ドキュメントが採用されてきた多種多彩な目的を概説してきた。そのリストは、理論的、実際的、歴史的なものから方法論的な関心まで広範囲に及んでいる。こんなにも多くの目的に役立つ技法は、持続的な研究と不断の改良に値するものであるということを、誰が疑うことができようか。

▼第四章

法則定立的利用と個性記述的利用

認識論者たちの一致した見解によれば、人間の精神が周囲に向ける関心・注意には、二通りの様式がありうる。一つは、経験を分類しようとしたり、一般原理に迫ろうとする心のはたらきである。いま一つは、眼前の個別の事象や単一の出来事に関心が集中する心のはたらきである。人は自分を取り巻く複雑な世界を理解すべく、普遍化の心のはたらきと個別化の心のはたらきの、いずれか一方か、もしくは両方を活用するものである。ウィリアム・ジェイムズが『宗教的経験の諸相』〔文献100〕のよく知られた一節で、このことを次のように述べている。

> 理知が対象を扱う第一の方法は、その対象を他の対象といっしょにして分類することである。しかし、私たちにとって限りなく重要であって、しかも私たちに畏敬の念をよびさますような対象は、何によらず、特殊なもの sui generis独自なものでなければならぬような感じを、私たちにも抱かせるのである。蟹だって、私たちが有無をいわせず無造作に、甲殻類

として分類しているのを聞くことができたら、おそらく侮辱された気がして怒り出すことであろう。「おれはそんなものじゃない」「おれはおれ自身なんだ、ただひとりのおれ自身なのだ」と蟹は言うことであろう。(桝田啓三郎訳)

哲学者たちはこの二項対立をじつにさまざまな専門用語で呼んできた。ライプニッツは永遠の真理対事実の真理、ベルクソンは分析対直観——ちなみに、分析は科学的態度であり、直観は直接的・常識的態度である——、ヴントをはじめとするドイツの方法論者たちは法則科学対歴史科学という表現をしている。シュプランガーは、分析と理解を対置させている(別のところでは、理論的態度と審美的・評価的態度を対置している)。ヴィンデルバントは『歴史と自然科学』[文献190]で、知の形態を法則定立的(nomothetic)なものと個性記述的(idiographic)なものとして対置した。われわれは本書では、ヴィンデルバントのこの法則定立的対個性記述的という対概念を採用しようと思う。どんな用語を用いていようと、自然科学が前者の思考様式を好み、歴史科学が後者の思考様式を好むということは、すべての著者の一致するところである。では、心理学は、となると、たとえば、「科学としての心理学の視点の変化」[文献25]を書いたビルズのように、心理学は完全に法則定立的な学問であると主張する者もいれば、「心理学者の準拠枠」[文献10]でG・W・オルポートが主張しているように、心理学は法則定立的であると同時に、個性記述的でもありうるし、あるべきであると主張する者もいる。

まさにこの問題が、心理学における個人的ドキュメントの役割を評価しようとしているわれわれの中心課題であることが、もう、みなさんにはおわかりだろう。生データとしては、個人的ドキュメントは、法則定立的な知への関心にも、個性記述的な知への関心にも、どちらにも役立つことができる。もしも、統計学的に信頼しうる一般法則を導き出すことが唯一の目的であるならば、われわれが留意すべきは、ドキュメントの収集をどうするかということだけになろう。これぞと思う特徴を統計的手段によって分析するのに、これだけあれば十分だという数のサンプルを集めさえすればよいのだから。[10] 他方、個性記述的な観点だけに固執してしまう場合にも、ドキュメントの比較利用も一般化の可能性もまったく置き去りにされてしまうだろう。そこで重視されるのは、臨床的に意味があり、単一事例の理解と制御に役立つ、生き生きとしてユニークな描写だけとなろう。法則定立的な評価の枠組みにせよ、個性記述的な評価の枠組みにせよ、どちらかだけでは、あまりに視野が狭隘すぎる。個人的ドキュメントは、人間精神が渇望する法則定立的な知も個性記述的な知も、どちらも提供することができる資料なのである。

いまさら指摘するまでもないことだが、心理学でも社会学でも支配的なのは法則定立的な知への志向である。じっさい、個性記述的な知というものの魅力を——魅力とまではいかなくても、

10 社会科学調査研究評議会に提出された、個人的ドキュメントの利用法に関するある報告書は、もっぱら法則定立的な関心にのみ気を配っていた。そのためこの報告書は、もっと掘り下げたならば実りも多かったと思われる地点に達しないまま、分析と評価の作業を中途で終えてしまっている。

そんなに捨てたものじゃないということを——多くの研究者に感じ取ってもらうことは、非常に困難である。とりわけアメリカでは、そうだ。しかし、個人的ドキュメントに備わる潜在的な価値を公平に評価するためには、その努力が不可欠だ。さもないと、どんな評価も、ランドバーグが「事例研究と統計的方法」〔文献128〕ですでに到達した地点で、立ち止まってしまうことになろう。彼は、自分では事例ドキュメントに肩入れするつもりで、いわば、ドキュメントを統計という凧の尻尾《しっぽ》にくっつけることで、ドキュメントも浮上させようとしているが、余計なお世話である。彼はこう述べている。

この二つの方法のあいだに想定されている対立ないし非両立性は、つぎの三つの理由からして、錯覚にすぎない。(1)事例法はそれ自体ではまったく科学的方法とは言えず、科学的方法への最初の一歩にすぎない。(2)個々の事例は、分類され要約されて、画一性とか類型とか行動様式といったものを示すようになってはじめて科学的な意義をもつ。(3)統計的方法こそが、多数の事例の分類・要約の、唯一ではないにせよ、最善の方法である。それゆえ、この二つの方法は、いかなる場合でも、互いに対立しあうこともなければ、お互いに他の方法の代替物となるなどということはないのである。

さらに、ランドバーグは、彼の言わんとするところをだめ押ししている。

〔事例研究は〕分類・要約をとおして、多事例のなかに画一性が際立ちはじめたり、事例全体が一般的な様式や類型に解消していくときにはじめて、科学的意味をもつにすぎない。

ランドバーグは、このような考えをより高次の心理過程にも当てはめて、直観、洞察、理解というものは、粗雑ではあるが「多かれ少なかれ潜在意識的な統計的一般化」であると定義づける。かかる仮説に立って、彼はこう結論を述べる。

かくして、事例法と統計的方法とのいずれが優れているかという問題は、データの分類とその一般化が、ありふれた観察という、ゆきあたりばったりの、質的・主観的な方法によってなされてよいのか、それとも、統計的方法という、体系的で、量的・客観的な方法によってなされるべきなのかという問題に帰着する。

個々の事例は「束ねられ、一般化されて、類型や行動様式というものに解消しないかぎり、科学という偉大な目的にはなんの役にも立たない」と彼は主張するのだ。

このように、ランドバーグは、もっぱら事例ドキュメントが法則定立的な目的にとって役立つかどうか、統計的推論に貢献する洞察かどうかということだけを勘案した結果、ドキュメントは大量観察には遠く及ばないものだということを匂わせている。事例報告が、テストや質問紙や実験に比べたら、扱いにくい資料であることは確かだ——この結論には、すでに、キャヴァンとハウザーとストウファーが「生活史資料の統計的処理に関するノート」〔文献50〕で、そして、ホールが『青年期』〔文献86〕で達しているところである。

個人的ドキュメントの科学的利用のための根拠を公正に評価するためには、法則定立論者が想定しているのよりも、もっと広汎な基盤への目配りが必要だ。たとえほんのちょっとでも個性記述的なものの見方が認められなければならない。さもないと、扱いにくいライフストーリーを束にして積み上げても、十分な正当性はほとんどないことになり、それだけで考察の対象とされる単一のドキュメントにいたっては、まったく正当性がないことになってしまう。

心理学における個性記述的な知の擁護

個別的なものについての生きた知識が、あらゆる知識のはじまりである。それは、科学的な知であれどんな知であれ、変わりはない。心理学においても、人間性に対するわれわれの好奇心と知識の源泉は、具体的な個々人についての生きた知識のなかにある。具体的な個々人をありのままの複雑さにおいて知ることが、不可欠の第一歩なのだ。分析や分類を急ぎすぎると、精神生活をばらばらの断片に引き裂き、個人の生の営みにおのずから備わっている明らかなまとまりを捉え損ねるという、偽りの裂け目から出発するリスクを冒すことになる。不自然な切断と誤った抽象に性急に没頭してしまうのを避けるためには、心理学は、生きられたままの生に関心をもつ必要がある。つまり、途切れのない、完全な人生ドキュメントに示されるような、トータルなプロセスのもつ意味に関心を寄せる必要がある。具体的心理学のトレーニングが抽象的心理学のトレーニングに先行すべきであり、専門心理学者であっても、秘教的で妄想的な脇道に迷い込まないように、繰り返し具体的な生に立ち戻る必要があるのだ。心理学者にしても社会学者にしても、人間性の個々のあらわれなぞ、人間性についての一般化された知さえ獲得できれば、ものの数ではない、と信じ込んでしまうという大失策をしでかしてしまうことが、少なからずある。こういうわけで、個人的ドキュメントに没頭し、そこに見られる絡みあった現象の謎解きに時間をかけて取り組むことは、心理学者がその専門的なトレーニングのために支払うべき当然の代価なのである。この点にこそ、厳格な法則定立的な評価基準によっては認められてこなかった事例ドキュメントの個性記述的な、最初の価値がある。

　心理学を学んだ者の多くは、法則定立的な抽象化がこれまでも人間の動機づけというものを過度に単純化してきてしまったということがわかっている。四つの願望、九つの要因、十八の本能、二十一の要求といった図式に満足している者は、ほとんどいない。事例ドキュメントを見ればわかることだが、個人的な因果の連鎖は、ずっとより入り組んでいるのだ。法則定立論者が見落としてしまっているのは、まさに現実的可能性の問題として、どの二つの人生もその動機づけの過程において同じものはないという事実である（G・W・オルポート「リベラリズムと人間の動機」［文献６］を参照）。どんな事例でも因果の連鎖は同一だと決めつけてしまうと、レヴィンが『パーソナリティの力学説』［文献126］で力説した点、すなわち、法則決定論（物事の生起には法則性が貫いているとする考え方）は、多数の事例で頻繁に生起している必要はなく、一回起的な出来事（単一の人生）にだって適用することもできるのだということを、見過ごしてしまうことにもなる。[11] もしも各々のパーソナリティがそれ固有の法則を宿しているのならば、もしも因果の連鎖が普遍的なものではなくて個人的なものであるのならば、事例のインテンシブで個性記述的な研究によってのみ、そのような法則を発見することができるであろう。

　例をあげよう。H・G・ウェルズは、『自叙伝の試み』［文献188］で、「世界国家」の必要性という、彼の思考のなかでとりわけ際立った考えが、徐々に徐々に成長していくさまを跡づけている。それに貢献した要因は無数にあり、それぞれの重みはなんとも計り知れず、それらは他のどんな人生にも生じなかったものである。だが、ここには、天賦の才をもった精神のすぐれた価値複合がある。それは、ひとつの心理学的事実であり、社会的帰結である。法則定立的な心理学は、この事例をどのように説明できようか？　ごく大雑把にしか説明できまい。ウェルズ自身の成長の歴史と精神構造に特有ないろんな原因を個性記述的に解釈していけば、ずっとよりよくその目的を果たすことができよう。

　もしも法則定立的な手続きで十分こと足りるならば、精神測定が描きだすプロフィールや標準化された質問票が、しち面倒な事例ドキュメントに取って代わるにちがいない。精神測定とは、科学者によって選び出された諸変数に関して、個々人が平均からどの程度ずれているかを測定していく法則定立的な技法である。しかしながら、われわれは経験から、精神測定は臨床心理学においては不適切な用具であることを学んでいる。事例研究は、さまざまな弱点がありながらも、あいかわらず、臨床医、精神科医、人事担当者、心の相談に応じる心理学者に好んで用いられているのだ。かれらはみんな、単一事例がスコアの合成に帰せしめられないことを知っているのである。この点にこそ、個性記述的な手続きが心理学において認められなければならない実際的な理由がある。実務家たちがそれを必要としているのだ。

理論的考察がこの実際的な要求を裏付ける。知識の適用は、つねに単一事例に対してなされるものである。われわれは、個々の暗渠なり橋梁なりを建設するときにはじめて、工学を応用しているのである。人間という領域においても、われわれの法則定立的な知識を個々の事例に適用することで、はじめてその知識は価値をもつようになるのであり、法則定立的な知識は、具体的な実在する環境の光にあてて修正を加えることによって個別化しなければならないのだ。言い換えれば、われわれにとって既知の人間行動に関する一般法則は、いま研究対象としているパーソナリティに関してわれわれが知りうる個性記述的な知識によって、変容されるのであり、ときには

11　レヴィンは、法則性というのは、それが生起する頻度に依存するものではないのだということを、おそらく誰よりも有能に論じたひとであり、一度しか起こらない出来事であっても、科学の関心の対象となる正当な権利があるのだと擁護したけれども、彼自身の研究は、この考え方にもとづかないで、明らかに、生起頻度の数量的なテストに訴えるものであることは、皮肉な事実である。

否定されるのである。

このように述べてくると、ランドバーグが「ケースワーカーは、診断をくだすための基準となる一般化に到達するさいに、自覚的か無自覚的かを問わず、かならず、粗雑なものにせよ統計的方法を採用してきた」と主張しているのは、誤りであることがわかろう。彼が、人間性一般についての知識が、単一事例を扱うさいにケースワーカーが利用するすべてである、と言おうとしたのなら、彼は間違っている。いかなる法則定立論者でも、心理学の一般法則を適用することで、自分の妻がクリスマスの贈り物に何をほしがっているかを言い当てることはできない。彼は、自分の妻の固有の興味や愛着のパターンを知ることではじめて、この種の予言を正確になすことができるのだ。いや、そのような知識自体が妻の過去のふるまいの一般化なのではないかと切り返されたら、それはまったくその通りだ。しかし、一般化されているのは単一の人生であることに注目すべきである。換言すれば、そこで採用されているのは、純粋に個性記述的な知識なのだ。贈り物をもらって妻が喜ぶかどうかは、彼女の性格に備わる一定の法則に従うであろうが、その法則はまったく彼女に固有なものである。

さらにもう一つの議論を付け加えておかなければならない。科学としての手続きの最も厳格な基準――それは、法則定立論者も完全に認めているものであるが――は、科学の助けを借りない常識によって到達される水準以上の、理解（understanding）と予見（prediction）と制御（control）である。（しばしば個人的ドキュメントによって獲得される）単一事例についての知識が、法則定立的な法則についての知識と同じようにたやすく、これらの厳格な基準を満たすことが、第一一章で示されるであろう。この証明がなされたときには、個性記述的な知識と法則定立的な手続きを、心理学ならびに社会学によって採用されるさまざまな方法の在庫に加えるべきだという主張が、決定的なものになるだろう。

われわれの評価の基盤を広げておくには、このぐらいで十分であろう。個人的ドキュメントが、もしもさまざまな人生を互いに比較し、統計学的な一般化と行動の画一性についての理解をもたらすのに役立つならば、有用であることは論を俟たない。しかし、個人的ドキュメントが、もしも、一つ一つであれ、個々の個人生活がどんなものであるかについての具体的なエビデンスを提供するならば、もしも、多元的な因果関係についてのエビデンスをもたらすならば、もしも、臨床医や開業医の仕事のために確かな基礎を提供するならば、そして、もしも、個々の生活についての理解と予見と制御（これらはすべて科学が究極的に求めているものである）を高めるならば、やはり、優れたものと言えるのだ。

法則定立的利用と個性記述的利用の実例

前章では、目的の一覧表を提示し、心理学者たちが考える個人的ドキュメントが有用性を発揮しうる多様な目的の幾ばくかについて示した。それら多様な目的を、法則定立的な目的と個性記述的な目的という二つの項目のもとに括ることができるように思う。たとえば、われわれが、

「創造的な過程」とか「特別な身体的状態の精神的影響」について語るとき、われわれは自分が見いだした知見を一般化できないかということを考えているのであるが、他方では、ある特定の個人が創造的行為をなしとげるのはいかにしてかとか、ある特定の個人において眼の欠陥が学業達成への独特な誘因として作用するのはいかにしてかを発見することができないかとも考えているのである。確かに、それらの目的のうちのあるものは、もっぱら法則定立的なものを目指していよう。たとえば、職業分類の探索だとか、質問紙の項目を作成するためにドキュメントを予備的に分析するだとかは、そうである。他方、ある種の目的はもっぱら個性記述的である。たとえば、自己分析による治療だとか、精神科医の診断の補助だとか、ある研究対象者について別の人によってなされた研究を当の本人が再評価し検証することだとかは、そうである。

どちらの系列の研究にも十分な価値があるということを、繰り返し強調しておかなければならない。以下で、いくつかの例をとりあげる。いずれも、科学的な利点をもっていることは疑いがない。

一方の極には、個人的ドキュメントの大量の母集団を扱って、そこから一定の傾向性を導き出そうとする研究がある。（単一の生活としてではなく母集団全体として）さまざまな項目の相互関連性を研究するためには、ホレリスの考案したパンチカードによる分類装置が頼りになる。ヴァン・テュイルの「学生の思考に関する一研究」［文献183］とか「学生たちはどこで信仰を『失う』のか?」［文献184］といった、アウトライン・ガイドの助けを借りて千人以上の学生から比較可能な自分史を入手して実施された研究がその一例であり、学生たちの宗教的経験についての顕著な事実を明らかにしている。その方法は、それぞれ数段階に区分された選択肢付きの一五〇項目のコードと、ホレリスの分類装置を用いて、分析されるすべてのドキュメントに共通する関連を数かぎりなく突き止めていくというものである。信仰心を形成するさまざまな影響と信心の変節に関連のありそうな環境について、多くの一般的な傾向が明るみにだされるであろうことは疑う余地がない。

同様の大量研究が、D・カッツとF・H・オルポートの『学生たちの態度』〔文献107〕である。これは、何百人もの学生たちから、かれらの社会的態度に関する綿密な質問紙データを入手して、それを分析したものである。無数の統計的傾向が明らかにされた。たとえば、こういったことが明らかとなった。友人仲間は、あるいくつかの点で非常に似かよっている。また、学部ごとにみても、学生たちは似かよったところがある。個人的な問題で悩んでいる者は、同時に宗教的な問題でも悩んでいる傾向がある（ジェイムズの「病める魂」のように）。人生観が習慣的に制度的なものとなっている学生もいれば、習慣的に個人主義的なものとなっている学生もいる。その事例の母集団全体に共通な傾向が、これらの他にもっとたくさん見いだされた。大量の事例の統計学的比較にだけ関心をもつ法則定立的な調査研究によっても、非常に多くのことが明らかにされることは、まったく疑いを容れる余地はない。

それほど厳密ではないタイプの法則定立的な研究の一例としては、シャルロッテ・ビューラーの『心理学的問題としての個人生活史』〔文献41〕がある。その英語の要約が、E・フレンケルの「伝記心理学の研究」〔文献74〕やG・W・オルポートの『パーソナリティ――心理学的解釈』〔文献8〕で見られる。この研究は、前章で簡単に触れたように、個人的ドキュメントだけを利用しているのではなく、客観的な業績記録や、二百人の有名人の第三者の手になる伝記、高齢者施設の入所者たちの追加的な母集団をもまた、含んでいる。主観的なドキュメントは、人生の体験曲線を作図するさいに、とくに価値があることがわかった。ビューラーは、大部分の事例について、この曲線がある特徴的な道筋をたどることを発見している。自己拡張の感覚、自己主張の感覚が、生物学的な最盛期にともなってあらわれ、制約（欲求不満もしくは退陣）の感覚がこの時期の後にあらわれる。主観的には、人生の目的はおおざっぱなものから輪郭がはっきりしたものへと常に進行していくことも、わかった。この分化と具体化の現象は、彼女が定めの概念で表現する人生目標の変転の諸段階に対応しているのだという。

　前章でも指摘しておいたように、ビューラーの研究は概して帰納的なものである。彼女は、定めの概念をあらかじめ用意しておいて、その研究に取りかかったのではなかった。それは、諸事例の感受性ゆたかな解読と比較の過程で、否応なく彼女が思い当たった概念なのだ。それは、もともとは個性記述的な手続きが産んだ法則定立的な所産なのである。厳格に数量化されてはいないけれども、明確に一般化された原則となっている。

　彼女の研究に批判的な人のなかには、多様な人生に共通の基盤を探究したところで、自明の理をうみだすだけである、と異議を唱えた者もいる。すなわち、ビューラーの定めの概念は、人間は年をとるものだという、なにも示唆するところのない命題に帰してしまう、と言うのである。この著者の緻密な分析を読んだ者なら誰でも同意するにちがいないが、この批判は正しいとは言い難い。しかし、取り扱う事例が多くなればなるほど、それだけますます一般化はおおまかなものになり、非個性化されるということも確かである。

法則定立的な研究は、一般化の構築のために、具体的な人生から、ただ一つの、もしくは、せいぜいごく僅かの側面を取り出さざるをえない。どの二つの人生も、微に入り細にわたって比較されることはありえず、多くの人生が取り上げられれば取り上げられるほど、それだけますます共通の面は少なくなり、ついには、人間性の普遍的な法則の痩せこけた枠組みだけが残ることになる。それとは対照的に、厳密に個性記述的な研究は、パーソナリティの豊かさと多面性を保持しており、見かけ倒しの一般性の危険からは距離を保っている。

厳密に個性記述的な研究に目を向けよう。ここで考察するのは、レオナードの『機関車＝神』〔文献125〕での自己分析である。広場恐怖症を治したいという欲求によってはっきりと動機づけられて、五五歳になるこの著者は、自分の神経症に関連のある出来事にとくに力点をおきながら、自分の人生のさまざまな記憶を書きつけた。天賦の文才をもち、長年にわたる自己分析と心理学研究の積み重ねによって、彼はすばらしい文体とまれにみる率直さで、一気呵成にその作品を書き上げた。この著者は、多くの心理学の理論や概念を知っていたけれども、自分自身の事例の求めるところに応じて、おのおのの中心点を見つけなおし、心理学者たちがなんらの先行モデルを用意していなかったさまざまな関係性をあらたに導入している。言うなれば、この著者は、自分の人生を説明してごらんなさいと、心理学者に挑戦しているのであり、顕著な体験の数々を、理論化の過程で説明されないままに取り残してしまわないようにと、また、性急に整理棚に放り込んでしまわないようにと、繰り返しくりかえし警告しているのである。自己欺瞞が忍び込んでいることは疑いないという事実も、この事例の意義をかすませはしない。心理学者だったら、レオナードその人を説明してみなさいと、その物語の妥当な部分のみならず、その自己欺瞞をも説明してみなさいと、挑戦しているのである。

レオナードのドキュメントと、その個性記述的な研究への招待については、このくらいにしておこう。しかし、心理学者はレオナードのドキュメントについて何をなすことができるのだろうか？　個性記述的な研究をするとは、いったいどういうことなのだろうか？　ひとつには、テイラーとギュラーの「『機関車＝神』の問題」［文献177］が、この本を読んだ心理学者たちのさまざまな見解を収集し、この特定の人生に対して試みられた説明や概念化のさまざまな方法を提示してみせた。これらの見解を検討して、単一事例を理解するとはいったいどういうことなのかを解明していたならば、もっと多くのことがなされたであろう（G・W・オルポート「直観的方法によるパーソナリティ研究──『機関車＝神』を教材としての一実験」［文献11］を参照）。診断に役立つ判断のプール化の試みができたであろうし、レオナードの人生の将来の進路を予見することもできたであろう。その自叙伝には記録されてはいなかったが跡づけることができる出来事に対して、事後予測をすることもできたであろう。治療面での制御された実験もできたであろう。単一の人生を考察する場合のドキュメントの妥当性と多様な側面の問題を研究するために、別の資料源から裏付けデータを探すこともできたであろう。ある個人の思想生活の構造を連想の結合頻度によって解明しようとするボールドウィンの「単一パーソナリティの構造の統計学的分析」〔文献16〕の方法を適用してみることもできたであろう。要するに、個性記述的な研究には無限の可能性があるのだ。数量的な面でも質的な面でも、無限の可能性がある。すべて、心理学がこれまでに払ってきた以上の、より多くの注意を向けられるだけの価値をもっている。

まとめ

これまで個人的ドキュメントは大量調査では有効だと採用されてきたけれども、もっぱら法則定立的な観点ばかりが幅を利かせているかぎり、社会学と心理学へのその貢献を十分に評価することはできない。パーソナリティの特異なパターン化に思いを巡らすこと、合法則性は母集団における生起の頻度と同義である必要はないと認めること、予見と理解と制御という科学の目標は、たった一つだけの事例を取り扱うさいにも達成できると認めること——これらを認めるに吝かでなくなってはじめて、われわれは個人的ドキュメントの十全な価値を評価することができるようになる。法則定立的な研究は、それ自体としてはもちろん立派なものであるが、一人称体のドキユメントの、法則定立的なパースペクティブのみならず個性記述的なパースペクティブをも認めようとする科学にとっての有用性を高めることはけっしてないのである。

▼第五章

執筆の動機

個人的ドキュメントのさまざまな形態を、大雑把にまとめて、以下に示す。ただし、生活史、面接記録、サイコポートレート、伝記、制度的記録、等々の、多種多様な三人称体の事例研究は含めない。というのは、われわれが本書で関心を寄せているのは、一人称体のドキュメントだけであるからだ。

Ⅰ　自叙伝（自分史）
　A　包括的なもの
　B　特定の主題に関するもの
　C　編集されたもの
Ⅱ　質問紙
Ⅲ　逐語記録

A　インタビュー
B　夢
C　告白
Ⅳ　日記
A　心の日記
B　回顧録
C　記載事項の定められた日誌
Ⅴ　手紙
Ⅵ　表出的・投影的ドキュメント
A　文学作品
B　作文
C　芸術作品
D　投影的な作品
E　自動筆記
F　その他

これらの個人的ドキュメントの諸形態のおのおのについての詳細な説明は、後続の章（第六章

〜第九章）に譲ろう。さしあたり、個人的ドキュメントが作成されるのは、いったいなぜなのか、また、その背後の動機づけは、どんな心理学的価値に関連しているのか、という問いに答えよう。

しかし、その前に、個人的ドキュメントがどの程度取り上げられているのかについて、一言述べておこう。一九二七年以前の『サイコロジカル・インデックス』の目録とその後の『サイコロジカル・アブストラクト』を調べてみても、個人的ドキュメントの普及度はよくわからない。というのも、ドキュメントが研究過程で取り扱われていても、論文の題目とか摘要《アブストラクト》で言及されるとはかぎらないからである。この不十分な資料だけに頼るならば、個人的ドキュメントを利用している研究は、一年につき一〇にみたないという結果になる。この評価は、あまりに頼りなさすぎる。

その点、ブルナーとG・W・オルポートの「アメリカ心理学の変動の五〇年」〔文献39〕を見れば、間接的にではあるが、ある程度事情がわかる。ふたりは、心理学の定期刊行物を素材に、一〇年間隔で、五〇年間にわたって、単一事例に対する関心を跡づけている。この研究では、個人的ドキュメントそのものが調べられているわけではないが、しかし、単一事例（すなわち、個性記述的な研究）に充てられた研究の数が、かなり少なく、かつは、減ってきているという発見は、興味深い。定期刊行物において、単一事例研究に充てられた文献のパーセンテージは、一八八八年と一八九八年では（合算した数値だが）一六・三％、一九〇八年には七・六％、一九一八年には四・五％、一九二八年には六・七％、一九三八年には四・九％であった。

これらの数値によって、過去四〇年のあいだに個人的ドキュメントの利用の割合が漸減してきたということが実証されたわけではないけれども（なぜなら、事例研究のなかには一人称体のドキュメントをまったく採用していないものが多いからであり、一人称体のドキュメントを採用している研究のなかにも、単一事例の研究ではないものが多いからである）、やはり、この証拠から、一人称体の作品に対する個性記述的な関心が、高くもなければ、われわれの見るかぎりでは、漸増もしていないという事実が確認されよう。

ただし、この証拠を相殺するような事実を、われわれは第二章でのいくつもの引用から知ることができる。すなわち、一九二〇年以来、個人的ドキュメントに対する精力的で批判的な関心が高まっており、近年の成功をおさめた研究成果の刊行によって、この方法の発展が促進されるだろうと期待されているのである。[12]

個人的ドキュメントを書く動機

ものを書くことの根源的な誘因に関して、さまざまな動機をおおまかに二分しようと思えば、そうすることができる。つまり、書き手が作品を創造したのは自発的だったのか、それとも、誰かある他者（おそらくは心理学者）に教唆されてなのか？　どちらのばあいにも価値あるドキュメントが書かれているのだから、自発的か教唆されてかという区別をすることには、あまり意味はない。より示唆に富むのは、書き手の意図に関する分類である。クルーガーとレックレスの

『社会心理学』〔文献118〕は、あらゆる個人的ドキュメントは、その性格が告白的であるか超然的であるかのいずれかである、と述べているが、このような粗雑な区分では、動機づけの微妙な陰影を明らかにすることはできない。バージェスがクリフォード・R・ショウの『ジャック・ローラー』〔文献164〕にコメントを寄せていて、そのなかで彼は、自叙伝作家を記録者、自己防衛者、告白者、自己分析者という四タイプに分類しているのだが、こちらのほうがいくらかマシだ。ほかにも、ポンソンビーが『イギリスの日記』〔文献148〕で、日記を付ける動機を探究しており、バーが『自叙伝——批判的比較研究』〔文献43〕で自叙伝執筆の動機をあげている。これらの分類を総合することで、個人的ドキュメント作成の背後に潜む十幾つの動機を取り出せるように思う。もちろん、どの具体的な作品でも、一つではなく、いくつかの動機がはたらいていると考え

12　わたしは、個人的ドキュメントを扱った以下の諸研究が、とりわけ刺激的であり、方法を真似る者や、挑戦的な対抗研究や、批判的な議論が次々と出てくるといいなと思っている。G・W・オルポートとブルナーとジャンドルフ「社会的破局状況下のパーソナリティ——九〇人のドイツからの亡命者の生活史の分析」〔文献12〕、ボールドウィン「単一パーソナリティの構造の統計学的分析」〔文献16〕、ベンダー『大学生におけるやる気と視力』〔文献22〕、ブロス『青年期のパーソナリティ——個人行動の研究』〔文献28〕、ブルーマー『社会科学における調査研究批評（I）——トマスとズナニエツキの『ポーランド農民』の評価』〔文献29〕、キャントリル『火星からの侵入——パニックの社会心理学』〔文献45〕、カートライトとフレンチ「生活史研究の信頼性」〔文献47〕、デイヴィスとダラード『束縛下の子どもたち』〔文献57〕、フレンケル＝ブルンスヴィク「自己欺瞞のメカニズム」〔文献75〕、ヘンリー『性的変異——同性愛の研究』〔文献93〕、コマロフスキー『失業者とその家族』〔文献113〕、ニコレイセン『精神的葛藤解決のための新しい心理学的方法』〔文献140〕、ポランスキー「生活史はいかに書かれるべきか」〔文献147〕、サンフォード『言語表現様式における個人差』〔文献160〕、ストウファー『態度調査の統計的方法と事例史的方法の実験的比較』〔文献172〕。

られるのだが。

1　やっきの弁解。ドキュメントの書き手は、自分が犯した罪以上に罰せられているということを、やっきになって証明しようとすることがある。他人が自分を理解してくれないと責めたり、他人の欠点をくどくどと書き連ねたり、明らかに自分自身のせいである過ちを他人になすりつけることもある。その書き方が荒っぽいばあいには、それが自己正当化や投影だということは、すぐにばれる。しかし、そんなに粗《あら》が目立たない書き方だと、ボロはでない。しかしながら、偽善にみちたドキュメントであっても、それなりの利用法がある。というのは、その物語は、額面どおりには受け取ることはできないけれども、心理学者にとって興味深い、自己欺瞞のさまざまな手練手管と形態をさらけだしているからである。おそらく、どんな自叙伝も自己正当化から完全に免れていることはありえないが、自己正当化の過程が極端であからさまなものであればあるほど、心理学者が自己正当化のメカニズムを抽出し研究するのに、それだけますますより大きな価値を発揮することになろう。

2　露出趣味。ここで詳しくみていくのは、自己中心癖が奔放に駆けめぐっているドキュメントである。ドキュメントの書き手は、つねに、できるだけ強烈な光のなかに自分自身を提示しようと努めるものである。徳のみならず罪までも、おもしろおかしく満足げにさらけだされるので、われわれはその書き手をどうしようもなく自己陶酔的であると決めつけてしまいがちである。たしかに、すべての個人的ドキュメントが、まさにその本性からして自己本位の作品ではあるが、ルソーの『告白』ほど、グロテスクなまでに露出趣味の香りを漂わせたものは、まずあるまい。『告白』は、次のような自己顕示の一節で書き出される。

わたしはかつて例のなかった、そして今後も模倣するものはないと思う、仕事をくわだてる。自分とおなじ人間仲間に、ひとりの人間をその自然のままの真実において見せてやりたい。そして、その人間というのは、わたしである。

最後の審判のラッパはいつでも鳴るがいい。わたしはこの書物を手にして最高の審判者の前に出て行こう。高らかにこう言うつもりだ――これがわたしのしたこと、わたしの考えたこと、わたしのありのままの姿です。よいこともわるいことも、おなじように率直にいいました。何一つわるいことをかくさず、よいことを加えもしなかった。……自分のありのままの姿を示しました。わたしが事実そうであった場合には軽蔑すべきもの、卑しいものとして、また事実そうであった場合には善良な、高貴なものとして書きました。あなた御自身見られたとおりに、わたしの内部を開いて見せたのです。永遠の存在よ、わたしのまわりに、数かぎりないわたしと同じ人間を集めてください。わたしの告白を彼らが聞くがいいのです。わたしの下劣さに腹をたて、わたしのみじめさに顔を赤くするなら、それもいい。彼らのひとりひとりが、またあなたの足下にきて、おのれの心を、わたしとおなじ率直さをもって開いてみせるがよろしい。そして、「わたしはこの男よりもいい人間だった」といえるものなら、一人でもいってもらいたいのです。（桑原武夫訳）

3　きちんとしていることへの欲求。ちょうど、ひっきりなしに自分の部屋を整理し、自分の持ち物を整頓する人たちがいるように、その日の出来事を書き留めてしまわないことには、夜も眠れない日記常用者たちがいる。この動機づけは、強迫的なものとなりやすい。一七世紀イギリスの海軍官僚で六九年間にわたって日記を書き続けたピープスの場合が、そうであったように思われる。他方、ちょうど、自分の出費の予算を細々《こまごま》と立てるのが好きな人たちがいるように、自分のさまざまな体験を逐一記録するのが好きな、几帳面な人たちがいる。そのような人が書いた作品は、たいてい、退屈で波乱のないものであるが、まさにその劇的な起伏の欠如ゆえにこそ、人生の真実の姿をあらわしているのである。

4　文学の喜び。個人的な体験が繊細で快い方法で表現されている、無数の文学的な自叙伝のなかに、狭義の意味での審美的な動機づけを跡づけることができる。均整美、表現の完璧さ、芸術的な形式が、明らかに筆者によって意図されている。このようなドキュメントは、スウェーデンの女性作家、セルマ・ラーゲルレーヴの『モールバッカ』のように、牧歌的なものであることもあれば、アメリカの作家、セオドア・ドライサーの『夜明け』のように、生気にあふれたものであることもあるが、いずれにせよ、審美的な動機づけが最優先になっている。

5　個人的なパースペクティブの獲得。多くの真摯な自叙伝は、人生の岐路に立って、しばしば高齢になって、過去を振り返りつつ、とくと思案しようとする試みである。H・G・ウェルズも、『自伝の試み』を書いた一番の動機づけとして、これをあげている。シュテルンも『パーソナリティの見地からの一般心理学』〔文献171〕で、これを重要な動機づけと見做している。シュテルンによれば、個人的ドキュメントは、ある個人の人生の任意の時点で、いつでも、おあつらえむきに作成されるというわけにはいかず、有為転変の激しい時期が訪れて、ここでとくと思案してみたいとか、あらたな行動指針を考えだしたいという欲求が湧きおこるまで、時期を待たねばならないのである。こういった実直な誘因によって書かれたドキュメントは、沈着で、誠実で、円熟したものであることが多い。心理学者がこの動機に訴えかければ、人生の転換期に直面している大学生たち、とりわけ卒業を控えた最上級生たちからだけでなく、大人や高齢者たちからも、もっと多くのドキュメントを手に入れることができよう。

6　緊張からの解放。クルーガーが、『自叙伝体ドキュメントとパーソナリティ』〔文献117〕で、カタルシスが告白的なドキュメントを産み出す基本的な動機である、と述べている。人格の統合と尊厳の感覚の喪失をもたらす、人間社会における適応障害が原因となって、しばしば精神的な緊張が起こることがあるが、人はものを書くことによって、そのような精神的緊張から解放される。他にどんな救済も見当たらないとき、悩める者は感情のほとばしりのなかにありのままの自己を表現する。現存する最も生き生きとした告白的ドキュメントのいくつかは、その著者が若死にするまで、ときには自死によって果てるまで、狂ったようにひた走っている。バシュキルツェフの『若き芸術家の日記』〔文献20〕、『ネリー・プタシュキーナの日記』〔文献152〕、バーベリオンの『失意の男の日記』〔文献18〕と『最後の日記』〔文献17〕は、その例である。

G・スタンレー・ホールは、『青年期』〔文献86〕のなかで、青年期にみられる往々にして大袈裟な告白癖は、もしも現実の生活に向けられたならばゴタゴタを起こす、さまざまな性癖に対する無害な捌け口となっている、と指摘している。そのような意味では、ドキュメントは、行為の代償であり、行為の鎮静剤である。それは、社会化されないままの衝動を表出する一つの行動形態である。そういうものとしては、個人的ドキュメントは特異な利点をもっているが、人生の気まぐれで受け入れがたい側面を強調しすぎるきらいがある。順応行動や社会化された自己に、当然与えられるべき重みが与えられていないのである。

7　金銭めあて。いままでとは著しく対照的な動機に目を向けると、懸賞への応募によって集められたり（G・W・オルポートほかの「社会的破局状況下のパーソナリティ――九〇人のドイツからの亡命者の生活史の分析」〔文献12〕やザワツキーとラザースフェルドの「失業の心理的帰結」〔文献197〕は、そうしたドキュメントを利用したものだ）、直接金銭を支払うことによって入手されたドキュメントもある（マレーほかの『パーソナリティ』〔文献139〕もトマスとズナニエツキの『ヨーロッパとアメリカにおけるポーランド農民』〔文献181〕も、そうやって入手したドキュメントを利用している）。金銭めあてという動機だからといって、ドキュメントの質を低下させるとは思われない。というのも、報酬を支払うことによって良質のドキュメントが手に入ったばあいには、かならず、その書き手たちがその仕事に引きつけられたのには、他にもドキュメントを書きたかった理由があったのである。

8　課題の割り当て。研究者が書き手の心をつかまえる方法が他にもある。大学の授業で、学生たちに自分史を書くように要求することができる（この要求を厳しく逃れようのないものにするのは賢明ではない。経験の教えるところでは、自分史でも、だれか他の人物の事例研究でも、どちらか好きなほうを書くようにという選択の自由が与えられた場合、大多数の学生は――その割合が八〇パーセントに及ぶことがしばしばある――自分自身について書くことを選ぶ。この選択の自由を与えることによって、強制の要素もなくなり、悪趣味だとの非難の声も出なくなる）。このような条件の下で書くばあい、学生ははじめはただ割り当てられた課題を成し遂げようとするだけであるが、書き進むにつれて、関心が深まり、個人的な動機が作用しはじめる。ほとんどすべての学生がこの課題を気に入り、個人的ドキュメントを書くようにと誘われたことに感謝するようになる。

9　治療の補助。患者が精神科医のために自分史を書く目的が、自分自身の治療に役立てたいからであることは明白である。患者は医師に自分の秘密を打ち明け、きわめて当然にも真実を語る。しかしながら、このタイプのドキュメントが書かれるのは、精神状態が不調なときに限られがちであるという問題がある。

助けを求める欲求によって動機づけられた自叙伝体のドキュメントを手に入れるのは、精神科医だけではない。カウンセラー、教師、ソーシャルワーカー、牧師、友人などが、同様の目的で書かれたドキュメントを入手する。ものを書くことによるカタルシス、抑圧の解除、そして助言を受けること、これらはすべて治療に役立つ。個人的ドキュメントの精神衛生上のメリットを褒め称える声を、われわれは幾度となく耳にする。

10　贖罪と社会への再統合。懺悔は赦しの前提条件である。牧師を前にしての宗教的告白は、神の子としての、キリスト教コミュニティの一員としての、地位の回復をその目的としている。世俗的告白も、同様の目的に適う。犯罪者、スパイ、社会の厄介者、忘恩の徒などの罪の告白は、赦免と社会的再受容への懇願を含んでいる。

11　科学的興味。教養のある人たち、とりわけ大学生は、パーソナリティの問題に関心をもつ心理学者に、自分の日記や自分自身のことを包み隠しなく書き綴った自分史を差し出すことがしばしばある。かれらはみんな、自分の人生経験が特異なものであり、自分は他人がこれまで経験したことのない苦しみを味わったのであり、科学者は自分の物語を新奇で興味深いものだと思うにちがいないという確信にみちている。ときには、心理学をまなぶ学生が、自分の知っているかぎりの人間性についての科学では、ほかならぬ自分自身の経験はどうしても説明することができないと感じて、それゆえ、自分には不十分きわまりないと思われた心理学の視野を広げ、洞察力を研ぎ澄まされたものにするために、自分を素材にしたドキュメントを書き上げることがある。

12　世のため人のため。明らかに、改革を成し遂げるために、モデルを提示し、警告を与えるために、他者たちを困難な状況から救うために、書かれるドキュメントがある。クリフォード・ビアーズは精神障害者たちの境遇の改善に、ブッカー・T・ワシントンは黒人たちの境遇の改善に、ジェイン・アダムズはスラム街住民の境遇の改善に、関心をもっていたのだ。世の中を変えることを意図し、外部に向けられたものではあるが、これらのドキュメントは人間の思想と感情の痛々しいまでの煩悶を表現している。

13　不朽性の欲求。マリー・ボナパルトは、「伝記の擁護」［文献31］のなかで、個人的ドキュメントの意義は、人間の「忘却に対する闘い」にあると指摘している。もしも「忘れさられることが第二の、より完全な死である」ならば、死後の個人的な存在証明を保証するために書かれた日記や自叙伝がもっと見つかることを期待してよい。バーベリオンの『失意の男の日記』には明らかにこの動機が潜んでいるし、マリー・バシュキルツェフの日記もそうだ。そうはいっても、この動機は、ごく稀ではないとしても、めったに表現されることのないものだと思われる。

個人的ドキュメントを作成するさい、どんな無意識の動機が作用しているのだろうかという問いには、途方にくれる。ダーリントンは「罪の告白」［文献55］のなかで、告白的ドキュメントに言及して、それらには口唇性欲の徴候があると主張している。しかし彼はその主張を証明してはいない。強迫神経症、自己陶酔癖、潜在的攻撃性といったものが、ドキュメントの作成のさいに作用していることはありえよう。いかなる所与の人生であっても、それを詳細に分析するというのであれば、それらの存在を確かめることが必要であろう。これまでわたしが取り上げてきた動機は、主として、意識的な意図をあらわしており、それゆえに、これらで余すところなく網羅しているなどと言えないことはわかっている。そうは言うものの、明らかに明示的な意図によって、そのドキュメントの存在理由を適切に説明できるばあいに、わざわざ無意識の動機を引き合いにだすことは危なっかしすぎる。そんなことをすれば、先入観を持ち込むことで、ドキュメントの解釈を歪めることになる。また、無意識の要因というものが、たんに、前述のさまざまな意識的な動機の深層をなしているにすぎない、と判明することもしばしばある。たとえば、やっきの弁解というわれわれの概念は、精神分析学者が好んで口にする投影的防衛機制のすべてをカバーしていると思われる。

この章での議論があてはまらないドキュメントの種類が、一つある。それは、非意図的なもしくは偶発的なドキュメントである。第九章でみるように、文学的な作文、絵画、映画、音声記録などは、ある意味において、個人的ドキュメントである。しかしながら、これらの場合には、その作品は意図的に自己を表示してはいないし、直接的に自分自身の生活を扱ってもいない。作用している動機づけは、創造性一般を特徴とする動機づけである。

▼第六章

自叙伝（自分史）

個人的ドキュメントの最も一般的な形態は、自叙伝（自分史）である。それが長くて多方面にわたったものであれば、包括的な自叙伝と呼ぶ。短くて内容が特定の問題に限定されていれば、特定の主題に関する自叙伝と呼ぶ。厳密には本人自身の言葉で書かれてはいないが、にもかかわらず直接話法による聞書きのようなものであれば、編集された自叙伝と呼ぶ。

自叙伝体の手記を歴史的、批判的に研究するためには、心理学者ではない著者の仕事にも当たってみることが必要である。たとえば、ミッシュの『自叙伝の歴史　第一巻』〔文献134〕、バーの『自叙伝——批判的比較研究』〔文献43〕、ロバーツの事典論文「自叙伝」〔文献156〕などのスタンダードな研究がある。[13] ヨーロッパ文学における最初の有名な自叙伝は、聖アウグスティヌスのものであった。ルネサンスがチェッリーニの自叙伝を産んだ。後になって、カサノバ、ルソー、フ

13　『新オックスフォード英語辞典』によれば、カーライルが一八〇九年に「シェイクスピアのこのような自叙伝に何を授けてやろうか」と書いたのが、自叙伝という言葉の初出とのことである。

ランクリンの自叙伝があらわれた。次第にその流れは水嵩をまし、こんにちでは、振り返ってみると、年ごとに、自分の生涯、巡礼の道行き、回顧、航海、回想などについての物語が、奔流となっている。しかしながら、心理学者はたいてい、いろいろと指示を与えたり面接できたり補助資料による研究が可能な書き手たちから手に入れる未発表のドキュメントのほうを好むようである。

出版されたドキュメントは、じっさい、世の中の著名な人士の人生を描いたものである傾向があって、編集の吟味を経ていて文学的な質も高いという長所もあり、社会的もしくは芸術的な意義を備えていることも多い。とは言うものの、出版されたドキュメントは、いろんな配慮が錯綜して、作品がありのままの人生を表示するものではなくなってしまい、それが心理学者の目的にとっては攪乱要因となる。たとえば、常套句だとかいわゆるセンスの良さが重んじられたり、猥褻な文、人を中傷する表現がチェックされ、売り上げが気にされ、編集者によって設けられる基準を超えることが求められたりするのだ。社会学者と同様に心理学者も、ありふれた人びと、あまり教育を受けていない人たちや道徳的には逸脱的な面をもっている人たちが書くもののほうにこそ価値があることに気づいているのである。

包括的な自叙伝

この世で最長の個人的ドキュメントでさえ、書くことを選択し凝縮しており、その意味では完全なものではない。ここでわれわれが包括的な自叙伝と呼ぶものは、相対的に数多くの種類の経験をあつかっており、人生の多様な面をほぼ漏れなく、かつは相互にからみあったかたちで描き出しているもののことである。その一例がH・G・ウェルズの『自伝の試み』〔文献188〕である。ウェルズは、人生の総体を再現するために、成長の各段階ごとに、さまざまな特性、さまざまな経験を集約的に記述しようとしたのだ。もっと短いドキュメントでも、程度は落ちるが、同様の集約的な努力がなされているものがあるかもしれない。

自叙伝の大きなメリットは、客観主義を是とする科学者たちには隠されていて見えない、人生の「内なる半面」を表示してくれることである。そうはいっても、自叙伝作家自身にもその内なる半面は完全には見えておらず、しかも、自分の知っていることを人目にさらす前に、飾りたて、取り繕うかもしれない。そういう意識的、無意識的な欺瞞のリスクは、科学者の仕事を込みいらせることにはなるけれども、原理的には、ドキュメントの潜在的な価値を高めることは確かだ。

自叙伝を読むにあたっては、心理学者は、体験の記録と、その書き手がその記録に与えている解釈とを区別しなければならない。一般的に、欲求不満、困惑、欲望、苦悩、希望といった体験そのものの記録のほうが、これらの体験への書き手による解釈、説明、概念化よりも、生き生きとしており、読んでいて感動させられる。だから、心理学者が、事例にぴったりとした独自の理論を考案するとか適用したくなるのは、当然なことだ。もしも解釈を書き手自身に任せておけば、たいてい、次の三つの事態のうちのどれかが起こることになる。(a)通俗的ないし紋切り型の説明。

(b)過度に単純化された説明（たとえば、学生たちの自叙伝の多くが、アドラー学派の考えを単純化した、ひとは劣等感を克服するために頑張るものだという説明の仕方が殊にお好きなようである）。(c)書き手が自分の事例を「説明する」のに科学を拒絶する場合。これら三つのいずれも、心理学者には気に入らない。心理学者であれば誰しも、書き手自身による解釈を批判し、無意識のメカニズムの作用によってその人生を完全に説明しつくさないではいられないであろう。

　概して、自叙伝体の著作は、葛藤に、すなわち、クルーガーが『自叙伝体ドキュメントとパーソナリティ』［文献117］で、人生のなかの「パーソナリティが形作られる」状況と呼んだものに、心を奪われているように思われる。幸福で平和な時期は、ふつう、なにも書かれないまま素通りされる。何年もの平穏な年月はほんの数行ですまされ、たった一つの屈辱的なエピソードとか苦悩の体験には何頁もが充てられるのだ。自叙伝を書く者たちは、かれらの希望を台無しにし、充足感を奪い去った事情について、念入りに書き込みたい気持ちに駆られるようである。いまも続いている幸福、良好な健康状態、高揚した士気、心地よい日常生活については、かれらはほとんど語りたがらない。パーソナリティとは、時系列的にみると、編成‐編成のゆらぎ‐再編成の連続であると思われる。このサイクルを解釈するさいに、心理学者は、語られることのない安定化のプロセスを見逃してはならないし、書き手がほとんどなにも報告しようとしない、波乱のない均衡のとれた状態についても見逃してはならないのだ。人生全体では均衡がほんとうの足跡であっても、自叙伝のなかでは、不均衡がのさばっているように思われてならないのである。

これまでのところ、自叙伝は（そして、じつにすべての個人的ドキュメントが）こんなにも読むのが面白いのはなぜなのか、と尋ねたひとはだれもいないようである。その理由は、ひとつには、読者が他人の人生について読み進むにつれて、半意識的に自分自身の人生を思い起こすことで、読者自身の自己愛から興味が湧いてくるということであろう。しかし、もっと別の何かがある。すでに見てきたように、単一事例もしくは単一のエピソードに対する持続する関心こそ、まさに個性記述的な知の本質であり、それは、ベルクソンが主張しているように、人間の精神にとって優先的な価値をもつものなのである。われわれが具体的なものにこだわることは、正常なことであり、法則定立的な抽象化について思いを巡らすことよりも自然なことだと思われる。法則定立的な抽象化をするには、われわれの注意力をそちらに向けるように訓練をしなければいけないぐらいなのだから。自叙伝やその他なんであれ人間生活のドラマを読んで心を踊らせることによって、心理学者にしても社会学者にしても、自分の研究分野のリアリティとバイタリティの新鮮な感覚を、繰り返し蘇らせることができるのだ。その自然な水路のなかに心が入り込んでいくにまかせることは、研究者のためになることだ。

幼少期の問題が、つねに、自叙伝体の著作における躓きの石となる。記憶の想起は、幼児期にまでは届かないのだ。しかるに、支配的な諸理論によれば、この形成期はパーソナリティの傾向を決めるのに決定的な重要性をもっているというのだ。そして、記憶の想起が届くところでさえも、その後の体験とか解釈の影響を受けて曖昧模糊とした覆いがかぶさってしまいがちである。

自叙伝に対する異議としては、この幼少期の記憶の非信頼性がある。それは、『自叙伝にみる心理学の歴史』（全三巻）〔文献137〕で自分自身の生活史を書いた心理学者たちによってきわめて頻繁に言及されたものである。

いくぶんかはこの異議を認め、損得勘定簿の赤字面に書き込んでおかなければならない。しかしながら、フロイト学派の影響のもとにある発生心理学は、乳幼児期の性格形成の重要性を誇張しすぎている、と主張するのにも十分な根拠がある。体質的な決定要因や遺伝学的な影響についてのあらたな研究とともに、生得説の時代が、心理学において復活しつつあるのだ。もしもパーソナリティの根基が生殖細胞質のなかにあるのならば、自叙伝がそこまで手が届かないのは当然である（自分の先祖はどうたらこうたらといった憶測は、多くのドキュメントにおいてけっこう目立ってはいるのだが）。自叙伝は生殖細胞質とも幼少期とも折り合いが悪いということを、われわれは潔く認めよう。

しかし、その批判は致命的であろうか？　発生心理学の見地からすればそうであるかもしれないが、別の見解にも根拠はある。活動につながる動機というのは、つねに、その活動が起きているときに作用しているのであるという主張もある。遺伝による性向や幼少期の体験は、生活史のその後に続く段階で、いわば新規巻き直しとなるのだ。駆り立てているものは、いま駆り立てているのである。もしもこの推論が正しければ、自叙伝は、じっさい、人生においてかつて作用していた（しかしもはや作用していない）ものについてのまったく時代錯誤的な像ではなくて、人生のさまざまな段階において活動状態にある動機づけという、より真実の像を表示しているのである。この論点を別のかたちで述べれば、現在が過去を包含するのは、過去がいやしくもなんらかの機能的な意義をもつかぎりにおいてである。かかる観点からすれば、自叙伝は、遺伝論者やフロイト主義者や発生心理学者が思い込んでいるよりも、動機づけをより適切に表示しているものだと見做すことができよう。

子どもの書く自分史には、ほとんど価値がない。一三歳ないしその後まで、子どもは出来事を完全に外面的な言葉で記録する。「ぼくは、こう感じました」「わたしは、ああ考えました」とは書かないで、「わたしは、こうしました」「ぼくは、ああしました」と書く。おとなになるにつれて、主観的な生活が重要性を増していく。思春期以後は、子ども時代ほど、周囲の影響にふりまわされなくなる。

最近の出来事に対して、書き手がしかとしたパースペクティブを保持できなくなるという現象は、興味深い。物語の記録が執筆時点に近づくにつれて、物語は扇形に広がり、三角洲状になって、何本もの狭くて入りくんだ水路に分かれてしまうのである。書き手は、最近の出来事の意義を評価することができないのだ。書き手は、自分の人生の最も最近の年に起こったことを最もよく覚えてはいるのだが、しかし、それらの出来事が将来においてどんな重要性をもつのかを評価することができないのである。過去の水路のほうが、はるかに明瞭である。パースペクティブが欠けているのは、現在に関してなのだ。自叙伝の構想を過去のある時点で——おそらく執筆時点の二、三年前で——中断してしまうほうが、しばしば、プランとして優れたものになることがあるのは、このためである。

特定の主題に関する自叙伝

包括的な自叙伝が、まさにそれが包括的であることによって、研究者の注意を、個性記述的なかたちで、その人生の特異なパターンに惹きつけるのに対して、特定の主題に関するドキュメントは、人生のある切断面を表現しており、比較や抽象化や一般化を誘う。こういうわけで、特定の主題に関する自叙伝は、がいして、比較研究や帰納的な利用のために収集されたコレクションのなかにある、とわれわれは考えている。このような特定の主題に関するドキュメントがいろんな科学的目的に役立つことをわかってもらうために、二、三の例を示そう。

精神病の夢幻状態に興味を抱いて、マイヤー＝グロスは、ある程度もしくは完全に回復した患者たちから自己描写の手記を集めて、『錯乱の自己描写——夢幻症体験』〔文献131〕を書いた。幻想についての報告の真実性を確かめることはできないけれども、患者たちの回想は、かれらの精神病が急性症状を呈していたときの言動の記録と、著しい程度にぴったりと符合していた。この資料からこの著者は、精神医学のための新しい記述的概念を創り出している——つまり、特殊な種類の特定の主題に関する自叙伝の帰納的な利用法をやってみせたのである。

特定の主題に関する自叙伝をもう少し包括的に利用したものに、G・W・オルポートとブルナーとジャンドルフの「社会的破局状況下のパーソナリティ――九〇人のドイツからの亡命者の生活史の分析」〔文献12〕がある。この研究は、懸賞募集によって集められた九〇人の亡命者が書いたドキュメントの比較分析にもとづいている。与えられた主題は、「一九三三年一月三〇日前後のドイツでのわたしの生活」というものであった。一九三三年一月三〇日はヒトラー率いるナチス政権が成立した日だが、この主題に対して、二〇〇編以上の手稿が応募され、平均して一〇〇頁の長さで、ほとんどすべてがドイツ語で書かれたものであった。入念に準備された分析表が、それらのドキュメントの分析を手伝う読み手の一団によって利用された。このドキュメントはすべて、ある社会的出来事がもたらした影響に焦点をあわせているという意味で、特定の主題に関するものであった。[14]

第三章ですでに指摘したように、この研究の主要な結論のうちで、あらかじめ用意された分析表のなかで事前に予想されていたものは、一つもなかった。――研究者が自分のほうから個人的ドキュメントに投げ込む以上のものを、そこから取り出すことができるのだということの証左である。そこで見いだされた知見のいくつかを簡潔に述べておこう。特定の主題に関するドキュメントを探索的に利用することで、帰納的一般化を抽出することができる次第を例証しておくためである。

14　社会学者の観点からこのデータをさらに利用することが、E・Y・ハーツホーンによって計画されている。目下の議論は、心理学的分析の結果についてだけのものである。

これらの自叙伝を分析した結果、結論的に判明したことは次のとおり。⑴破局的な社会的状況に投げ込まれた個人というものは、さまざまな防禦機制の作用のために、事態の重大さを理解することを妨げられ、それゆえ、適切な適応形態をとることができない。⑵危機の時代にはさまざまな態度が極端なものとなり（U字型の態度分布）、強度をまし、（等価性をもった範囲が）かなり大きな広がりをもつようになる。⑶危機のあいだじゅう、パーソナリティは著しい一貫性を示す。おのおのがその破局を独特なやり方で捉え、社会構造に比べて、そのなかでうごめくパーソナリティは、組織の解体を示すことがずっと少ない。⑷研究対象者たちの欲求不満に対する反応は、欲求不満と攻撃性の関係について最新の理論によって主張されている以上に、より変化にとんでおり、捉えがたいものである。したがって、この理論は修正される必要がある。⑸ナチの迫害者たちの深刻な精神的葛藤についてのエビデンスが、あまりに強烈なので、ナチのタイプのパーソナリティ分裂が、長いこと耐えることができるものか、疑問である。

ストウファーは、研究対象者たちの禁止に対する態度をめぐっての自分史を集めて、『態度調査の統計的方法と事例史的方法の実験的比較』〔文献172〕を書いた。そこで収集されたドキュメントは、先にあげた例とは対照的に、狭い意味での特定の主題に関するドキュメントであった。怒りと恐れについてのホールの研究〔文献87、88〕もまた、狭義の特定の主題に関する自分史を扱っている。また、クラークの『宗教的目覚めの心理学』〔文献52〕、スターバックの『宗教の心理』〔文献169〕、ヴァン・テュイルの「学生の思考に関する一研究」〔文献183〕は、宗教経験という特定の主題に関するドキュメントを素材にしている。学生たちの精神衛生問題に関するエピソードを集めたウォリンの『パーソナリティ不適応と精神衛生』〔文献186〕、教師たちの動機づけについて研究したサイモンズの「女性教師たちのパーソナリティ調整」〔文献174〕、一〇〇人の人生における急進的－保守的傾向を分析したブレスローの「社会・経済的態度の発達」〔文献37〕も、同様である。特定の主題に関する自分史の例証は、ほかにもいくらでも可能である。それらは、特定の主題を割り当てるとともに執筆の条件を指定するような心理学者にとっては、お気に入りの資料となろう。

この種のドキュメントについての話を終える前に、包括的な自叙伝と特定の主題に関する自叙伝が混じり合う境界領域について述べておいたほうがいいだろう。たとえば、社会学において求められる自叙伝は、当然にも、メンバーシップや地位や人種といったものに力点が置かれているが、心理学者にとって興味ある多くの特徴が省かれてしまっている。だから、それは包括的なドキュメントのように見えても、単に文化的なものにすぎず、その意味では特定の主題に関するものなのである。あるいはまた、フロイト流のバイアスを強くもっている著者は、もっぱら幼少期と性的体験を強調するかもしれない。その作品は、包括的というよりは、むしろ、特定の主題に関するものである。同様に、精神障害についての物語でも、ビアーズの『わが魂に出会うまで』〔文献21〕のように、あきらかに特定の主題に関するものから、レオナードの『機関車＝神』〔文献125〕のように、精神障害の話だけでなく、人生全体が語られているものまで、さまざまある。

編集された自叙伝

一人称体のドキュメントは、かさばったものになりがちである。また、ときには、文法上の誤りがあったり、くだくだしかったり、脈略がとれていなかったり、いくぶんか意味不明だったりする。研究者がしばしば、分量の縮約をしたり、編集上の判断を加味して必要欠くべからざる程度に意味が通るようにするのは、なんら不思議なことではない。とりわけ、そのドキュメントを出版するばあいには、そうである。そのような編集の手を加えることは、多くの目的にとって、損失となるよりも利益となる。研究者は、遅かれ早かれ、その事例に彼自身の解釈の刻印を押さざるをえないのであるが、ドキュメントのなかの彼にとって本質的だと思われるものを慎重に選び出し、本質的ではないと思われるものを慎重に捨て去ることによって、研究者は編集のさいにすでに解釈を始めているのである。この種の選択は、実際のところ、あらゆる科学的手続きにおいて生じるものである。経験主義者でさえ、すべてを語るわけではない。彼が語るのは、有能な研究者としての彼にとってレリバントだと思われることだけである。個人的ドキュメントの編集者にしても、同じことである。

しかしながら、編集の自由裁量が許されないばあいもある。表現のスタイル、話し言葉の形態、教育水準、幻想、夢、体験の機微などが問題となるばあいには、元のままの資料が、編集の手を加えられないで、できることなら短縮もしないで、出版されなければならない。そのドキュメントを利用する目的にとって、文字の綴り方の間違いが重要なものでなければ修正してもかまわないが、目的次第では手を加えてはいけないのだ。

正当な編集と不当な編集を識別するためのルールを設けることは難しい。多くの自由裁量が施されたばあいには、その個人的ドキュメントは第三者の手になる事例研究に成り変わってしまうことは明らかである。そのようなばあいには、それを事例研究として提示するほうが、より率直である。他方で、明瞭さを増すために、凝縮、配列の組み直し、文法上の訂正が適度になされ、その利用目的にとってのドキュメントの価値を変えてしまわないのならば、生き生きとした、興味深い、一人称体の文体を保持するのに、十分公正であると思われる（読者に編集がなされたことを断わるのはもちろんである）。

ヘンリーの『性的変異――同性愛の研究』［文献93］。これが、編集された自叙伝を利用した最近の重要な例である。この研究は、性的変異研究委員会の後ろ楯によるものである。医学的実験、パーソナリティ・テスト、人体測定、社会的事例史、追跡質問紙なども採用されたけれども、この研究の重点は、主として、生き生きとした自叙伝体の様式で記録された八〇編の「個人史」に置かれていた。それらは、インタビューの逐語的な叙述からなり、編集の手を加えられて筋の通った個人史となっていた。その回答者《サブジェクト》たちは、四〇人の男性と四〇人の女性であって、かれらについては広範な医学的ならびに人体測定のデータが利用可能であった。その著者たちは、そういう個人的ドキュメントを、当の問題の「社会的理解」を得るために、また、特異な苦悩に悩む当事者《サブジェクト》に対する共感を呼び起こすためにも、測り知れない価値をもつものであると考えていた。

八〇編の事例史を一つ一つ提示するさいに採られた一般的な手続きは、まずおよそ一頁で最初の一般的な印象を述べ、ついで一頁で遺伝学的なデータを図表で示し、四頁ぐらいで（一人称体で書かれるかたちで）家族的背景を述べ、およそ一〇頁で、幼少期の性的発達、両親の反応、性的体験、現時点での適応状態に力点をおいた個人史を述べるというものであった。さらに続いて、一頁程度のレントゲンとその他の身体的データ、数頁のコメント、そして、ごくごく簡単なその事例についての要約が付された。この個人史から、われわれは、当のパーソナリティの性的な側面についての生き生きとした像を得られるが、その他にはほとんどまったく得るものはない。職業生活、性的なもの以外への関心、気晴らしの追求、人生観などはすべて除かれている。この自叙伝は、特定の主題に関するものなのである。しかも、常道を外れたセクシュアリティが組み込まれた生活そのものについてはほとんどなにも語られていないために、そのような臨床的な像は誤解を招きはしないかと、読者に訝しがられさえするほどである。普通とは違うことがパーソナリティ総体のなかに埋め込まれていることを示したベンダーの『大学生におけるやる気と視力』［文献22］に比べて、この研究は成功していない。ヘンリーの研究においては、性のマトリックスのなかにパーソナリティをときおりちらりと見ることができるにすぎず、パーソナリティのマトリックスのなかに性的なものが見られるわけではない。——後者のほうが、より正しいパースペクティブである。

ヘンリーの研究において得られた結論が興味深いのは、個人的ドキュメントの利用の拡大が一般化された見解に及ぼす焼き直し効果を例証しているからである。人生は一人ひとりが（その生物学的な動因においてすら）きわめてユニークなものであるために、全員を一括りにした全称命題は妥当性がないことがわかる。次の三つの結論にしても、単一事例のおのおのが織りなす複雑性への臨床的考察に由来していることに注目されたい。(1)研究対象者の体質的な欠陥が現れるのが最も少ないのが、身体的構造に関してであり、次が生理学的機能に関してであり、最も多いのが厳密に心理学的な領域においてであった。(2)遺伝と環境の役割は、平均値を取り出す研究では目立たず確証することができないけれども、単一事例一つひとつにおいては、因果関係と相互作用がずっと明瞭である（遺伝－環境論争は、方法的個人主義で見ていくべきである）。(3)一般的に、男らしさと女らしさの理論が、すべての個人にうまくあてはまる。おてんば娘にしても女々しいやつにしても、その性心理の発達を始めるにあたってはハンディキャップをもっているけれども、（みながみなではないにせよ）たいていのものは、望ましいとされる要素を強調することによって救われていくのである。

　われわれの目的にとって、この研究のもつ重要性は、医学と心理学と社会学の関心を結合させた、貴重で優れた意義深い研究において、個人的ドキュメントが、たんに補助的な手段としてではなく、中心的な手段として採用されたという事実にある。この研究で、個人的ドキュメントは、明らかに本領を発揮しているのだ。

▼第七章
質問紙と逐語記録

質問紙

質問紙には、自由回答として書かれるドキュメントの手引きとして特定の主題《トピック》を示すのに役立つ、いくつかの質問がゆるやかに並べられたものから、回答者が自分にあてはまると思う回答を一定数の選択肢のなかから選ぶ、きっちりとしてコンパクトな調査票まで、さまざまある。このような調査票を使った調査がなされ、あらかじめ準備された標準化にもとづいて回答が数値に置き換えられ、これらの数値が集計されて、最終的な診断的評価がうみだされるとき、それが、態度テストや、パーソナリティ・テストや、世論調査となる。手引きの質問から厳密なテストにいたる、さまざまな技法の連続体のどこかで、個人的ドキュメントの方法が消え去り、測定の方法が始まるのだ。

思うに、この境界線は、回答のワーディングが回答者の制御から研究者の制御へと移行する地点に引かれるべきである。この基準によれば、テストとか投票は個人的ドキュメントではない。

そういうものの、被験者が自分の回答に付け加えた欄外のコメントや理由は（それが被験者自身の言葉で書かれているのであれば）簡単ではあっても真正の個人的ドキュメントであると考えられる。第一章において、現象学的な研究によって得られる類の内省は、原理的に、個人的ドキュメントと呼ぶべきであると述べた。研究対象者の生活が主題とされていない自己報告には、この名称をあてはめてよいものかどうかという疑問を、クルーガーが『自叙伝体ドキュメントとパーソナリティ』［文献117］で提起している。しかし、内省的な報告にしても、テストや投票の欄外書き込みにしても、研究対象者の生活のある側面に触れているのであって、それらを除外するのは難しい。手紙や夢の記録や特定の主題に関する自叙伝も、個人的ドキュメントとして認められているわけだし。いずれにせよ、この問題そのものは決定的な重要性をもつものではない。というのは、個人的ドキュメントに関する厳密な分類表が必要とされているわけではないのだから。われわれの方法論的考察が部分的にしかあてはまらない境界線上の個人的ドキュメントがたくさんあるのは、やむをえないことである。

とはいえ、手引き質問紙に応答するかたちで研究対象者自身の言葉で書かれた、包括的もしくは特定の主題に関する自叙伝が、個人的ドキュメントに含まれることは明らかである。多くの精神科医と心理学者と社会学者がこのような用具を開発してきた。手引きの目的は、ドキュメントからの省略が、研究対象者の健忘症とか不注意によってなされることを回避し、むしろ、研究対象者自身の判断に基づいてなされることを保証することである。（二〇世紀の最初の二五年間に作成された）初期の手引きのなかには、バーデとリップマンとシュテルンの「サイコグラフ図式に関する断章」〔文献14〕、ヤークスとラ・リュの『自己の研究の概要』〔文献193〕、ラスルスキーの『個性の研究について』〔文献123〕、F・L・ウェルズの「パーソナリティの系統的観察」〔文献187〕、F・H・オルポートの『パーソナリティ研究のための系統的質問紙』〔文献2〕といったものがある。それ以後のものとしては、チャッセルの『経験変数の記録』〔文献51〕、フートの『精密科学としてのパーソナリティ研究』〔文献97〕、H・A・マレーらの『パーソナリティ』〔文献139〕、K・ヤングの『パーソナリティと社会適応』〔文献196〕に載っている調査票がある。これらの手引き質問紙のなかには第三者が回答を書き込むかたちで考案されたものもあったが、それらも含めてすべて、研究対象者自身によって回答を書き込むかたちに修正されている。

なんらかの手引きがないと、書き手の人たちは、かれらの生活の大きな、そしておそらくは決定的な領域を省略してしまいがちである。そういった省略は、ドキュメントの価値を損なうものである。というのも、臨床に携わる読み手がドキュメントを読んでも、総体としての個人の、バランスがとれ包括的な印象を受け取ることができない、というふうに思い込んでしまうかもしれないからである。また、そういった省略は、ドキュメントの効果的な比較を妨げる。なぜなら、ある書き手が強調する特定の主題を、別の書き手は含めることを忘れてしまうことがあるからだ。それゆえ、個性記述的な目的にとっても法則定立的な目的にとっても、手引きの利用は大事だと言えよう。

しかしながら、質問紙を採用することには、さまざまな危険が伴う。手引きのせいで、ドキュメントが大袈裟なものになってしまうおそれがある。ぎゃくに、一連の質問と回答の機械的なやりとりに終わってしまうおそれがある。自発性と文体が絶望的なまでに損なわれないとしても、質問紙が書き手に対して重点と時間の配分を示唆してしまうことは避けられない。結果としてドキュメントのなかに現れる強調は、回答者自身の主観的な興味関心ゆえではなく、研究者が回答者に与えた示唆のせいかもしれない。シュテルンが『パーソナリティの見地からの一般心理学』［文献171］でこの問題を論じているので、そのようなリスクを回避するための助言を引用しておこう。

最良の質問紙にさえ付きまとうある種の誤りが、人格論的な性格の考察を提起する。回答者から受け取るすべては、かれの生活から任意に引き出された一連の陳述にすぎず、それがその人間総体にとってどんな意味をもつものか、いかようにしても知る術はない。それゆえ、広く浅い質問紙を質的な質問紙で補足する必要があろう。質的な質問紙で、心理学者は個人的に知っている少数の人びとに直接、自分の言葉で問いを発し、それへの応答をめぐってかれらと議論しあうのである。

手引き質問紙を採用することにつきもののこれらの欠点は、研究対象者に適切な指示を与えることによって、かなりの程度避けることができよう。どうしても従わなければならないものではなく、気が向いたら従えばよい助言として、手引きを利用すればいいんだよと、研究対象者をその気にさせることができる。自分の生活にはたいしてあてはまらない質問は無視していいんだよと告げることができる。主題の順序が自分自身の事情とか流儀にあうように、叙述の順番を組み直してもいいんだよと勧めることができる。そうすれば、手引きの示唆による悪影響はかなり打ち消すことができ、記憶をよみがえらせる刺激としての価値だけが残ることになる。

手引き質問紙は、包括的な自己報告を手に入れるのにもいくらか利点があるが、特定の主題に関する自分史を収集するためには、じっさい不可欠のものである。研究者が特定の主題に関する情報を求めるときには、研究対象者にその質問の範囲を明らかにし、どのような項目が含まれ、どのような項目は含まれないのかを告げなければならない。たいていの特定の主題に関する自分史は、法則定立的な研究のために利用される。このため、ドキュメントが比較可能なものであることが必須であり、比較可能性を保証するためには、手引きとなる質問が必要なのだ。

逐語記録

インタビュー。個人的ドキュメントに含まれるかどうかのもう一つの境界領域が、インタビューという広大な領野である。聞き手が語り手のしゃべったことを書きとめたばあい、その作品を個人的ドキュメントと見做すことができるか否かが問題となる。それを判断する基準は、語り手自身の言葉が正確にかつ完全に（少なくともほぼ完全に）記録されているかどうか、であろう。音声記録はますます広汎に利用されるようになってきている。いずれにせよ、インタビューの逐語的音声記録と質問紙に応答して書かれるドキュメントとのあいだの違いは、重要なものではない。それゆえ、レコード盤、録音テープ、速記、敏速な筆記法などによる逐語記録も、個人的ドキュメントとして認めなければならない。

インタビューの方法論的な問題は、テストや測定のばあいと同じく、独特なものであり、手持ちの文献をざっと見渡したかぎりでは、まだよくわからない。ビンガムとムーアの『インタビューの方法』［文献26］やハーヴェイの「インタビューについての予備的考察」［文献90］が、これらの問題のいくつかを論じている。しかし、個人的ドキュメントとそれに付随する方法論的な諸問題が登場してきたのは、やっと、インタビューが記録されるようになってからのことである。

長文のインタビュー記録の一例（まるごと精神分析なのだが）に、ジンが『統合失調症の精神分析的研究』［文献198］に収録した珍しいドキュメントがある。これは、統合失調症患者の自由連想を含む、精神分析過程の注目すべき記録である。このドキュメントは、完璧な迫真性をそなえており、不朽のものであり、編集や解釈によって歪められていない客観的な記録である。下手に編集や解釈の手を加えてしまうと、科学的エビデンスとしての価値を損なうおそれがあるが、そういうことがまったくないのである。そうは言っても、その文脈はぐらぐらしている。編集や削除がされていないので、読者は、患者のとりとめのない話だとか、話がつながらなかったり、くだくだしい繰り返しだとか、構文と文法のでたらめさに、やたらと出くわす――これらの影響が一緒くたになって混乱をきたし、意味と構成の欠損がそこから得られるものを相殺してしまわないだろうかと思わざるをえないほどである。ある目的にとっては、逡巡、話のつながらなさ、謎めいた言語シンボルが満載の秩序立たない記録は、心理学の良質の生資料である。他の目的にとっては――ひたすら診断と治療を目的としているばあいには――、この骨の折れる細々としたことどもは、余計なものにすぎない。解読するだけであまりにも多くの忍耐が要る。しかし、この特殊なドキュメントは長文の逐語記録の適正なサンプルとは言い難いといえよう。詰まるところ、統合失調症患者は、典型的な研究対象者とは言い難い。

まったく異なった目的のために、すなわち、言語の使用における個人差を詳細に分析するために、F・H・サンフォードは、研究対象者たちに気づかれないように、長文の「談話サンプル」を記録して、『言語表現様式における個人差』［文献160］を著した。これらの自発的な個人的ドキュメントは、測定可能な差異を示したばかりではなく、研究者が、個々の話し手に特有なスタイルとシンボリズムの諸パターンを、ありとあらゆる複雑さにおいて再現することを可能ならしめたのである。この研究において、言語の研究にとってばかりでなく、記録可能ないっさいの表現活動についての研究にとっても、新しい、とりわけ有望な技法についてのさまざまな示唆を、われわれは得られたのである。

夢。多くの精神科医やコンサルタントの仕事のひとつが、患者やクライアントに、自分の見た夢を記録しておくように、できることなら、目覚めたときに直ちに書きとめるように、と依頼することである。フロイトは『続精神分析入門』〔文献79〕で、そのような記録がはたして役に立つものかどうか厳しく問題にし、「彼が夢の本文《テクスト》を保持させる抵抗はその場合連想の方へ移って、顕在夢を解釈しにくくしてしまいます」(古澤平作訳)と述べている。しかしながら、どんな個人的ドキュメントでも、自己欺瞞の危険からまったく自由ではありえない(自己欺瞞の危険がまったくないとすれば、心理学者がわざわざそれを研究する必要はほとんどないことになろう)。それゆえ、フロイトの異議は、夢の報告が個人的ドキュメントのカテゴリーに含まれることを承認することの差し支えにはならない。

夢の分析の技法についてはさんざん酷評しているにもかかわらず、フロイト自身が、あらゆる夢のドキュメントのうちで最も注目すべきものを作成している。彼の『夢判断』〔文献78〕は、その大部分が彼自身の夢の分析であり、彼の伝記作家であるヴィッテルズが『ジークムント・フロイト伝』〔文献192〕を書くさいに、「彼の性格上のさまざまな欠点」に関する資料を提供した。それは、他の人物の伝記作家たちには手に入らなかったものである。だが、ヴィッテルズ自身は、フロイトが夢を記述するさいには、彼自身が「顕著な抑制に従属している」と不満を述べている。しかしながら、この伝記作家は言葉を継いで、夢の公表は、精神分析医に内密にうちあけるのとは、まったく事情が異なるとも述べており、したがって、フロイトの書物は、もともとそのようなものとして意図されたわけでもなく、このタイプの個人的ドキュメントの真の価値を最終的に判定するものとはなりえないのである。

ここでは、夢の分析についての込みいった問題の考察に深入りしようとは思わない。夢の記録は、個人的ドキュメントのすぐれて実用的な一形態であること、そして、パーソナリティの無意識の領域に通じる数少ない通路のひとつであろうこと、を述べておけば十分であろう。もっとも、後者についてはどこまで真実かどうか、心もとないのだけれども。付け加えておくべきは、夢の記録を含んだ事例研究が、とくに精神分析の雑誌に、よく発表されているということである。それらは簡潔で凝縮度の高いものであるので、魅力的な個人的ドキュメントとして出版物のなかに利用されるのであり、とりわけ、研究者自身がその価値を確信しており、事例のなかの主要な事実を手際よく証明するものとして利用されている。

告白。多くの社会学者が告白の潜在的利用価値を指摘してきた。自尊心を守ろうとあがいて、集団への復帰を認めてもらおうと必死になって、悔悟した者は、あらゆる言い訳をふりすて、めったにないほど自己欺瞞を含まない、自分が考えたこととやったこととの記録をさしだす。ペッタッツォーニの「犯罪の告白」［文献144］とデル・グレコの「正常者と異常者における『告白』と『自叙伝』」［文献60］は、個人にとっての、とくに個人的な危機に陥っている人にとっての、告白のもつカタルシス効果と、心理学者にとってのその科学的な意義を論じている。ベインの「見知らぬ者への告白と社会調査」［文献15］は、告白の背後の動機がユニークな価値をそなえた報告を保証する、とりわけ聴罪師が見知らぬ者であったり、たんに偶発的な知人にすぎないばあいには、とくにそうだと、確言している。告白は、その個人の罪だけに限られている。かれが自分の徳について述べることはない。告白とはこういう形式のものであるとか、神聖不可侵なるものについて、あらかじめ規定されてしまっていることが、宗教的告白を研究目的に使うばあいの実際的な障壁となっている。とはいえ、聴罪師をはじめ、心理学コンサルタントや精神科医などが、聖職者の戒律に縛られずに、これらの懺悔のほとばしりを、プライバシーに配慮しつつ匿名化して利用してはならないという理由はなにもない。人間性についての理解を深めるためには、それらを利用せざるをえないのである。

告白の治療的効果が、繰り返し論じられてきた。つねに、告白には治療的効果ありとの判断がなされてきたことは、明らかだ。シーヒーは、「学生相談における一つの手順としての告白」［文献165］で、告白を学生相談において採用すべき一工夫として推奨さえしている。しかし、概して、偶然的なばあいを除いて、告白を科学的な利用に供したばあい、その価値を歪め減じてしまうことになりがちであると思われる。告白の主要な意義は、やはり、悔悟者にとっての価値と、聴罪師自身の智恵の蓄えを豊かにすることにあるのだ。

まとめ

手引き質問紙は、通常、個人的ドキュメントにおける、とりわけ特定の主題に関する自分史における、応答の適切性と比較可能性を保証するために採用されるものである。どんな単一の基準や、広汎に利用されている手引きを選び出しても、普遍的に利用することはできない。というのは、研究者それぞれが、自分の研究の必要性に応じて、自分なりの手引きを考案する傾向があるからである。そうはいっても、だれかある心理学者が現存する手引きを収集し、組み合わせて、自己についての研究のための真に包括的なアウトラインが利用可能となることが望ましい。しかしながら、そのような試みは、大きな困難にぶつかるだろう。というのも、見出しとなる項目とその細目を選び出さなければならないのである。どんな企画が立てられようとも、提示された手引きは自由に取捨選択していいのだという指示を、利用者に効果的に伝えないかぎり、それによって得られるドキュメントに暗黙の概念化を押しつけてしまうことになろう。

効率的な音声記録装置の発明のおかげで、逐語記録の利用が急速に増加しつつある。逐語記録は紛れもない個人的ドキュメントであり、そして、研究対象者に対しても、インタビューの環境に対しても、制御が可能なために、自発的な無制御のドキュメントを犠牲にしてでも、それらの利用はますます普及していくにちがいない。個人的ドキュメントの方法を標準化しようとする点で、逐語記録はそれなりの利点を有しているのだ。もっとも、当事者《サブジェクト》が自分なりのやり方で、単独で、自分の都合にあわせて作成する、本人の手になる手記のもつ自発性を犠牲にすることになるけれども。

▼第八章

日記と手紙

自発的な、心の日記は、いちだんと優れた個人的ドキュメントである。そのなかに、書き手は、もっぱら、自分自身にとってとても大事な出来事や、考えごとや、感情を書きとめる。手紙やインタビューや自叙伝において、その作品をしばしば制御するかしこまった態度に、あまり縛られない。日記の書き手は、ふつう、他のどんな形式のものを書くときよりも、ずっと主観的な反応を示すものであり、自分の見映えを気にする自意識の作用が少ない。概して、書き手自身が自分が書いているものの聞き役であるか、もしくは、空想上の友達がいて、いろんなことを話し掛けると、なんでも理解してくれ、そして、すべてを忘れてくれるというわけだ。どんなものであれ日記のなかに入り込む合理化はすべて自己欺瞞であって、それゆえ、この合理化は、人前での発言につきものの口先の言い繕いとは違って、書き手のパーソナリティにとって大きな意味をもっているのだ。

理想的な形態においては、日記は、精神的な発達の主観的側面の持続的な記録として、他にまさるものはない。ある関心の最初の芽生え、おそらくは心を奪われんばかりの熱情のほとばしりにいたるまでのその成長、そして、その衰退を、跡づけることができる。人生のいくつもの転換点が、そうであったにちがいないと思われるかたちで、毎日のさりげない日常生活の枠組みのなかに散りばめられている。長期間にわたる日記は、個人的な発達における持続性の研究にとって、あらゆる資料のうちで最も優れたものである。というのも、日々のつながりがさりげなく、ほとんど無意識に示されており、言うなれば叙事詩が児童期から成熟期ないしはそれ以後まで、冷厳として毎年毎年くりひろげられているからである。しかし、急いで付け加えなければならないのだが、日記の理論的に完璧なこの像が、実際に現実のものとなるのは稀である。理想的な日記はほとんど実在しないのだ。たしかに、この問題をめぐる文献を手広く調べてみての、われわれが感じた主な印象のひとつは、日記がその潜在的な利点ゆえに、口をきわめて褒めそやされているなということであるが、現実に日記が科学にもたらしている利益を評価したばあい、かなり割引きせざるをえない。

自叙伝とは対照的に、日記は、経験の直接的影響下で書かれる。それゆえ、気分の変化を捉えるのに、とくに有効である。そこには、パーソナリティの非一貫性がおのずから示される。断続的な執筆のおかげで、見せかけの統合と単純化を避けられる。この点、自叙伝とは対照的である。また、日記では自由連想が許されている。日記では、執筆時点に抱いている思想、感情、解釈を、過ぎ去った年月に押しつけるという時代錯誤が犯されない。また、長い年月の経過による記憶の誤りを避けられる。[15]

日記を付けることは、とりわけ青年期によくみられることである。青年期には、自分は特異な存在であり自分は孤独であると意識して、おとなたちはもはや自分を理解してくれないとか、幼いころの友達が自分を見捨てたとか、道徳的な葛藤がほとんど耐えがたくなったとか感じるのだ。ウーアの「学生生活における日記」〔文献182〕によれば、ロシアの青年期にある女子の三分の二と男子の三分の一が日記を付けている。しかし、ポンソンビーの『イギリスの日記』〔文献148〕によれば、教養ある大人たちで日記を付けているものは四分の一にみたない。アメリカ東部のある大学での未公刊の研究の示すところでは、女子大生の七一パーセントが日記を付けたことがあるが、持続的に付けているものはわずか三六パーセントにすぎない。一三歳から二一歳までの三五〇〇人の日本の学生たちの調査をおこなった依田新は、「日記の心理学的研究」〔文献194〕で、高等教育を受けている学生の半分が日記を付けており、中等教育段階の生徒ではそれより少なかったと述べている。大学生は、主として、内緒事の、人には話せない告白を書きつけ、生徒たちは、たんに客観的な出来事の記録を書くにすぎないという傾向がみられたという。

15 日記という形態のもつこれらの長所は、クプキーの「成熟期の心理学の源泉としての若者たちの日記」〔文献121〕、シュテルンの『成熟期の始まり』〔文献170〕、ドベスの『青年期研究の批評』〔文献59〕、ポンソンビーの『イギリスの日記』〔文献148〕で、もっと詳しく論じられている。他方、バーが『自叙伝——批判的比較研究』〔文献43〕で、日記におけるパースペクティブの欠如は、追憶をたどる自叙伝体の書き物にみられる著しい均衡感覚と比較したばあい、ひとつの短所であると指摘している。

日記常用者のなかには——とりわけ若年の者に——その記載事項が、非個人的で、形式張っているものがいる。かれらは、天気、スポーツ、学校の成績、読書、旅行などのことを書きとめていく。こうしてかれらは自分にかかわりのある出来事を記録に留めていくけれども、これらの出来事の自分にとっての意味を明らかにはしえていない。同年齢のふたりの日記常用者の事例にみられた異なった動機づけを調べてみると面白い。ひとりは、形式張った記載事項の定まった日誌帳をつけているのであり、いまひとりは、心の日記をつけている。後者は内面の緊張に駆り立てられているようであり、前者は、自己陶酔的な傾向が抑圧されているか、もしくは、かなりきちんとしていて、込みいっていない生活に特有の、まったく形式張った杓子定規の態度に縛られているように思われる。

告白的な日記は、心理学者にとって最も興味深いタイプのものであるが、「パーソナリティ形成」の状況は詳しく述べられてはいても、自叙伝と同様に、パーソナリティの安定化と社会化にとってとても重要な、人生の穏やかで幸せな時期は無視されがちである。書き手は、悲嘆にくれた体験やたいそう意気揚々とした情動を日記にぶちまけはしても、自分の生活を家族やコミュニティに結びつけている、信頼や幸福や安全という基本的な要素については記録しようとは考えないものである。書き手にとって問題を引き起こさないものは、ほとんど言及されることはないのだ。健康なときには、身体のことは書かれない。家族との関係が円満であれば、その至福の状態が当たり前と考えられて、めったに言及されることはない。こういうわけで、告白的な日記といえども、そこに記載された事項を真実のパースペクティブのなかに位置づけるための補助的資料なしには、パーソナリティを完全に表示したものとして利用することはできないのだ。

日記には、まだまだ他にも限界があることを認めなければならない。書き手の表現能力に制約をうけるし、また——スイスの思想家、アミエルが指摘したように——、記録されるに値するさまざまな経験のうちから取るに足らない断片ばかりが記されるものなのだ。非常にしばしば、陳腐な表現や剽窃が日記には忍び込む。芝居がかった表現が、書き手の通常の行動を再現したことにはまったくならないのに。日記は中断されることがよくある。何ヵ月も書きつけられることがなく、そのために印象が歪んでしまう。日記のなかで、ある性格が装われて、そのパーソナリティが演じうるただ一つの役柄だけが貫き通されることもある。内密のもしくは公然の出版計画がこの気取りを起こさせることがしばしばあるのだ。ありうべき将来の読者のために、とっておきの態度が打ち出されるのだ。さらに、心の日記では、書き手が、しばしば、人物や状況の描写を怠り、その存在と性格をただ思い浮かべるだけにすませてしまうことが、当たり前となっている。そして最後に、方法論的な著作においてきわめて頻繁に力説されている批判は、日記をつけるのが好きな人びとの母集団が偏っているということである。頻繁に心の日記をつけるのは、内向的な人か正常な満足を欠いている人だと言うのである。[16]

ベルンフェルトとポンソンビー

ベルンフェルトは、「青年期における本能と伝統――日記の文化心理学的研究」［文献23］で、日記は古代にまで遡る伝統ある文芸様式であると述べている。彼の史的論説は、とりわけ、ポンソンビーのイギリスの日記の歴史についての読みごたえのある論述［文献148］と併読するならば、日記の研究についてのすぐれた入門書となろう。ひとが日記をつけるのに熱中するのはいったいぜんたい、なぜなのか。また、日記をつける人がじっさいそうしているように、基本的な形態を採用するのは、なぜなのか。ベルンフェルトは、これらの問いを、どんな分析を始めるにあたっても、決定的に重要な問いであると考えている。彼によれば、日記の基本形態とは、(1)記念となる思い出のコレクション、(2)主観的な記録台帳（しばしば道徳の出納帳のごときものとなる）、(3)手紙（ただし、けっして投函されることのない手紙）、(4)箴言《アフォリズム》、(5)自分史、である。ベルンフェルトによれば、日記の書き手は、ふつう、これらの基本形態から始めて、標準的もしくは慣習的な形態へと近づいていくものであるが、この過程は、規範に適応したいという欲求のあらわれである。そうはいっても、一口に規範といっても、さまざまな規範がありうるので、その日記の象徴的な意味を理解するためには、書き手の心のなかにどんなモデルがあるのかを見極める必要がある。

ポンソンビーのアプローチは、素人のものであるけれども、先入観にとらわれていないだけに、全体としては、ベルンフェルトのものよりも価値がある。ポンソンビーの指摘するように、ありとあらゆる人たち――為政者たち、商人たち、哲学者たち、老婆たち――が日記をつける。たとえ芸術性が欠けていようとも、たとえ文法が頼りないものであろうとも、それらの作品の大部分が人間的な興味深さをそなえている。「すべての抑制が取り払われて、日記をつける者は、事実と空想の広野を、勝手気ままに思う存分、ぶらついたり、佇んだり、駆けめぐることができる」。日記を保存し出版することは、倫理の面でも科学の面でもいろんな問題を引き起こす。じっさい、日記をつける人のだれもが、覗かれたりしたらゾッと戦慄する思いにかられるものであり、日記をつけていることがわかることさえ嫌がる人もいる。日記の大部分が書き手自身かその子孫の手によって破棄されていることは間違いない。ごくわずかなものが後世にまで伝えられ、伝記や科学的分析の基礎とされるにすぎない。伝記作家は、いかめしさのない、ささいな部分を切り捨てる癖があり、科学者は、その人生を過度に単純化するかたちに選択してしまいがちである。ポンソンビーの結論は、こうだ。「どんな編集者も、日記を台無しにしないと信用することはできない」。

日記をつける動機として、ポンソンビーがあげているものは、習慣、「記録したくてたまらない気持ち」、きちんと思い出をとっておきたいという欲求、自己切開、悔悟の念、緊張からの解放、自己憐憫、といったものである。自己本位主義がつねに存在していることは、もちろんのことである。

16　この最後の主張は頻繁になされるものだが、やや疑問に思われる。もしも、青少年の半数が日記をつけるとしたならば──このことは事実そのとおりだと思われる──、該当する母集団は膨大なものとなる。心理学の他の方法で、より規模の大きいかたちで一般化を立証しえているものは、ほとんどない。

とである。しかし、この動機は、「日記をつける人であろうとなかろうと、たいていの人が自己本位主義者であるから、あまり問題にはならない」。油断のならないのは、微妙な形態の露出趣味と虚栄心である。たとえば、後世に色目をつかって、「卑下することによって、結果的に、思った以上に立派な人だという信用を得るために、実際よりも自分を悪者に仕立て上げがちである」ばあいに見られる。

ポンソンビーは、一二〇のイギリスの日記を吟味して、信仰のことが他の主題よりも頻繁に登場することを発見している。それは、日記が「内面を見つめる」ものだからこそであるのは疑い得ないという。性的な差異として観察された興味深いことでは、女性の書き手のほうが用心深い、ということがある。しかし同時に、いったん書きはじめたら、女性のほうがおびただしく書きまくる傾向があるとのこと。このような性的差異については、もっと研究するに値しよう。

日記の限界について、ポンソンビーは次のように書いている。

われわれは、他の人たちがわれわれのことを知っている以上に、自分自身のことをよく知っていると思っている。しかし、ほんとうのところは、われわれはその内なる半面を知っているにすぎないのであり、気分のうつろいやすい人間が、はたして、それさえ正確に描写できるものかどうか、疑わしい。

そうは言うものの、ポンソンビーは、一二〇の日記の妥当性を評価して、「われわれがいささかなりとその書き手を知っていたとして、日記がその書き手についてわれわれのもっている知識を豊かにしなかった例は、ただの一つもない」と、断言している。彼の主張によれば、日記のなかに明らかにされている自己が、他の方法によって知られている自己とくい違うことは、稀である。

分類

日記の分類表として一般に認められているものは、まだ一つもない。ベルンフェルトの基本形態は、有用性に欠けるように思われる。もっと洗練された区別と細分がありうるとは思うが、さしあたって、われわれは日記を三つの種類に分けておこう。(1)心の日記、(2)回顧録、(3)日誌（記載事項の定められたもの）、である。

心の日記は、心理学者にとって、群を抜いて最も興味深い種類のドキュメントである。じっさい、この章で日記について述べてきたことのすべてが、この種類のものだけにあてはまる。毎日、もしくは、もっと長い間隔で、断続的に書き込みがなされるのだが、無検閲に、思わず書いてしまうことも含まれる。

回顧録は、非個人的な日記である（たとえば、E・テイラーの『恐怖の戦略』とかW・シャイラーの『ベルリン日記』のような外国特派員の記録がその例である）。回顧録は、いわば、すべてが一気呵成に書かれるものであるが、にもかかわらず、その語り口はどうにかエピソード風の性格を保っている。回顧録では、その筆者自身のこととか、筆者の個人的な見解については、ほとんど述べられない。非個人的なものであればあるほど、心理学者にとっては興味の薄いものとなり、歴史学者や政治学者にとって興味深いものとなる傾向がある。ヒトラーの『わが闘争』ほどの広がりをもった重要な回顧録であれば、すべての社会科学者にも心理学者にも興味深いものであるにちがいない。

日誌は、会計簿とか、天候の記録とか、帰宅、出発、読書、訪問、支出、病気などの記載である。そのような記載事項の定められたものであっても、罪の記載（たとえば、自慰の記録）や、時間の消費（時間配分表）などが含まれていれば、心理学者にとって、特定の限定された目的のために価値あるものになることが、ときたま、ある。また、研究対象者が、どんな題目にせよ、きちんと記入を怠らないという事実があれば、それはそれで一種の情報であり、そのパーソナリティの包括的な研究のなかに、それなりの位置を占めるにちがいない。

個人的ドキュメントに関する他のすべての心理学的研究と同様に、日記の研究も二種類に分かれる。比較と一般化のために二つないしそれ以上のドキュメントを取り扱うもの（法則定立的な目的）と、単一のパーソナリティに関して明らかにされているものを抽出するという観点でもって、単一の日記を集中的に取り扱うもの（個性記述的な目的）とである。だが、実際のところは、現におこなわれている日記の分析において何が生じているかといえば、不幸な、許しがたい目的の混同である。研究者が単一のドキュメントを採用していながら、そこから、精神生活全般を覆うべく、自分の発見した事実を一般化してしまうことが、しばしばある。法則定立的な目的のための研究であれば、多数のドキュメントを利用すべきなのに、そうしないのだ。さもなくば、自分の目の前に置かれたドキュメントにはっきりと示されている、その単一の精神の構造と機能の問題に自己限定すべきなのに、そうしないのである。

日記の比較研究

日記の興味深い比較分析に、シャルロッテ・ビューラーの『三世代の若者の日記』［文献40］がある。ウィーンで収集した九三の日記を読み込んで、彼女は連続した世代を代表していると思われた三人（一八七三年から一九一〇年までの異なった時期に生まれた少女たち）を選び出した。女性で日記をつける人にはよくあることだが、ひとしくみんな、親愛なる友と愛を求める欲求によって特徴づけられていた。三人のうちの最年長者は、家族構造への依存がきわだっている文化を、次の者は、家族の絆の弛緩に特徴的な、内省癖と理解されたいという切望を、そして最年少者は、顕著な自己確信と独立心を、反映していた。これらの特徴はそれぞれの日記が選び出された時代に典型的なものであるかに、ビューラーは主張しているが、はたして、個々のパーソナリティがかれらの生きる時代の精神を完全に反映するものかどうかは、疑わしい。時代精神は平均からの抽象物なのであり、その典型的な代表例を単一の人生のなかに見いだす必要はないのである。いずれにせよ、ひとつの日記を、ある時代の時代精神を再構成するための基礎とみなすことはできない。

ビューラーのもう一つの比較研究、『若者の日記と人生行路』〔文献42〕は、ふたりの少女の日記を扱っており、どちらの書き手についても、その後の経歴に関するかなりの知識によって補っている。ふたりは、青年期においては驚くほど似ていたけれども、その次の二十年間は大きな相違をうみだした。書き手のひとりは、彼女の青年期の特性と性向の、文字通りすべてを実現したと思われるが、もうひとりは、社会的態度も性的関心も実際生活への志向性も、顕著に変化させていた。

ウィーンの研究のいまひとつのものは、日記資料に対するまったく異なった利用法を例証している。すなわち、言語発達の研究である。一一の日記を比較して、フックスは「日記にみる若者の言語」〔文献82〕を書いた。フックスがそこで見いだしたものは、青年期の初期においては単純な記述的な作文であったものが、青年期の中期においては、主観的で自己本位的な記述になり、青年期の後期においては、意匠を凝らした反省的な言語に移り変わっている、ということであった。フックスの研究のほかには、日記執筆の文体上の特性を科学的に利用しているものは、ほとんどない。日記の執筆の自発性と、校訂や編集がなされていないことが、このような研究目的にとっては、それらの日記をとりわけ価値あるものにするのだと思われる。

青年期における社会的距離の問題が、一部、日記を資料として、ランナーによって研究されている。ランナーの「青年期における社会的距離」〔文献158〕である。この著者は、社会的接触を七つに区分する。信頼して秘密をうちあけられる友、親友、親しい仲間、知人、能動的な集団参加のゾーン、受動的な集団参加のゾーン、そして、眺めやるだけの隔たりのある社会、である。個人的ドキュメントの研究だけから、このきちんとした分類枠をつくりだすことができたかどうかは疑わしいけれども、「生活空間」の諸問題を含む研究において、貴重な役割をはたすことは疑いない。

比較研究のこの簡単な概観から、二つの問題点があらわれる。第一に、それらがすべて、青少年の日記を扱っているということ。その理由としては、ひとつには、この年代の日記がかなり膨大にあり、研究者が手にいれやすいということがあるが、いまひとつには、この年代の主観的生活が豊かなものであり、行動の研究によるよりも、個人的ドキュメントによるほうが研究しやすいからでもある。理由のいかんはともかく、こんにちにいたるまで、日記を用いての研究は、ほとんどすべて、青年心理学における研究である。記録しておくべき第二の問題点は、日記にもとづいた法則定立的な研究にとって必要とされるサンプルの大きさを気づかった人が、誰一人いないように思われることである。いままでのところ、採用されたサンプルが非常に少ないのは、適当な量のドキュメントを集めることが困難であったためであることは疑いない。日記研究においては、サンプリングの慣例的な基準が、すこしも守られていないことは、明らかである。

単一の日記にもとづいた研究

ある中産階級のユダヤ人少年の書いた一二歳から一五歳までの日記が、シュテルンの『成熟期の始まり』［文献170］で、「人格論的な」観点から分析された。見え透いた変装をとおして、その日記の若き筆者とこの円熟した専門分析者とが同一人物であったという事実が明らかなだけに、この研究は二重に興味深い。彼の述懐によれば、成長した筆者にとっては、その少年のさまざまな体験は、一部は見ず知らずの人の体験のように、一部は知人の体験のように、そして、一部はまさしく自分自身に属する体験のように思われるのだという。時の経過とともに体験が自我から分離していくこの奇妙な現象は、すべての人におなじみのものである。シュテルンが日記に関してこの事実を発見したことは、著者たちの手元にある自分の若い頃の日記を注意深く分析することで、この現象をさらに解明することができるということを示唆している。

シュテルンの日記のばあいでは、一三歳半のときに記載事項の性格ががらりと変わっている。自我の意識が急速に目覚め、きちんとして、葛藤がなく、幸せで、きっぱりとしていた子ども時代を反映していた、それ以前の記載事項に取って代わるのだ。利己主義と愛他主義の葛藤が激しくなり、青年期のさまざまなストレスが現れはじめる。

分析と註釈を容易にするために、この著者は記載事項をいくつかの主題に分類している。すなわち、自己に対する態度、家族、友人、女の子に対する態度、芸術、科学、政治に対する態度、等々。この研究の主要な目的は、青年期の初期において、さまざまな体験の「個人的な意義」が、どのように展開し、変化していくかを示すことである。この著者は、この研究が人格論的発達心理学に寄与するものだと考えている。なお、人格論的ということが個性記述的ということを意味するものではないことには注意。というのも、シュテルンは、彼のひきだしている一般化が、あらゆる青年に――少なくとも日記をつけたがる青年には――妥当する、と信じているからである。

　この日記にもとづいて、シュテルンは、青年期の初期における性欲と性愛とを峻別している。イオヴェッツ゠テレシェンコの独自の研究が、シュテルンのこの論点を強烈に裏付ける。この著者は『青年期における友愛』〔文献99〕を書き始めるにあたって、次のように主張している。青少年の友情の特別に崇高な性格の心理学的解釈のために、日記が採用されなければならない。心理学者が利用しうる他のどんな資料によっても、その個人的な思い出を満足させることは、まったくできないであろう。その後の情動（とりわけ成人後の性的情動）に覆われてしまって、青年期の本質的に非性的な献身が思い出しがたいものとされてしまうのである、と。

　しかし、青少年のドキュメントを収集するのは、容易なことではない。というのは、成人後まもなく、血気盛りの時代のこれらの無分別な記録は、ふつう、破り捨てられてしまうからである。イオヴェッツ゠テレシェンコは、青年たちがはじめて科学的研究に情熱を燃やすようになる大学の後期のあいだに、このようなドキュメントを確保しておくことを提唱している。[17]

　この著者が提示し分析している資料は、あるロシア人少年が一三歳から一六歳までのあいだに書いた心の日記、この少年が母親に宛てた手紙、および、論述を補強するために折に触れて引用する他の青少年たちの手記からの補助的資料、から成っている。この著者の分析は、一つの中心的テーマ、すなわち、同性のあるいは異性の子どもに向けられる、青年期の愛の現象学的な定義に収斂している。それは、本質的に、性的なものではなくて、「その特徴が、幸福の経験であり、至福の経験である、すなわち、『胸のなかの』『格別に奇妙な感情』『心地よい感情』の経験であって、この精神状態の経験はなにか崇高なものである」ような精神状態である。

提示されている記載事項は、この一般化された仮説に完全に適合してはいるけれども、その仮説を確証しているということはできない。個人的ドキュメントにもとづいた解釈について非常にしばしば言えるように、多くのモデルがそれらの事実にあてはまるだろう。これは、ブルーマーがトマスとズナニエツキの研究において中心的な問題として見いだしたものである。この問題については、第一二章で考察する。

おそらく、イオヴェッツ＝テレシエンコの書物の最も興味深い特徴は、特定の主題に関するやり方で、日記を利用していることであろう。すべての注意が、少年期の愛の現象学に集中されている。たしかに、その生活の文脈も部分的には与えられているが、その少年の経験のその他のどんな側面にも、読者は関心を抱くことが許されていないのである。

この書物の付随的な弱点は、警告として書きとめておくに値しよう。たとえ青少年の日記が比較的稀であるとしても、また、たとえそれらが丁寧に編集されるに値するとしても、この著者がそれらに与えたような、いやに気取った、こせこせした釈義をほどこされるほどの価値はない。読者が望んでいるのは、必要とされるかぎりのゆきとどいた編集から得られる、まわりくどくない明瞭性である。読者は、毎頁ごとに、次のような古文書学的な虚飾に出逢って、おおいに苛立つ。

(I, 35) "... So when/we we[re] Peter [36] came to see me, /he...

ほとんど完全に、単一のドキュメントからのデータにもとづいているけれども、このイオヴェッツ＝テレシェンコの研究もシュテルンの研究も、厳密に言えば、個性記述的ではない。この著者たちは、あらゆる青少年(あるいは、少なくとも日記をつけたがる青少年)にあてはめるつもりで一般化を引き出すことが、主たる関心事になっているのだ。純粋に個性記述的なやり方で日記を利用している心理学的研究の例をあげることは、じっさい、不可能であるように思われる。やっと例外的にあげられるのが、タルバートの「アミエルの不可解なパーソナリティ」[文献176]という短いノートである。彼は、『フィライン』の出版から入手できた新しい証拠によってアミ

17 イオヴェッツ＝テレシェンコは、彼の本の一四頁から一七頁で、これまでに集められた青少年の個人的ドキュメントの数多くのコレクションをリストアップしている。これらのうちの大部分は、もともとは、ドイツの心理学者たちの手元にあったが、こんにちでは見つけるのは難しいであろう。

エルのパーソナリティの構造について註釈している。

個人生活の構造と機能の観点から日記を詳しく研究すべき時期が熟しているのは、たしかである。心理学者が、バシュキルツェフの『若き芸術家の日記』〔文献20〕、バーベリオンの『失意の男の日記』〔文献18〕と『最後の日記』〔文献17〕、『ネリー・プタシュキーナの日記』〔文献152〕のような、出版された日記の、編集され、人目を気にする自意識の強い性格が気に入らないのであれば、わずかな努力を払うだけで、新鮮な、混ぜ物の混入していない資料をたやすく入手できる。

第一章において、われわれは、心理学者たちのあいだで最も議論の的となった日記、『ある少女の日記』〔文献195〕について述べた。これが有名になったのは、フロイトが短い紹介文のなかで、この日記を「珠玉」であると謳いあげたからである。この日記のなかに、フロイトは、性的意識が芽生え、それが支配的な関心の地位を占めるまでに成長し、そしてついに、より成熟した思考の流れのなかに統合されるのを見たのである。この日記はもともとフーク＝ヘルムートによって出版されたものであり、彼は編集や改作はしていないと主張したけれども、何人もの批評家がその真実性を攻撃したのであった。[18] この論争の詳細は、ここに記録しておくにはおよぶまい。強いプレッシャーを受けて、その出版社はとうとうこの本を回収処分とした、ということを述べておけば十分であろう。じっさい、この日記は、てらわない、いかにももっともらしい、すこしもどぎついところがないものであり、ほんものであることが間違いない青少年の日記に、多くの点で似ているものであった。しかしながら、その文体は、年端もいかぬ少女としては、あまりにもませすぎているように思われるものであった。この論争のモラルは、もしもモラルがあるとしてだが、日記の編集者たるもの、出版のためにおこなった修正を、なにもかも正直に述べるべきだ、ということであると思われる。

まとめ

日記には利点があるのだということが、他の種類の個人的ドキュメントにまして、これまでに述べられてきたという事実にもかかわらず、現状は満足にはほど遠い。理論的には、われわれはさまざまな長所が、この最高の人間的ドキュメントには備わっていることを認めるに吝かでない。とりわけ青年時代にとっては、日記は不可欠の、まったくかけがえのない資料源であると思われる。しかし同時に、こんにちなされている日記研究では、単一事例から一般化を導き出すという間違いがみられる。通常、一編の、ないしは、せいぜい数編の日記を分析しただけで、法則定立的な研究者が、そこから得られた洞察を一般法則として提示してしまっている。この分野において、サンプリングの基準が守られたことは、いまだかつて一度もない。一度もないとは、文字通りのことなのだ。心理学者たちが、ある単一の人生についてのドキュメントから、可能なものすべてを学びとるという仕事に徹していたならば、事態は異議の余地のないものになっていただろ

18　たとえば、クルーグの「『ある少女の日記』への批判的覚書」［文献119］を参照。

う。しかし、この正当な個性記述的な目標が、日記研究で示されていることは稀である。

日記からの抜粋を公にし、それらについて嬉々として語り、編集者として思いついた洞察や仮説について述べるだけでは、十分ではない（ましてや、思いつきの仮説を法則の発見と取り違えるなど、もってのほかだ）。法則定立的な研究の基準か、それとも、個性記述的な研究の基準かの、いずれかを順守すべきである。将来においてわれわれが望むのは、諸基準をもっと厳格に守りつつ、より良質のより完全な日記が利用されるようになり、日記という個人的ドキュメントに疑いもなくひそむ潜在的価値が、心理学のために現実のものとなることだ。

手紙

ポンソンビーによれば、日記はただ一人だけの生みの親をもつのに対して、手紙は二人の親をもっている。差出人と受取人である。したがって、手紙を研究に利用することは、差出人のパーソナリティだけでなく、受取人のパーソナリティ、両者の関係、さらには、手紙のやりとりを成り立たせている思想の主題をも考察する必要があるために、複雑に入り組んだ作業となる。しかし、複雑ではあるけれども、手紙は探究するのに有望な資料源である。一人のパーソナリティの多くの側面を解明するのには欠陥があるとしても、二人のパーソナリティのあいだの絆を首尾よく解明できることは、疑いない。手紙によって結びつけられた二人関係は、社会心理学において無視されてきた一分野である。

ある興味深い研究に、カーレの「保護施設女性収容者の家族との関係」［文献105］がある。この研究では、保護施設に収容されていた二〇〇人の少女たちの家族関係が分析されたのであり、そのために、家族とのあいだでやりとりされた手紙が読まれ、一字一句写し取られた。その分析から、少女たちと家族のあいだに存在するさまざまな関係についての類型化が得られただけでなく、不在期間には両者の関係がおどろくほど理想化されることが判明した。母親は施設にいる娘に、牧歌的で感傷的な手紙を書き送っている。その少女が仮出所で帰宅した後には、娘にただちに保護監督のもとに帰りなさいと命じるように求める、怒りにふるえた手紙が、施設宛てに投函されている。こういうコントラストがときどき見られるのである。この研究は、書簡を関係性の真の尺度と見做すまえに、手紙を書くさいのさまざまな作為や、差出人と受取人が遠く離れていることの影響などに留意しなければならない、という警告を含んでいる。

手紙の分析においては、心理学的方法と歴史学的方法とが出逢う。その一例が、ペリーの『ウィリアム・ジェイムズの思想と性格』［文献143］に見られる。ペリーは、ジェイムズの膨大な書簡を研究材料にしているのだ。この研究においては、ジェイムズ本人の明敏な「臨床」記録の助けを借りて、さまざまな出来事や関係や日付が、正確に叙述されている。心理学者が同様のコレクションの分析を手掛けてみると面白い。歴史学者が書簡のなかに示されているさまざまな出来事を再構成することはよくあることだが、そこに示されているパーソナリティの再構成は成し遂げられていないのである。

いままでのところ、心理学者たちは、日記に比べて、手紙を利用することが、はるかに少なかった。それは、手紙という資料には面倒な要素がいろいろと付着しているからであるのは間違いない。もしもボールドウィンが「単一パーソナリティの構造の統計学的分析」［文献16］で独創性を示さなかったならば、われわれは書簡の価値について悲観的になるところであった。第二章で、この研究者が、ある初老の婦人の一一年間におよぶ手紙のなかに示されたさまざまな心的連想の頻度に、個人内統計学を適用した次第を述べた。このような独創的な技法が心理学の道具置場に突然現れるとき、見通しは明るくなる。

▼第九章
芸術的・投影的ドキュメント

さて、いわゆる非意図的な個人的ドキュメントの諸形態について述べよう。自叙伝を書くとき、質問紙に回答するとき、インタビューに応ずるとき、告白をするとき、あるいは、日記や手紙を書いたりするときには、その人は自分が個人的な情報を提供していることを自覚している。しかし、作文や詩を書くとき、絵を描くとき、投影テストに応ずるときには、自分自身を表示しようとする意図を、ほとんど、もしくは、まったくもたない。研究対象者がそのような意図をもたないことは、心理学者にとっては、興味ある事柄である。というのも、心理学者は自分の被験者を無防備状態で捕らえることを好むからだ。しかるに、研究対象者の側では、自分がやっているのはなにか客観的な作業であると考え、自分の作品を特徴づけている表出的・投影的な要素には、ふつうは、気がつかない。

表出と投影についての諸問題

ある個人が自発的に何をおこなったり言ったりするかは、その人の行動の適応的な局面であり、それをどのようにおこなったり言ったりするかは、表出的な局面である。この二つの局面をきれいに分けることは難しいけれども（というのは、あらゆる行動は、とどのつまり、単一の軌道のなかに現れるのだから）、この区分を想定しておくことは、理論的には重要である。書き手がある筋書きを構想し、それを自分の想像の創作として書き下ろしているときに、かれが自分の本性に縛られて、ある独特な文体でしか叙述することができないという事実に、まったく気づいていないことがある。しかもそれは、たとえ努力しても、ほんの狭い範囲内でしか変更することができないものなのだ。かれは、自分の考えを、手際よく、隠喩的に、せっかちに、ごつごつと、気まぐれに、我慢強く、飾らずに、丹念に表現するが、それはかれの本性に応じてのことなのだ。さらに、かれのさまざまな個人的体験や、コンプレックス、偏見が、多かれ少なかれ自分では気づかないままに、書くものの内容に影響する。かれは、自分の作品のなかに、自分のさまざまな特性を（副詞的に）表出するだけではなく、それらを（名詞的に）投影するのである。作品の非自発的な（表出的ならびに投影的な）局面の全体が、非意図的な個人的ドキュメントを構成する。

スキルと慣習の面での適応的行為の要件が厳格であればあるほど、個人の表出的なふるまいの面での自由、文体上の自由は、少なくなる。十四行詩《ソネット》は、自由詩に比べて、個性的な変異を許さない。探偵小説のかっちりした規則は、作家の空想の入り込む余地をほとんど残さない。ラジオのアナウンサーの声は訓練によって標準化され、素人の声に比べて、個性を示すことが少ない。行動における適応的な要素と表出的な要素との関係は、クラーゲスの『魂の対抗物としての精神』〔文献112〕やG・W・オルポートの『パーソナリティ——心理学的解釈』〔文献８〕でもっと詳しく論じられている。個人的ドキュメントに関するかぎり、仕事としての規定がかっちりしていればいるほど、そのドキュメントは、表出もしくは投影に関してはそれだけ価値が少なくなる、ということを銘記しておかなければならない。

表出の概念と投影の概念の主たる相違は、研究者が想定する、行動の無意識的な規定要因の性質に存する。表出はパフォーマンスの様式に力点を置き、投影は産みだされる内容に力点を置く。表出に関心を抱く心理学者は、フロイト流の諸観念と力動的な象徴主義の充満する、無意識の精神というものが確かなものとして存在する可能性を軽視しているように思われる。そのような心理学者は、無意識の規定要因を、気質、地域的および民族的な慣習、個人的な特性、気分、年齢、健康状態、特別なしつけから生ずる特殊な習慣、体格と体質の諸特徴などで考える。それに対して、投影法の利用者は、幼児的な願望、意識下の思考形態、覆い隠された葛藤が、創造の主要な決定要因であると確信している。しかし、「表出論者」も「投影論者」も、同一の資料を分析するのであって、多くのばあい、その解釈は重なり合う。したがって、この二つのアプローチをことさらに区別するには及ぶまい。以下の節においては、表出論的ないしは投影論的な解釈様式に主眼をおいた研究に焦点をあてて述べていこう。

文学的創作

第三章で指摘したように、散文家、詩人、劇作家などの作品が、作家のパーソナリティを再構成するという目的のために、心理学者や精神科医によってしばしば研究されてきた。文章の長さ、段落の構造、単語の長さによって文体を研究するという、かなり機械的な技法が、リカートの『文学研究の新しい方法』〔文献155〕で提唱された。しかし、いままでのところ、なにかある文体上の特徴とそれに対応するパーソナリティ特性とのあいだの不変の関係を確証したものは誰もいない。もっとも、たとえば、優柔不断な人たちは、その語り口のなかに、かなり多くの仮定法を採用する、ということはありうるのだけれども。この対極に（そこにたいていの心理学者が群がっているのだが）、研究者が作家の無意識の生活のなかにサッと飛び込んでいき、自叙伝的な要素を指し示すということがある。ジェフリーズがイプセンの戯曲を分析した「ペール・ギュント——精神分析的研究」〔文献102〕や、ボナパルトがエドガー・アラン・ポーの短編を分析した「アッシャー家の崩壊」〔文献32〕が、その例である。文体の分析が客観的になればなるほど、その分析の意義はより薄いものとなるように思われる。意義が存在するばあいとは、われわれが臨床的診断のまだ曖昧な過程に直面しているときである。

文学作品を個人的ドキュメントの一種として利用すべきだという精神分析の立場からの議論は、文学作品は作家のファンタジーにほかならない、という単純な議論にもとづいている。しかし、マッカーディが「文学とパーソナリティ」〔文献132〕で明らかにしているように、解釈を阻む主な障害は、ある文学作品を書いた作家に自由連想をさせるわけにはいかないという事実にある。そのため、作家のファンタジーの意味がどうしても明らかにならない、というのだ。そうはいっても、文学作品にもとづいたパーソナリティの解釈は、これまで大いに役に立ってきたし、文学と心理学がお互いに理解を深めるにつれて、さらに有用になるであろう。この二つの研究分野の合流の問題は、本書には手にあまる問題であり、また、すでに他のところで考察されている（G・W・オルポート「パーソナリティ――科学のための問題か、芸術のための問題か?」［文献7］参照）。

作文

学生たちのレポートやエッセイの分析が、心理学者のあいだで広くおこなわれている。桜井と千葉によって、「わたし」という示唆にとむ課題が数百人の日本の高校生に出され、「青年期における自己実現の研究」［文献159］として報告されている。マッケイは、「わたしの大好きな白昼夢」とか「わたしを最も悩ませる夢」といった、秘密をひきだす課題を出すことで、「情動的資質の記録」［文献129］というすぐれた結果を報告している。その他のありふれた課題としては、「わたしがなりたい偉人」とか、「わたしの大志」とか、あるいは、たんに「自分史」といったものがある。このような課題によって、しゃちほこばった、紋切り型の作文が大量に集められるにもかかわらず、その結果は、ほとんどつねに、ためになるものであった。じっさい、ある書き手がその課題を告白への誘いと受け取り、別の書き手が寡黙もしくは反目でもってそれに対処するという事実そのものが、ひとつの予兆といえよう。課題が個人的な情報を提供するかたちで言葉にされている必要もなければ、研究対象者が自分自身のことをちっとも書いていなくてもかまわないのである。表出と投影の心理学の観点からは、ほとんどどの作文にも価値があるのだ。

文体上の表現の一貫性についての注目すべき研究に、F・H・オルポートとL・ウォーカーとE・ラザースの「作文とパーソナリティの特徴」〔文献5〕がある。大学生七〇人から、その年度の異なった時期に、それぞれ九編のレポートが集められた。その課題はあらかじめ定められていて、同じものがみんなに課せられた。それらのレポートを、氏名は消して、タイプライターで複製したあとで、その作業をしたのとは別の判定者たちが、文体だけで判断して、同一の学生によって書かれたレポートに振り分けようと試みた。結果は明らかに肯定的であった。しばしば、驚くほど機械的な特徴が目に留まり、同一人物によるレポートとの認定を助けた、ということは確かである。たとえば、セミコロンをやたらに使うという特徴があったり、句読点の使い方や単語の綴りがどこか風変わりだったりしたのだ。しかし、大部分のマッチングは、かれの作品すべてのなかに反映されている、その書き手の個人的な特性にもとづいてなされたのである。たとえば、ある者は、「雰囲気に対する豊かな感受性、バランスのとれたユーモアのセンス、社会的関係に対する穏やかで楽しげな寛容さ」を示しており、別の者は「たえず退屈していて、人間というものは最も安易な道をたどるものだという考えのもとに、人生を単調な経験としてながめて」いた。このような一貫性の証明を得られたことで、たとえ、単一の標本だけしか分析に利用できないばあいでも、かなりの確信をもって、作文を研究目的のために採用することができることが判明したのだ。

作文に適用される利用法には、法則定立的なものと個性記述的なものがある。前者のタイプとしては、若者たちの自我理想や理想的人物に関するレポートからの一般化、さまざまな年齢層の言葉の使い方からの一般化（カイルハッカーの「性格論的な作文研究」〔文献108〕）、自己意識に関するレポートからの一般化（桜井と千葉の「青年期における自己実現の研究」〔文献159〕）をはじめ、いろんな心理学的な諸機能に関するレポートから引き出した一般化がある。個性記述的な観点からのものとしては、マッケイの「情動的資質の記録」〔文献129〕やブロスの『青年期のパーソナリティ――個人行動の研究』〔文献28〕が、作文の顕著な臨床的価値を証明している。ブロスは、次のように述べている。

観察データだけに頼るよりも、なにかある創作が示す心理学的性格をとおしてのほうが、パーソナリティの本質的な構造に接近しやすい。散文であろうと韻文であろうと創作的な書き物のなかに、個人的な感情や感覚、願望、虚脱や失望が、間接的にではあれ、うってつけの捌け口を見いだすのである。

彼が扱った事例のひとつで、ブロスは、一四歳の少年、ポールの作文が、多くの個人的な特性と関心を、うっかりと覗かせている次第を示している。その少年の議論好きと攻撃性、月並みの想像力と文体上のわざとらしさ、経済的ながめつさ、さらには、ちょっとした病気や失望を撃退できる能力、はては、政治や音楽や数学や戦争に対する関心まで。これらの特質が、教師たちの評価によっても、家庭調査と面接によっても証明されているという事実は、作文にもとづいた診断の妥当性を確証している。われわれがF・H・オルポートとウォーカーとラザースの研究を作文の信頼性を確証したものと見做し、ブロスの研究をその妥当性を確証したものと見做しうるならば、臨床研究者がこのようなドキュメントを利用することが、原理的に正当化されたのだ、と言うことができよう。

芸術諸形態

画家や彫刻家の作風は、そのパーソナリティの徴証である。外的な制約の多い肖像画においてすら、その作品の表出的な側面がまぎれもなく存在する。その作風から、芸術家の精神生活を特徴づけようとする試みが、しばしばなされてきた。一例だけをあげておこう。クリスが「精神病を病んだある彫刻家」［文献116］で、ウィーンの風変わりな彫刻家であったメッサーシュミットの偏執症的状態を、彼の奇妙に歪んだ胸像の二七の実例の研究にもとづいて記述している。さらにクリスは、大急ぎで、メッサーシュミットの知人たちの手紙や報告からの証拠を、確証のために付け加えている。彼は、完全に精神分析の枠組みのなかで分析をおこない、そして、さらにもう一度、この思想体系による刺激的な結果を、歴史学的な調査と批評によって例証しているのである。

心理学者の興味をそそるのは、なんといっても、作風のなかの異常な構成要素である。キンドウォールとキンダーの「軽度精神病に関する覚書」［文献110］で取り上げられた統合失調症患者の詩とか、プリンツホーンが『精神病者の造形美術』［文献151］で取り上げた多種多様な精神病者たちの絵画やデッサンは、特別な魅力をもっている。この種の研究によって、幾人かの研究者が、とりわけ『精神発達の比較心理学』［文献189］を書いたヴェルナーが、子どもと精神病者と未開人の思想生活のあいだに顕著な類似性があることを引き出している。この三つのグループの芸術作品には著しい融合性がみられるというのだ。

しかしながら、全体的には、心理学者が芸術作品や音楽の様式や図画などの研究にとりくむことは、文学作品や他の言語的な作品の研究に比べて、はるかに少ない。芸術作品の研究のための分析の技法が欠けていて、サンプルの適切性、妥当性や信頼性の問題に対してほとんど注意が払われていない。しかし、表出的行動というより大きな心理学的問題の一部として、この分野の研究への関心が高まっていくことが期待される。

投影法

投影法が標準化もしくは半標準化されたテストの段階に達するとき（たとえば、ロールシャッハ・テスト)、個人的ドキュメントの領域からはまったく離れてしまう。しかし、投影法が自発的な、自由にあふれでる自己表示のために利用されるばあいもあり、このようなばあいには、その結果としての口頭の報告(後に残るかたちに記録されることもある)は、精神分析やインタビューの記録と同じ意味において、個人的ドキュメントである。

トマ〔文献180〕は、五歳から一〇歳までの幼い子どもたちのために、文章完成法を利用することを提唱している。子どもは、一般的に、この方法に促されると、書き出しの与えられた物語に続けて、自分自身のさまざまな体験や葛藤を書いていく。もっと年上の被験者たちに対しては、絵の解釈がきわめて広く採用されている方法である。投影法の最も広汎な利用は、ハーバード心理学クリニックでおこなわれたマレーらの『パーソナリティ』〔文献139〕の研究にみられる。この方法についての議論が、フランクの論文「パーソナリティ研究のための投影法」〔文献73〕でなされている。

投影法は、被験者を促して、本人にはたんに客観的な作業と思われることをおこなわせるものである。蓄音機から聞こえてくる、かすかな、ほとんど聞き取れない会話を解釈すること。どんな幻想曲が心のなかに湧きおこってくるかを語ること。臭いがどんな連想をもたらすか。どのように直喩の文章(「○○と同じくらい不幸な」)を完成させるのか。あるいは、もっとしばしばなされるのは、ある劇的な状況に置かれた、被験者と同性・同年齢の人物が描かれた絵を解釈することだ。この最後の課題において研究者が想定していることは、被験者は、その絵のなかの人物に自己同一化することによって、また、この人物に自分自身の性質を投影することによって、自分自身のパーソナリティを表示するだろう、ということである。この技法は、無意識に関するフロイト理論と、被験者の空想や自由連想を客観化しようと夢中になっているアメリカでの熱中との、結合の所産である。

ときに主題統覚法と呼ばれることもある投影法は、ますます普及度を増し続けていくだろう。現在、絵画の利用を標準化しようとする試みが進行中である。しかし、容易ならぬ弱点が残っている。被験者がほんとうに自分自身の本性を作品のなかに投影しているということを、われわれはどのようにして確かめることができるのだろうか？　あらゆる創案や創造行為は、その創案者の無意識の状態をうっかりと覗かせているのだろうか？　あるいは、かれの連想過程は、もっと客観的に考察できることによって規定されているのだろうか？　しばしば、作品と、その被験者に関する他の利用可能なデータとの内的一貫性が、この投影法の妥当性を示す証拠としてあげられる。しかし、多くのばあい、実際のところでは被験者がかれのパーソナリティの深層とはまったく無関係に審美的、想像的な作品を創造しているときに、その被験者のパフォーマンスが、一見してかれの無意識の表示であると捉えられているのだ。他のすべての非意図的なドキュメントについてと同様に、研究者は、そのドキュメントが真に個人的なものであり、かつ、芸術的想像力の産物ではあっても、なにものかに束縛されているのだということを、二重に確かめなければならないのだ。

自動筆記

モートン・プリンスは、一九〇六年刊の『パーソナリティの解離——異常心理学における伝記による研究』〔文献150〕で、サリー・ボーシャンの事例を取り上げ、自動筆記によって「第二の自己」から得られた三〇頁におよぶ自分史を資料とした。フルールノアが、忘我状態のパーソナリティの発生の研究で同じ方法を用いて得られた研究結果を、すでに一九〇〇年に、『インドから火星へ——夢遊病の事例研究』〔文献72〕として出版している。二〇年後に、ミュールが同一の方法に熱中して、ヒステリー患者のみならず正常な被験者でも、その方法が有用であることを、『自動筆記』〔文献136〕でとくに強調した。訓練すれば、ほとんど誰でも自動筆記によって、自分自身の無意識の精神生活をタイプライターに打ち込むことができるようになる。ミュールによれば、その結果は、被験者の抱いている恐怖、強迫観念、妄想の起源に関する予想もしなかった証拠をもたらしてくれる——抑圧された葛藤のみならず、忘れられていた子ども時代の出来事を明らかにし、さらには、ときには、潜在的な能力や天賦の才を発掘することもあるという。

しかしながら、全体としては、自動筆記で明らかになる事柄は、二〇世紀になった当初と比べて、心理学者にとってずっと興味の薄いものとなっている。経験を積み重ねることで、この技法がむきだしの無意識に迫る王道を拓くものではないということがわかってきたのだ。ときには、貴重な補助的方法となる場合もあることは否定できないことであり、いまは廃れてはいるけれども、いつか再び蘇って、この個人的ドキュメントの作品にひそむ潜在的な価値がより厳密に検証されることもあろうと、期待されるところである。

その他

個人的ドキュメントの目録にどこで区切りを付けるべきかは、容易には決めがたいことである。そこに、時間配分表を含めることができよう。これは、被験者が自分の毎日の諸活動とそれぞれに費やした時間量を記録したものである。ストラングが「事例記録への補充」〔文献173〕で指摘しているところによれば、このようなドキュメントは著しく客観的であり、より主観的な報告を解釈するさいの制御として役に立つ。さらに、モレノが「個人間治療と対人関係の精神病理学」〔文献135〕で用いたタイプの、自発的な演技の記録をも、目録に加えることができよう。モレノは、診断と治療の目的のために、彼の患者たちに、最近まで参与してきた実生活のシーンを実演するか、さもなければ、かれら自身のことを小さな劇にすること（投影法）を求めた。モレノの主張するところでは、「心理劇の自発的な性格のために、役者はその役柄のなかに自分のプライベートな自我を出さないでいることが難しい、いや、ほとんど不可能である」。このために、このような心理劇の記録のなかに、患者にとって重要な生活状況に対する、患者自身の反応の主観的な報告が得られるのである。

同様に、われわれは、記念品、スクラップブック、さまざまなコレクションを目録に含めることができよう。ひとは、とっておきの箴言《アフォリズム》、警句、ペン書きのスケッチを、ノートに付けることがある。また、さまざまな物（装飾品、着物、書籍、絵画、演劇のプログラム、動物の剝製、郵便切手、骨董品）を集めて、身の回りに小さな博物館をつくることがある。これは、かれの興味がどのように広がっているのかを示すものである。シュテルンは、『パーソナリティの見地からの一般心理学』〔文献171〕で、心理学者がさまざまな人から、その興味や活動の多方面のサンプル、たとえば、図画、詩、日記、作文、模型品、手芸品などを集めることを提唱している。彼曰く、「それらの作品が自由で自発的なものであればあるほど、それらの物が語る心理言語がより明瞭なものになる」。このようなコレクションから、単一のパーソナリティの多面的な表出を研究し、統合していくことで、最終的には、その個人のあますところなき研究に寄与することができるのだ、という。

ここまでくると、個人的ドキュメントの意味するところは、危険なほど拡散してしまう。だが、本人の書いたものは別として、表出と投影が行動の記録で研究できる問題なのだということを、理解しておく必要がある。表出的な運動と投影的な活動は、心理学における新しい問題である。[19] もっと十全に展開されたあかつきには、それらは、いまのところは意図的ならびに非意図的な個人的ドキュメントの双方のなかに隠れている新しい診断の手がかりを明らかにするのに、重要な役割を果たしてくれるであろう。

方法の結合

われわれは、第五章から第九章までで、心理学的研究における個人的ドキュメントの利用の諸形態を検討しおえた。しかし、一つの形態だけを採用するのがいいのか、それとも、同一の研究のなかに多くの形態をともに採用するのがいいのか、とくに気にかけている者は誰もいない。個人的ドキュメントを他の研究方法と併用するのがいいか、とくに気にかけている者も、誰もいない。じっさいには、さまざまな技法が併用されており、個人的ドキュメントはしばしば付け足しの役割を果たしているにすぎない。ラスウェルは、『精神病理学と政治』〔文献122〕で、社会科学は個人が自分自身について述べたもののインテンシブな研究へと向かいつつある、と指摘している。この著者の確信するところによれば、このような述懐にとっての最良の焦点は「長時間におよぶインタビュー」である。ここには、ありとあらゆる技法、すなわち、観察、内省的な報告、テスト、質問紙、生理学的測定など、いっさいが一つになっている。必要なのは、信頼するにたる情報の最大量なのである。この道具箱のなかのどれか単一の方法がどれだけ純粋であるかどうかは、問題ではないのだ。

ある方法によって発見された事実が、別の方法によって発見された事実を補強し妥当づけるという事実が、このようなラスウェルが提唱する統合を支持する。じっさい、このような多元的なアプローチによって手に入れた証拠の内的一貫性、もしくは自己撞着が、われわれの研究の妥当

19 心理学研究が接近しうる表出的な運動の広大な分野の目録を作ろうとするはじめての試みが、G・W・オルポートとP・E・ヴァーノンの『表出的な運動の研究』〔文献13〕によってなされている。

性を測るための手持ちの検定法としては、ほとんど唯一のものである。だから、どうしても、個人的ドキュメントを、さまざまな方法からなるより大きな道具箱のなかに含めておきたいのだ。

しかしながら、目下のところ、われわれは、まさしく個人的ドキュメントの方法論的な問題それ自体に関心を抱いている。単独でにせよ、他の研究技法と結合してにせよ、科学的な研究においても、はたしてなんらかの役割を果たすことができる資格をもっているかどうかを確証するために、個人的ドキュメントをそれ自体として評価することが、われわれの課題である。この評価の問題に、いまや、われわれは注意を向けよう。

▼第一〇章

個人的ドキュメントの批判

個人的ドキュメントの利用に対しては、多くの批判がある。そのうちのあるものは、十分根拠のあるものであり、あるものは見当違いか、取るに足らないものである。さらにあるものは、採用するドキュメントの種類や適用する利用法しだいで、当否が変わるものである。

サンプルの非代表性

個人的ドキュメントのなかで、自分の心的過程やパーソナリティについて、あえて語ろうとするのは、少数の人びとだけにすぎない。たしかに、青少年時代に日記をつける人は無数にいるけれども、そのドキュメントを提供してくれる人は多くはない。したがって、個人的な手記にもとづいた一般化は、手に入れることのできるドキュメントを用意してくれる類の人びとだけに限定されてしまう、との批判がある。G・マーフィーとL・G・マーフィーとニューカムは、『実験的社会心理学』［文献138］で、これらの人たちというのは、たいてい、欲求不満に悩んでいて、とくに、自分の問題を紙面に「語り尽くし」たがる人びとだと述べている。

　このようなサンプルの偏りを緩和するために、より代表性にとむ横断面の協力を求めるべきである、という提案がなされている。たとえば、如才なく強制することによって、あるクラスの学生たちに、記録をつけさせたり、自分史を書いてもらうようにすることができる。また、金銭的な誘因に匿名の約束を付け加えることによって、さもなければ書きたがらない多くの人びとに、ドキュメントを書いてもらうことができる。したがって、やる気のある研究者であれば、サンプルの偏りという限界を、一定程度、克服することができる。

　ただし、この批判は法則定立的な準拠枠のなかにおいてのみ適切なものである、ということには留意しておくべきである。ひとりの人間生活がどのように構造化されており、どのように機能しているかを明らかにする目的で、単一の人生に関心を抱いているのであれば、ただ一つの妥当なドキュメントがありさえすればいいのだ。南極大陸で死んだ探検家であるスコットが考え感じたことは、彼の日記のなかに記録されているのだ。それが型破りのドキュメントであり、この世のどんな日記とも比較できないからといって、その価値がなくなるわけではない。スコットの日記に法則定立的なものの見方をあてはめようと思う者は誰もいない。およそどんな個人的ドキュメントであろうとも、法則定立的な見方をとる必要はないのである。

グルーレが、「自叙伝と人格分析」〔文献84〕で、一人称体のドキュメントは、文才のある人たちについての情報だけを提供するにすぎない、と異議を述べている。非行少年にしても移民にしても、かれらが自分の記録をわれわれに提供することができるのは、かれらが読み書き能力をもっていて、自分自身を書かれた言葉に表現したいと思ったばあいだけである。この批判を敷衍して、グルーレは、いかなる書き手も、その仕事に審美的に魅了されてしまって、誠実さと事実よりも芸術性を優先させて、お気に入りの語句をひけらかすものである、と異議を述べている。もっと微妙な、考慮すべき点は、一定のたくみな表現をある書き手は採用し、別の書き手は採用しないがゆえに、また、あるひとにとっては誇張であるものが、別のひとにとっては控え目な表現であることがあるために、われわれがあるドキュメントを読むとき、それを他のものと比較することが許されるものかどうか知り得ないということである。これらのさまざまな異議を要約すれば、おそらく、言葉というものは劣った操作であり、したがって、個人的ドキュメントは劣ったデータである、ということになろう。比較不能であり、検定不能であり、公共性に乏しい、というわけだ。この点は、次の批判と一緒に考察しよう。

非客観性

定義上、個人的ドキュメントは主観的なデータである。それだけで、個人的ドキュメントは、アメリカの支配的な科学的気分と調和しない。ちょうど、精神科医が、彼あるいは彼女が抱える困難についての患者「自身の物語」を、現実の問題の完全に妥当な陳述であると受け入れることはできないということを知っているように、心理学者もまた、かれの研究対象者が実際の状況を完全には捉えることができない、ということを知っている。

心理学における客観性の要請は、内省の不適切性が気づかれたことから出てきたものであるが、個人的ドキュメントが一種の内省への復帰を表していることは明らかである。ここに一つのサイクルが含まれていることは、ラスウェルが『精神病理学と政治』〔文献122〕で示唆しているとおりである。ラスウェルは、人生ドキュメントに対する関心の最近の急増は、一面では、実験室の強調と行動主義の味気なさへの抗議である、と正しく指摘している。したがって、一定程度、個人的ドキュメントに対する熱狂は、科学に対する故意の不敬の行為なのである。

個人的ドキュメントは完全に主観的なものであり、永遠にそうであろうから、骨の髄までの客観主義者には、それらを採用すべきであると納得させる術はまったくない。複数の観察者の観察結果が一致していなければならず、また、分析に用いられた手続きがその観察者以外の者にも同じように利用することができなければならないという、客観主義者の要求を充たすことは不可能である。ふたりの観察者が、報告する経験や感情に関して意見の一致をみるなんてことは、ありえない。というのも、それに関与しているのは、いつでもたった一人の観察者だけなのだから。したがって、客観主義者の観点からは、個人的ドキュメントが利用されることは、まずない。

二つの答えを用意してある。(1)極端な客観主義は、それ自身の弱点を露呈してきた。現象学の復活が、個人的報告への好意をよみがえらせたのである。(2)対立は、そう見えるほどには、相容れないものではない。個人的ドキュメントの利用者たちは、行動主義と実証主義から多くの教訓を学んでいる。かれらは、ドキュメントだけで研究する必要はないのだということ、裏付けとなる証拠を手に入れることができるし、また、そうすべきであるということ、手記の形態と環境に関する実験によって、作品の妥当性を高めうるということ、また、衝動的な解釈を安易になすべきではないということ、に気づいている。

個人的ドキュメントは客観性の合理的な基準を満足させうる、というのが、われわれの結論である。極端な操作主義にこだわる科学者たちに理解してもらうのは無理だとしても。

妥当性を評価できないこと

個人的ドキュメントは妥当性を評価できないという批判は、やや時代遅れである。最近の研究によって、妥当性の測定法がちゃんと確立されているのだ。ストウファーの『態度調査の統計的方法と事例史的方法の実験的比較』〔文献172〕とキャヴァンとハウザーとストウファーの「生活史資料の統計的処理に関するノート」〔文献50〕については、すでに述べた。これに、スタグナーの『パーソナリティの心理学』〔文献168〕での実験を追加することができよう。その実験で、スタグナーは、被験者《サブジェクト》たちの情動的安定性に関して、臨床面接の結果と、それとは独立になされた自分史の評価とを比較したのだ。そして、プラス〇・八〇から〇・八七の相関関係が得られたのである。このような研究から、研究者たちが個人的ドキュメントの妥当性を確かめる必要性に気づいていること、そして、すでに有望な結果が得られていることがわかる。

妥当性の量的な測定法がつねに利用できるとはかぎらないことは、たしかだ。ひとりぼっちのバード少将が、長い冬のあいだ、南緯八〇度での孤独な体験を正確に報告しているかどうか、われわれはどのようにして知ることができようか？　このようなドキュメントにおいては、妥当性の他の検定法を追求しなければならない。

妥当性の非数量的な指標が三つある。(1)日常生活におけるように、その報告の一般的な誠実さと信用性に頼ることができる。これは、理性よりも感性に訴える検定のやり方である。(2)関連のあるわれわれ自身の過去の経験によって、ドキュメントのもっともらしさを考察することができる。たとえわれわれの過去の経験が乏しくても、われわれは人間の潜在的可能性の射程をある程度知っており、それによって、報告の真実らしさを判断することができる。(3)内的一貫性もしくは自己撞着の検証が、大いに頼りになろう。筋の通っているドキュメント、すなわち、人間生活のかっちりした配列が示されており、ありうるはずのない矛盾を一つも抱え込んでいないドキュメントは、すくなくとも、一応の妥当性をもっている。これは、通常、文学作品や伝記に適用されている唯一の検定法である（G・W・オルポート「パーソナリティ――科学のための問題か、芸術のための問題か？」［文献7］参照）。科学にとっては十分な検定法とは言えないけれども、にもかかわらず、それなりの果たすべき役目をもっている。

相関関係の測定や他の統計的検定法に加えて、これら三つの検定が認められるならば、個人的ドキュメントの妥当性を測る機会についての見通しは、確実に明るいものとなる。妥当性のあらゆる検定法がたんなる慣例にすぎないこと、そして、統計的な測定において有力な方法も、この法則の例外ではないということを、指摘しておこう。

統計的な測定法を適用することができないにもかかわらず、疑いえない妥当性が存在するある具体的な事例を考察しよう。ダーが、「副甲状腺欠陥症に起因する心理状態」［文献58］で、甲状腺をほぼ全摘手術したために生じた副甲状腺欠陥症を患っているときに、どんな気持ちがするかを述べている。この物語は、カルシウム療法によって、やっと彼女が情動的にも認知的にも正常な平衡状態に回復するまでの、五ヵ年間にわたっている。このドキュメントは、客観的な指標によってその妥当性を検証することは不可能であるにもかかわらず、また、この事例においては、読者はじっさいのところ思い当たる個人的な経験を何一つもっていないにもかかわらず、まったく得心のいくものであった。得心がいくのは、なぜか？　まず第一に、自己撞着の点で申し分がない。この物語は、とっぴなものではあるけれども、一貫性と統一性がある。第二に、主治医が支持する陳述を付け加えている。「心理面、情動面の変化は、その患者自身が最もよく描写できるのであり、そして、われわれの客観的な観察がその患者が描写した諸変化と一致するように思われたとしか、わたくしには言いようがない」。最後に、だめ押しのかたちで、このことが、別の患者のもう一つの報告によって確かめられている。その第二の報告が、あらゆる主要な細部にわたって、最初の報告を裏付けているのである。もしも因果関係についてなんらかの疑いが存在するにしても、第二の報告を付け加えることで、その疑いは晴れる。[20] このケースでは、三つのチェックによって、主要な特徴のすべてにおいて、主観的な報告の妥当性が、疑いの影を寄せつけないまでに確証されている。個人的ドキュメントは、たとえ統計的な検定を採用できないばあいでさえ、それにもかかわらず、妥当なドキュメントでありうる、というのがわれわれの結論である。

欺瞞

個人的ドキュメントのなかのまことしやかな陳述は、無意識の合理化から故意のデマまで、さまざまである。意図的な欺瞞に対する安全装置としては、われわれは上に述べた妥当性の諸検定法に訴えることができる。そうしたあとで、心理学者は、妥当性が疑わしく思われる資料は敬遠することができる。もちろん、疑わしいドキュメントとして、それを調べたいと思うばあいは別であるが。嘘偽りのない、価値ある記録がたくさん手に入るばあいには、疑わしい記録にかかずらって時間を無駄にする必要はない。クラフト=エビングのために、学校の生徒たちがどぎついまでにセクシャルな自分史を嬉々としてでっちあげ、彼はお人好しにも自分の本のなかでそれらを公表してしまった、という話がある。この告発はほんとうではないかもしれないが、研究者たるもの、自分が用いるドキュメントの資料源のチェックをちゃんとやる必要があることを、示唆している。記録された体験を研究対象者自身が経験したという、なんらかの独立した証拠を求めることが、あらゆるばあいに可能であろう。少なくとも、そのドキュメントのなかの二、三の点について、独立した証拠を手に入れることができれば、残りの部分も信用できるというものだ。

欺瞞の動機は複雑である。ひねくれた露出趣味は、めずらしいものではない。「わたしは自分の性格のなかにこんなにも多くの欠陥や汚点を自分で見てとっているのだから、わたしは素晴らしい人間ではなかろうか？」というのが、暗黙の推論なのだろう。自分自身をまるごと非難されるべきだと思うことは、自分にはまったく非難されるべき点がないと思うことと同じくらい、疑わしいことである。さらに、自虐的なドキュメントのなかにも、いくつかの秘密が故意に隠されていることが、しばしばある。ステファン・ツヴァイクは、『セルフポートレートの達人たち』のなかで、人はだれでも、たとえもっと重大な罪を告白するのをためらわないときでさえ、ささいな卑しさに罪を感じ、愚かさを恥じ入り、それらを隠し立てしようとする次第を指摘している。ある意味で、人は自分の罪を、あるいは少なくとも、その罪を告白することを、誇りに思うことがあるが、やはり、人目にはさらそうとはしない汚点もあって、それは恥ずかしく思うものなのだ。

20　法則定立的な見地からすれば、徴候が普通でないものであればあるほど、因果関係を見極めるために必要十分な事例の数は、それだけ少なくなる、ということに留意しておくことが大事である。この事実は、法則定立的な一般化を正当化するのに、どれだけ多くのサンプルが必要とされるのかという問題を、大いに複雑化する。

匿名性の厳格な保証を与えることができれば、おそらくそれが故意の欺瞞を防ぐ最良の予防策となろう。事前指導によって、研究対象者に、自分の人生を報告するにあたって道徳的な評価をしなくてもよろしいと励ますこともまた、役に立つ。客観的に課題に取り組む態度は、手に入るドキュメントの質を違ったものにする。道徳的評価が故意の自己正当化をうみだすのに対して、匿名性にサポートされた科学的な態度は、欺瞞を最小限に押さえる。

自己欺瞞

しかしながら、非意図的な自己正当化の問題が残っている。最愛の自我が、無意識の合理化によって何をうみだすかは、心理学者にはお馴染みの話である。この問題はあまりに繊細なものなので、この短い議論では適切に取り扱うことはできない。われわれがこの問題を覗いてみるならば、どんな人間でも、自分のしたことが基本的に正しかったという感情を抱くことから、はたして自由になりうるかどうか、疑問に思うだろう。末梢な疚しさや間違いならば、人は視野のなかに収め、正確に報告することができる。しかし、全人生がその一点にかかる旋回軸となると、神聖なものだ。そのような旋回軸を晒しものにしたり、その基本的な正しさを否定することは、かれの生活のまさに基盤そのものを蹂躙することになろう。したがって、かれは自分自身の行路を正当なものとして、つまるところ、自分自身の自我を不可侵のものとして、考えざるをえないのである。自殺だけが、他に選びうるただ一つの道であろう。自愛のこの深層のもだえが、あらゆる個人的ドキュメントのなかに見いだされる永遠のより糸であるように思われる。それが自己欺瞞をもたらすという事実、ないしは、それが自己欺瞞であるという事実が、認められよう。

しかし、別の見方でこの問題を見れば、個人的ドキュメントは、ある人間の人生観である。人間は、価値の自愛的な焦点である。われわれが知りたいと欲するものは、この価値の焦点から見ると人生はどのように見えるのか、ということである。あるゆる自己は自己自身を神聖なものと見做すのであり、まさしくこの観点から作成されたドキュメントが、まさにわれわれの求めるものにほかならない。もしもわれわれがある生活の「客観的な」解釈を望んでいるのならば、われわれは精神科医や精神分析学者によって書かれた事例を利用するだろう。われわれが自我のさまざまなはたらきを、その自我の党派的な立場から知りたいと欲しないかぎり、個人的ドキュメントに対する正当化は、なんら存在しないだろう。

かりに、われわれが、自我という価値によって本質的に歪められたドキュメントを望んでいるのだとしても、それでもわれわれは研究対象者の洞察に興味を抱くであろう。かれは、その自我のさまざまなはたらきを正確に報告しているだろうか？　世人の判断に同意するにせよしないにせよ、かれは他の人たちがかれを見るように、自分自身を見ることができているだろうか？　この特定の意味での自己欺瞞に、心理学者たちは深い関心をもっている。第二章で指摘したように、フレンケル＝ブルンスヴィクが「自己欺瞞のメカニズム」［文献75］で、ある実験研究にもとづいて、研究対象者が繰り返しや、おおげさな言い回しや、顕著な強調を採用しているときには、報告のなかに自己欺瞞が含まれていることが疑われる、と結論づけている。シェイクスピアが言ったように、あまりに執拗な抗議は、本物の罪の存在をほのめかす。フレンケル＝ブルンスヴィクの研究がさらに展開されれば、いつか、心理学者たちが「合理化と投影の手引き」を作成することができよう。それの助けを借りれば、個人的ドキュメントの利用者たちは、語り手が、この語の狭く限定された意味において、自分自身を欺いているくだりを容易に見つけることができるようになる。大いに期待したい。

動機に対する盲目性

人びとが自分自身の動機を適切に報告することは、きわめて難しい。そして、このことは、自己正当化のメカニズムがはたらこうとはたらくまいと、真理である。ある程度は、行為の完了とその記録とのあいだに介在する時間の経過のせいである。回顧の影響がとてもひどく作用することがあるのだ。五〇歳の人が一九歳のときの自分自身について書くとき、実際には執筆時の自分に特有なものにすぎない動機を、過去の自分の行動に帰することがある。日記を研究する者たちが指摘しているように、青年期の情動的な疾風怒濤を再現することは、大人にはめったになしえない代物である。もう一つの誤りが、つまるところ、「わたしはかくかくしかじかの罪にがんじがらめになっていたけれども、もはやそんなことはない」と述べているドキュメントのなかに見いだされる。かつての欠点が実際にはいまなおだらだら続いているのに、願望的思考のために、もはや確実に克服できていると信じ込むのである。

ヒーリーが、『形成と行為におけるパーソナリティ』〔文献91〕で、自叙伝の古典でさえ、現代の科学的探究者が知りたいと思うものを教えてはくれない、と嘆いている。精神科医や心理学者なら知っている、パーソナリティにおける基本要素のいくつもが、たいていの自叙伝作家には認知されていないのである、と。この異議は、徹底した精神分析学的立場につながるものである。つまり、一定の決定的な動機は、本質的に無意識のものであって、抑圧の力のために無意識のままに留まらざるをえないのだ（精神分析の助けを借りれば別だが）、というわけだ。したがって、精神分析を受けた者の自叙伝だけが、科学にとって明敏で啓発的なものでありうるのだ、と。[21]

書き手たちは、自分の意図がどんなものであるのか、また、自分の直近の動機がどんなものであるのかを、十分に承知している。だが、「究極の」動機を報告するとなると、とまどってしまうようだ。しかし、これを致命的な批判と見做す前に、心理学者のなかに、だれかあるひとの究極の動機なるものを知っているひとがはたしているだろうか、という問いを提起してみよう。こ

21　この仮定にもとづいて、『異常心理学及び社会心理学雑誌』の編集者が、最近、一二人の心理学者を、「精神分析を受けた心理学者の見た精神分析」と題するシンポジウムに招いた。この一二人の心理学者たちには、あらかじめ精神分析を受けてもらい、思いのままに書いた個人的ドキュメントを寄稿してもらっていた。そのドキュメントのなかには、まったく個人的な性格のものもあれば、部分的にのみ個人的なものもあった。しかし、その成果が、（精神分析の恩恵にあずからずに書かれた）他のドキュメントから得られる成果よりも優れていたかどうかは、そのシンポジウムの読者が自分でお決めになることである。この雑誌の、一九四〇年刊の、第三五巻第一号から第三号への寄稿を参照されたい。

の問題にきわめて自信のある精神分析医たちを別にすれば、どんなに特別な事例でも究極の動機づけを診断したいと思う心理学者は、まずいない。そういうしだいだから、動機の報告の点で不十分であるからと、個人的ドキュメントを退けてしまわないで、心理学者が自叙伝作家よりも自分たちのほうが卓越していることを証明できるまでは待ってみようではないか。

もう一つの理論的に重要な点も、難問である。この点に対しては、第七章で注意を喚起しておいた。心理学者のなかには、精神分析学者たちが断言するようには、本質的な動機が意識からは隠されており、近づきがたく、報告などできないものかどうか、疑問に思うものがいる。どんなものであれその個人を駆り立てるものは、いま駆り立てていなければならないのだから、また、原初的な動機が新たな、同時代的なシステムへと変形されることがあるのだから、幼少期の生活を、子ども時代の固着を強調することは、行き過ぎだと信じるのももっともなことである。この論争に結着をつけるために個人的ドキュメントを採用することは、大いに有益であろう。というのも、個人的ドキュメントのなかには、それなしには動機づけの像が不完全なものとなることが絶対に確かな、本質的なデータが含まれているからである。

われわれの結論は、自分自身の動機づけのパターンのすべてを見切っている著者は誰一人としていないけれども、かれは、おそらく、自分の報告を心理学者にとって価値あるものにするには事足りる程度には見てとっているのだ、というものである。とりわけ現在の発展段階においては、心理学は、その行動の理由について本人《サブジェクト》自身が語るストーリーをより綿密に吟味することから、測り知れないほど多くのものを得ることができるのだ。

過度の単純化

個人的ドキュメントの書き手は、解けないままの謎や、目に見える隙間や、説明されない行動を嫌う。完全であることを求める欲求のために、書き手は、満足のいく結着をでっちあげるようなやり方で、不明の部分を埋めてしまう。ドイツの学者たちは、このことを、ゲシュタルト化の衝動とかモチーフの欲求と言っている。それから、一貫性を求める動因に応じて、書き手は、矛盾をやわらげ、自分の人生の相容れない特徴をつなぎあわせ、そして、あらゆる部分が調和した、整然とした構造をつくりだすことがある。この傾向は、日記においてよりも、自叙伝において、より顕著である。自叙伝は、ほぼ例外なく、日記に比べてより大きな、目的の統一性と方向の明確性を示している。

この批判は正当なものであるけれども、三人称体のドキュメントもまた過度の単純化をしてしまうということ、また、実験室ならびにフィールドの研究もまた同じことをしでかすということを、指摘しておきたい。この点に関してなんらかの実験的研究を考案してみるとよい。たとえば、書き手に日記を自叙伝に書き換えるように求めたばあい、その日記に何が起こるかとか、あるいは、ある人がある一日中の自分の行動について書きとめたものと、その行動の客観的な記録とのあいだに、どんな相違が存在するかといったことを、確かめる実験である。

気分の影響（非信頼性）

手紙、日記、そして、ときには自叙伝のなかにも、気分がたっぷり染み込んでいるものである。ひとによっては、気分が時の経過につれて大いに変化する。それゆえ、ある気分の影響下で書かれるドキュメントというものは、その個人の持続的な性質を表しているとはいえない。

じっさいには、この批判は重大なものではない。というのは、どんなドキュメントでも、一気呵成に作成されることはめったにないからである。訓練を積んだ心理学者であれば、単一の日記の記載事項とか単一の手紙を診断の材料として利用するのに、疚しさをおぼえる者はだれもいないであろう。また、自叙伝は、幾度かにわたって書かれるものである。執筆が一定期間におよぶかぎり、いろんな気分の影響は互いに相殺されて、結果的には、支配的な気質のかなり正確な像が得られることが期待できよう。さらに、研究者たちは十分にこの陥穽に気づいていると思われ、診断の目的とか研究の目的のためにそれらを利用する前に、研究対象者の作品が信頼しうるサンプルであることを強く求めるものと信頼できる。

記憶の誤謬

記憶における誤りは、読者を騙したいという欲求によって、あるいは、自分自身を欺きたいという無意識の願望によって動機づけられることがあるけれども、よくある記憶の「痕跡」のなかの変容や忘却もまた、考慮されなければならないものである。過去は、しっかりと固定された記憶という形態へと凝縮する。ひとは自分の子ども時代を、不幸せであったとか、のどかなものであったとか、あるいは、平穏無事なものであったとか考えて、この主要なモチーフを心に抱きつつ、個々のイメージや、出来事、さらには、単調さをやわらげてくれる特定の対照的な経験というものを、選択して保存する。残りのものは忘れさられる。日記よりも自叙伝のほうがこの誤りを犯しやすいが、日記も、思春期になってはじめて秘密を明かしはじめるものであり、この時までにすでに記憶の誤りがこっそりと忍び込んでいることがある。

たとえ、この種の誤りがざらにあるとしても、それらはとくに厄介なものであるわけではない。というのは、研究対象者が自分の人生を、ある特定のやり方で構成し、回想するという事実そのものが、われわれが知りたいものなのだから。さらに、人びとが自分の人生における、情動的な、心を踊らせた、パーソナリティ形成にかかわりのあった経験を忘れてしまうなどということは、（抑圧さえなければ）ありそうにないことである。細部に関してはしばしば証言が不正確ではあっても、目立った事実や、雰囲気や、自己にきわめて密接な関係のあった経験に対する記憶は、信用するに足りよう。

執筆中に、いろんな出来事を一時的にうっかりと忘れてしまわないように、研究対象者は、第七章で言及した手引き質問紙に、あるいは、心理学者の助言《コンサルティング》に頼ることができる。ときには、レオナードの自叙伝のばあいのように、執筆に費やされた正味の時間は短くても、長い準備期間がもたれていることもある。レオナードが、外面的ならびに内面的な細部に関して、自分の書いたものが「かつて書かれた最も正確な自叙伝」であると、(ある私信のなかで)自信をもって断言できたのは、彼が執筆のための準備期間をたっぷりとったためにほかならない。準備は、少なくとも主観的な確実性を高めることになると思われる。おそらく、それは、細部に関しても、正確さを高めることになるのだろう。

暗黙の概念化

個人的ドキュメントの作成は、素材の選択を必要とする。選択は暗黙の概念化を伴う。考えたこと、感じたことのうちの、あるものを述べ、他のものを述べないということは、最初から解釈を限定していることになる。もっと悪いことには、書き手がかれ独自の診断的バイアスをもっているために、この選択が起こることがある。かれが、確信的なアドラー主義者、フロイト主義者、もしくは、クリスチャン・サイエンスの信者であることがある。あるいは、研究者を喜ばせようと思って、その研究者の科学的バイアスがわかれば、それに応じて自分が述べることを枠づけることもある。さらには、ドキュメントをいくつかの節に分けて、そのあらましを構想するという行為そのものが、その人生の人為的な分割となろう。細分化によっては人生の持続的な流れを表現することはできないのであり、特定の主題ごとに編成してしまっては、その相互関連性を示すことはできない。どのようにみても、まさに書くという行為において、ドキュメントに暗黙の概念化が課せられてしまうのだ。

法則定立的な科学の諸目的のために、画一的な見出しとあらかじめ規定された内容をそなえた、比較可能なドキュメントが求められるときにはいつでも、この暗黙の概念化の危険がとくに大きい。あらかじめ規定された様式は、すべての事例を同一の型に無理やり嵌め込むことを意味する。そして、研究者が、その研究の結論において、自分が用意した型があらゆる事例にあてはまることを「発見」するとき、かれは法則定立的な目くらましを犯しているのである。ぴったりの事例が思い浮かぶ。ある研究において、研究者が、すべての書き手に、かれらの人生における急進主義と保守主義について述べることを強要するかたちで、特定の主題に関する五〇の自分史を手に入れた。事例をこの型に無理に押し込んでおきながら、その研究者は、各事例を、自己表示された性質にしたがって、急進的－保守的の連続体のうえに評価することができることを「発見」したい気持ちにそそられた。彼はさらにこのことから、急進主義－保守主義があらゆるパーソナリティを構成している、第一級の変数の一つである、という示唆を得た。しかし、この推論の堂々巡りが、やがて明らかになって、彼は思い止まった。この五〇のドキュメントを丁寧に読み直すことによって、たいていの人生においては、急進主義－保守主義の概念がまったくかかわりがないことを、彼は納得したのである。それらの人生は、他のさまざまな原理によって組織されており、組織化の焦点ないし中心は、それぞれの人生において異なっていたのであった。

トランプでのイカサマの手口であるカード・スタッキングと同じことが起こるのは、法則定立的な研究においてばかりではない。概念化においてただ一つだけの結果をもたらす、あらかじめ決定された選択と配列は、個性記述的な研究においても見られることがある。この誤りに対する完全な解決策は、なにもないように思われる。というのは、個人的生活を構成している混沌たる素材に、なんらかの秩序を置かなければならないのであり、そして、いかなる秩序もなんらかの解釈を含むからである。

このジレンマに対する満足のいく解答は、一つもない。他のあらゆる研究方法にしても、先入観や、エピソードの選択や、研究へのあらかじめの構えによって拘束されているということを指摘しても、なんの役にも立たない。個人的ドキュメントは、ふつう、研究対象者自身が著述の形式を選択し、そうすることで、自分の事例に最も適合する暗黙の概念化をおこなうのであるから、害は少ないほうであると言えよう。しかし、この有利さを確かなものにするには、個人的ドキュメントの書き手に、かれがもっているかもしれない心理学的な先入観を無視していいんだよと働きかけ、研究者の手引き質問紙の指示に気を楽にして従うように促すことが必要である。

概念化の恣意性

トマスとズナニエツキの研究に関して、個人的ドキュメントが、その著者たちの概念枠組みの基礎をなしているというよりも、むしろ、著者たちの枠組みからドキュメントのほうが意味を付与されているということを明らかにしたのは、ブルーマーの功績である。事例の解釈を読んでいて、その研究者によって与えられた概念化でなくて、まったく異なった概念化でも、その生のデータにあてはまるだろうと感じることが、たびたびある。第三章で議論した帰納－例証の連続体でいえば、研究者による個人的ドキュメントの利用の仕方は、偏っていると思われる。例証のほうが帰納よりも、多いのだ。ブルーマーが発見したように、帰納と例証が奇妙に混在していることもしばしばあるけれども。

個人的ドキュメントの書き手が、まず、自分が重要だと考えるデータにみずから限定する（暗黙の概念化）。ついで、研究者や註釈者が、かれにとって重要だと思われる諸事実を強調することで、さらにその像を限定する。そして、この選択の上に、研究者は、原因と結果についての言明、構造についての理論、今後の見通しを定式化する。この全過程が、自分の考えを得意になってひけらかすこと、あらかじめ決められていた結論の押しつけ、帰納的な科学からの離反、を誘っているのだ。

明らかに貧弱なデータにもとづいて解釈がなされているばあいには、とりわけ恣意性が明白である。しかし、資料が豊富にあるときであっても、必然的な解釈だけが引き出されることを保証する術はない。もちろん、ふたたびやり返すことにして、心理学者たちが、悪名高く、実験の事実さえも（学習理論や動機づけ理論や無意識の理論など）さまざまに異なった理論によって解釈しているということを指摘してもよい。個人的ドキュメントが、じっさいに、他の形態の生データよりも、心理学者たちを手こずらせるものであるということは、疑わしい。

手に入らない、手間隙がかかる

心理学者がトレーニングや研究に使おうと思っても、まとまった個人的ドキュメントが手に入らない、と不満を述べている著者がいる。いったいどうして、そのようなアーカイブが利用できないのか、出版されたコレクションが手に入らないのか、説明するのは難しい。あるドイツの心理学者たちが、とりわけウィーンとハンブルグで、コレクションを始めたが、政治的惨事によって中途で中断させられた。わかりやすくインデックスが付けられ、学生や研究者が利用できる、匿名のドキュメントの系統的なコレクションが、切に必要とされている。日記や、個人的な手紙や、自叙伝が次々と出版されれば、利用可能性がずっと広がるだろう。

事例研究法が手間隙がかかることについては、ラザースフェルドが論評している。彼は、コマロフスキーの『失業者とその家族』〔文献113〕への緒言において、ドキュメントは手間隙がかかりすぎるから、まず、粗削りの統計的手続きによって一般的な諸傾向を確かめ、その例外事例の分析に利用するのが最善であろうと指摘している。言い換えれば、生活ドキュメントがその本領を発揮するのは、(法則定立的な研究において) 他の証拠にもとづいて作られた一般化に特定の事例があてはまらないことがわかったばあいである、というのだ。この観点からすれば、ドキュメントは例外的な方法であり、他の方法ではうまくいかないばあいにのみ、採用されるものである。しかし、この解答では、法則定立的な研究以外に、心理学者たちが個人的ドキュメントに適用しうる多くの利用法が見落とされている。

個人的ドキュメントは科学にあらず

個人的ドキュメントは、単一事例を扱うものであるから、科学的に採用されないし、されることもできないという、偏見にみちた、皮相な異議に、われわれは再三お目にかかる。その見解によれば、ドキュメントは、研究に値するさまざまな問題や論点を科学者に気づかせるという第一段階としては役に立つかもしれないけれども、それから先は、統計的方法が支配するのだ。この異議は、すでに第四章でみたように、科学的な方法とはどんなものでなくてはならないかについての、偏屈なまでに因習的な見解にもとづいている。人間性についての知に寄与するものはすべて、科学の方法として認められるべきである。個人的ドキュメントが、手がかりとなる予感（あとで統計的に立証されなければならない）にとどまらず、ずっとより多くの寄与をすることが、次章で示されるであろう。

要約

われわれが見てきた批判は、三つのグループに分けられる。的外れな、取るに足らない、あるいは誤った批判。一定の条件のもとで、ないしは、限られた意味においてのみ正しい批判。そして、一般的に正しく、明らかに重大な批判、である。

第一のグループでは、個人的ドキュメントは、その本性そのものからして、客観性に欠け、妥当性に欠け、信頼性に欠けるという非難に、われわれは出くわす。たしかに、個人的ドキュメントは客観的ではないが、にもかかわらず、妥当なものであることが示されることがよくある。妥当性の基準には、統計学的な技法（たとえば、自叙伝体のデータの評価と独立の資料源との相関関係が認められること）もあれば、内的一貫性（自己撞着）の検定もあれば、もっともらしさの検定（読者の経験との一致）もあれば、その著者についてあらかじめ知られている信頼性の検定もあれば、非数量的な独立の証拠という検定もある。客観的でないという非難は、それが気分による影響について言われているのでないかぎり、なんら特別の意味をもたない。気分の影響というリスクにしても、執筆や面接を時間的に何度かに配分することで、容易に避けられる。ドキュメントが稀なものであり、手間隙がかかるものだとの非難は、重大なものでもなければ、いつまでもあてはまることではなさそうである。そして、最後に、個人的ドキュメントは「科学的」でないという非難は、論点回避であると同時に偏狭である。

第二のグループは、条件次第の批判である。それらは、一部のドキュメントについては当てはまるか、ないしは、一定の条件のもとですべてのドキュメントにあてはまる。法則定立的な目的にとっては、真に代表性のあるサンプルを手に入れることが困難であることを、われわれは認める。だが、個性記述的な目的にとっては、その非難はまったくお門違いである。パーソナリティの過度の単純化は、多くの自叙伝を歪める誤りであるが、日記ではそうざらに見られるものではない。故意の欺瞞がある種のドキュメントを損なうことがあるが、誤魔化しの探知は不可能ではない。自己欺瞞はかなり忌まわしい脅威であるが、しかし、これさえも、一定程度はうまく探知できることが知られており、さまざまな方法が改良されることは疑いない。ドキュメントに自我価値を課するという意味での自己正当化は、まさに心理学者が切望しているものであり、短所と見做すべきではない。そして最後に、すべての人びとが自分自身の動機づけに対して盲目であるという非難も、心理学者たちが究極の動機づけについての知識を獲得する、他のより確実な方法を開発するまでは、致命的なものと見做すことはできない。目下のところ、そのような方法が存在すると言うことはできないから、事例についての当事者《サブジェクト》自身の陳述は、うやうやしく傾聴するに値すると思われる。心理学者たちがさまざまな基本的な動機について、現在以上により多くのことを知ったとき、次のことが明らかになるだろう。(a)「究極の」動機というものが、これまで考えられていたように、意識的な動機とは別のものではないということ。(b)ついには、究極の動機づけを探る他のより確実な通路が利用できるようになって、要求や欲求や動因に関する情報源としては、個人的ドキュメントに頼らなくてすむようになること。

批判の最後のグループに含まれているのは、書き手や解説者によってなされる概念化が、恣意的であり、あらかじめ決定されているという非難である。われわれの結論は、ブルーマーと同じものである。すなわち、たいていのばあい、ドキュメントは、書き添えられる註釈や解釈から、その意味と了解可能性を付与されているように思われる。ドキュメントの真に帰納的な利用法が見られるのは、ごく稀でしかない。帰納法が用いられているばあいでさえ、ドキュメントの解釈が必然的であると思われるのは、かりにあったとしても、稀である。往々にして、明らかに無理強いであるか、こじつけである。だが、もっとしばしば見られるのは、その資料に課すことのできる多くの可能な解釈のうちの、たんなる一つにすぎないと思われるものである。

どんな人生でも、種々の枠組みにあてはめることができると思われる。そして、心理学者をして、その事例に固有な、ぴったりの枠組みをしつらえざるを得なくさせる方法は、まだなにも発見されていない。この困難は、ドキュメントの利用者たちのせいなのか、それとも、この方法それ自体に内在するものであるのかは、われわれが第一二章で立ち戻る問題である。

▼第一二章

個人的ドキュメントの擁護

もしもある現象を研究したいと望むならば、なすべき唯一の合理的な作業は、目の前に標本を置いて、その本質的な特徴が心のなかに消しがたく染み込むまで、繰り返しそれを見つめることである。そのあとで、細部についての生きた知識を得るために、解剖をし切除をするとよい。しかし、基本的な相互関係を最初に把握しておかないかぎり、分析は無目的なものになりやすい。

心理学の主題は、とりわけ捕まえどころのないものであり、ほとんどまったく、目に見えない諸過程と目に見えない諸原因についての問題である。そんなにも底知れぬほど複雑な主題であるがゆえに、分析と抽象を始める前に、並大抵でない量の具体的な精査が必要とされる。素人にとっては、心理学の最大の欠陥は、具体的な個人的生活をほとんど考慮することなしに、勇んで抽象の上に抽象を積み上げてしまうことであるように思われる。だが、個人的ドキュメントのなかに、必要とされる現実性の試金石を見いだすことができる。具体的な心理学が抽象的な心理学とともに発展しないかぎり、この学問はでたらめなものになってしまうことだろう。

われわれがすでに考察してきた諸研究のうちのいくつかは、具体的な心理学における冒険と見做すことができよう。個人的ドキュメントを利用することによってプラウトは、「兵士たちのサイコグラフ」〔文献145〕で、兵士に特有の心理学的問題のいくつかがどんなものであるのかを明らかにし、ヘンリーは、『性的変異――同性愛の研究』〔文献93〕で、性的変異の分野への方向づけを確かなものにし、G・W・オルポートとブルナーとジャンドルフは、「社会的破局状況下のパーソナリティ――九〇人のドイツからの亡命者の生活史の分析」〔文献12〕で、革命がパーソナリティに及ぼす主要な影響を明らかにし、キャントリルの『火星からの侵入』〔文献45〕は、ラジオによるパニックの分野にはじめて足を踏み入れた。個人的な生活から切り離された事実は、心理学においては一つとしてないのであるから、人間的ドキュメントこそ、これらの事実をそれがあるがままの状態で発見すべき、最もうってつけの場所である。

たしかに、行動観察は、行動の特定の側面の手始めの観察としては採用されうるが、主観的な意味という重要な領域になると、個人的ドキュメントにはかなわない。愛や美や信仰の経験、苦痛や野心や恐怖や嫉妬や欲求不満の経験、計画、思い出、空想、友情、これらの主題《トピック》のどれ一つをとっても、個人的報告の助けなしには、心理学者たちの視界のなかに十分には入ってこないのである。もしもこれらの領域を排除してしまうならば、精神科学は空虚な主題に自己限定することになってしまう。

さらに、ドキュメントは、学生たちのトレーニングにとくに価値がある。それらは、夢中になるほど興味深いばかりではなく、つねに、学生と教師の双方に対する戒めとして役に立つ。ドキュメントは、「ほら、自分の目で見なさい。これがいま、われわれが話していることなのですよ」と言っているように思われる。この戒めは、長らく研究に携わってきた心理学者たちにとっても、無縁なものではない。

自我および有機体についての学び

個人的ドキュメントは不可避的に自我包絡的であるから、精神生活の周辺的な組織よりも、むしろ、中心的な組織に焦点をあてるような形態の心理学（精神分析、人格論的心理学、自己心理学、個人心理学、自我心理学）にとって、特別の価値をもつ。ドキュメントは、行動の認知的ならびに情緒的な文脈を示してくれるのだ。われわれが言おうとしていることの一例を、「宇宙戦争」という放送番組を聞いてパニックに襲われた人びとの生活に、恐怖がどのように入り込んでいったのかについて、キャントリルがおこなった研究、『火星からの侵入――パニックの社会心理学』［文献45］から見てみよう。キャントリルによれば、ある聴取者たちは経済的不安の感情にもとづいて、ある人たちは宗教的信仰にもとづいて、ある人たちは科学の神秘的な偉業を前にした畏敬の念のために、恐怖の反応を示したのであった。どのばあいにも、個人的意味の領域が、恐怖を喚起するのに決定的であった。同じ方法を用いて、この研究者は、『社会運動の心理学』［文献44］で、さまざまな社会運動――ファーザー・ディヴァインの王国、オックスフォード・グループ、リンチする暴徒、革命家集団――の成員の主観的意味を研究した。これらすべてのばあいにおいて重要なのは、成員であることが個人の自我価値を発展させることにどんな意味をもっていたかということであった。

長期におよぶドキュメントでは、パーソナリティにおける発展と変化の経過を観察することができる。スタートの時点では自我は何を要求していたのか、自我は欲望をどのように膨らませていったのか、その後に続く段階では自我は世界をどのように眺めてきたのか、を観察することができるのだ。そのような情報が自叙伝や日記のなかに見いだされるのであり、長期間にわたる成長の研究の最近の試みを別にすれば、ドキュメントが何年もの期間にわたる発達の経過をたどれる唯一の方法である。

個人的ドキュメントにおいては、生活のさまざまな項目が束ねられるのは、当事者がそれらを一緒の部類に属すると考えるときである。近年、何度も、さまざまなテスト法に対する手厳しい批判を、われわれは耳にしてきた。なぜなら、テスト法は、生活の文脈からは切り離された、無意味なスコアを産みだすからである。いかなる心理学者にもまして、テスト法のために尽力してきたターマンが、「パーソナリティの測定」〔文献178〕で、次のように指摘している。

臨床的アプローチは、パーソナリティ全体の研究にとって、絶対に必要なものである。というのは、パーソナリティの真の像は、どんなに多くのテスト・スコアを寄せ集めても描くことはできないからである。全体は、有機体的な全体であって、加算的な全体ではないのである。

個人的ドキュメントが、こんにちにおいて必須であると考えられているこの有機体的アプローチを研究者が保持するのを助けることは、明らかである。たとえ、他にはなにも個人的ドキュメントの利点はないと言えたとしても、この利点だけで、もっと広汎に利用されてよいという考えが正当化されよう。

類型の構築

個人的ドキュメントのコレクションにさっと目を通した後で、研究者はよく、「いったい、この資料全部をどうしたらいいのだろうか?」と自問しがちである。自分自身の興味の観点からして、似通っているなと思われる事例を束ねていくことが、かれの答えとなることがずいぶんしばしばある。たしかに、類型構築のための基準は未解決であり、分類の手続きはほとんどつねに恣意的である。しかし、事情は、行動観察や態度尺度や実験結果のタイプ分けと同様に、そんなに悪くはない。不連続ではなくて、連続性が、原則となっている。だが、一定の目的にとっては、類型的な分類が望ましいと思われる。第三章で、研究者たちが個人的ドキュメントの精査から数多くの類型を構築してきたことを指摘してきた。信仰に関する類型、職業に関する類型、失業者の類型、創作家の類型、性的変異の類型。いままでのところ、この方法とその成果は漠然としか理解されていないけれども、この手続きの可能性は無限に広がっているように思われる。研究者たちは経験的な類型と理念的な類型を区別していないし、かれらの分類の基準を明示的に述べてもいない。ドキュメントの類型化が満足のいくものとなるまでには、なすべき仕事がたくさん残っている。社会学ならびに心理学における類型の問題を全体的に研究し、解明することが、喫緊の課題である。これが達成されたあかつきには、個人的ドキュメントの取扱いも改善されるだろう。

法則定立的ならびに個性記述的な研究の発展

アレクシス・カレルが、単一事例は、法則を発見しないけれども、法則が存在することを発見する、と言っている。この点は、事例ドキュメントを最も厳しく批判する者でさえ認めるだろう。ふつう、これが承認されるのは、ドキュメントが「予感」や「洞察」や「仮説」を産みだす価値をもっているということについてである。たとえ、そこからできるだけ早く、分析的な、実験室の研究に飛び込んでいくとしても、単一事例が、研究者の心のなかにひらめきを喚起する価値をもちうるということは、誰もが認めるだろう。

しかし、個人的ドキュメントの価値は、これだけに尽きるものではない。われわれは、とくに第三章と第四章で、法則定立的な観点からでさえも、研究者は多数のドキュメントにもとづいて、どちらかといえば帰納的なやり方で、さまざまな一般化を引き出すことができる、ということを見てきたところである。

　ドキュメントを法則定立的な方法で利用すべきであるとするならば、サンプルの大きさの問題が前面に出てくる。もしも、たとえば、あらゆる人間行動を、単独でもしくは結合して作用する四つの基本的な願望の作用に帰することができると主張するならば、人間性におけるそのような第一級の諸変数を確証するために、多くの事例を採用しなければならない。トマスとズナニエツキは十分な数の事例を採用しなかったと批判するのは、ただしい。そうはいっても、仮説が稀で尋常ならざる出来事を扱っているのであれば、わずかな例で十分であると思われる。われわれは、ふたたび、ダーの副甲状腺欠陥症の事例［文献58］を思い出す。

　もし数量についてのこのような推論がまっとうなものであれば、ただ一つだけの単一生活においてしか見られないほど稀な現象を扱う仮説にとっては、その人生そのものについての個人的ドキュメントだけが、正当に採用されるべきものとなろう。独特なかたちで生起する合法則的な出来事が存在するということこそ、すべての個性記述的な研究が立脚している論拠である。

　法則定立的な関心と個性記述的な関心との相違は、主に、追求される一般化のきめの粗さと洗練さにある。人間性における傾向についての一定の叙述は、あらゆる人間にとって、あるいは、大部分の人間にとって、おおよそあてはまると思われる。これらの諸傾向を、ドキュメントの比較研究によって跡づけることができないという理由はなにもない。これまでの各章は、まさにこの方向でかなりの成功を示してきた。他方、すべての個人がかれなりに個人化された行為の傾向をもっており、これらもまた、合法則的な行動と考えられるので、そのような特殊な法則を探りだすという目的にとっては、単一事例の個性記述的な分析も、やはり、個人的ドキュメントの潜在的な利点のひとつである。

科学のデモクラシーとの交わり

最近まで心理学者たちは政治や倫理にはかかわらないようにしてきたが、こんにち、社会的な破局がこの超然とした態度を変えつつある。デモクラシーの倫理によれば、尊厳と価値は個々の人間一人ひとりに帰せられる。しかるに、量的な研究方法は、個々の人間に対する理解や尊敬をうみだすことはほとんどない。個人的ドキュメントに関心が移り、量的なものの見方に臨床的な観点が取って代わりつつあることは、心理学をデモクラシーの倫理とより密接に調和させずにはおかない（G・W・オルポート「科学のデータでありゴールであるパーソナリティ」〔文献9〕参照）。パーソナリティの統合性を促進する社会政策を最もよく助けることができるのは、この統合性に資する諸条件を理解することに関心のある科学である。

これまで、われわれは、個人的ドキュメントが社会学ならびに心理学に対してもっている種々雑多な利点を考察してきたが、方法論の観点からは、基本的な論点がまだ考察されないままである。

科学の三つの検定を充たすこと

科学は何を目的としているか？　その答えは、多くの権威ある書物から寄せ集めてくると、科学は、科学の助けを借りない常識的判断で達成しうるものを超えた、理解と、予見の力と、制御の力を、人間にもたらすことを目的としている、ということのようだ。われわれが、科学的方法とはどのようなものでなくてはならないかについての、さまざまな先入観を捨てて、科学のこの三重の目標をしっかりと肝に銘じておくならば、個人的ドキュメントの研究は、疑いもなく、科学のなかにその占めるべき位置をもっている、ということになる。

　科学的な方法についての（そして、科学の統一性についての）最近の議論が、科学の言語のほうがその目的よりも重要であると言わんばかりの儀礼主義をうんでいることは、不幸なことである。これに対して、われわれの立場は、もし個人的ドキュメントの言語が、理解を高め、予見と制御の力をもたらすことができれば、これらのドキュメントの利用が妥当な科学的方法として認められなければならない、というものである。操作的論理主義の信条なり客観主義の信条へのどんな忠誠も、それを妨げることはできないのだ。

　これらの科学の三つの検定をみたす個人的ドキュメントのキャパシティについて考察する前に、理解と予見と制御は、一緒に変化しがちであるけれども、かならずしもそうとはかぎらないということを指摘しておこう。たとえば、われわれは、偏執症患者がかれの幻想に忠実にふるまうだろうと予見することはできるが、かれの症状の原因を理解したり、その持続を防ぐことはできない。われわれは、少なくとも、戦争の原因のいくつかを理解することはできるが、しかし、いまのところ、そのなりゆきを予見することも、その勃発を防止することもできない。最後に、われわれは、ある集団を力によって制御することはできるが、そのメンタリティを理解することはまったくできないし、制御を緩めたばあいにその行動がどうなるかを予見することもできない。したがって、科学のこれらの目的はある程度独立のものであるから、個人的ドキュメントのそれぞれに対する貢献を、別々に評価することが必要である。

もう一言、予備的なことを述べておきたい。第四章や他の章でもわれわれが主張してきたように、個人的ドキュメントの利点を二つに分けて提示することができる。第一に法則定立的な科学に対するその貢献、第二に個性記述的な科学に対するその貢献、である。われわれは法則定立的に、あるいは個性記述的に理解することができる。われわれは法則定立的に、あるいは個性記述的に予見することができる。われわれは法則定立的に、あるいは個性記述的に制御することができる。個人的ドキュメントが、これら、ぜんぶで六つの科学的意図において、どれだけ役に立つかを、いまから考察していこう。

理解

法則科学がまさに一般原則の理解を助けるために単一事例を採用し、一方、歴史科学がまさに単一事例の理解を助けるために一般原則を採用する、と言われている。いずれの場合にも、一般的な知識と特殊な知識との密接な相互依存性が含意されている。

　個別的なものについての最初の生きた知識が一般原理の構築に必要であるばかりではなく、つまるところ、いかなる一般原則も具体的で個別的な対象なしにはけっして適用できないのだ。このように、個別事例が一般化された知識の出発点と終着点に位置している。さらに、一般化された知識は、特殊で具体的なものについての解釈によって、たえず豊かにされていく。アリストテレス以来、哲学者たちは、具体的なものについて思案し、それにかれが所有している一般知識を関連づけ、その過程において、その特異な例を適合するかぎり統合することによって一般化を修正するという、人間の能力に驚嘆してきた。哲学者たちの言うところでは、この織りあわせは、その焦点をたえず一般的なものから個別的なものへ、そしてふたたび一般的なものへと移行させることのできる、能動的知性を前提としている。

　少しばかり横道にそれて、知識についての理論を述べた目的は、洞察が、つねに、個別的なものについての生きた知識（個性記述的な理解）と推論による知識（法則定立的な理解）との結合の所産であるという事実を、確認するためであった。ある目的（たとえば、精神物理学、人口動態統計）にとっては、その知識がとる最終的な形態は普遍化されたものであり、一方、ある目的（臨床研究、歴史描写）にとっては、その知識は最終的には個性的な様式において表現されるのだけれども、一方を欠いたものはありえない。われわれの目的にとって重要なことは、いずれのばあいにも、（個人的ドキュメントに代表されるような）単一事例が、理解において決定的な役割を果たしているということである。

ブルーマーは、ポーランド農民の生活についての該博な生きた知識が、トマスとズナニエツキが到達した一般化の、必要な前提条件であった次第を指摘している。この観察は、その科学的な作品には客観性が欠如しているのではないかとの批判として、また、このファーストハンドの生きた知識なしには、誰もそれらの一般化をその十全な意味において理解することができないのではないかとの不満として、企図されたものであった。この異議に対しては、ズナニエツキが正しく応答している（ブルーマーの『トマスとズナニエツキの『ポーランド農民』の評価』〔文献29〕を参照）。「しかし、具体的な複雑性や相互に関連した経験的データを扱っているあらゆる種類の研究においても、同じことが言えるのではないだろうか？」と。言い換えれば、データについてのファーストハンドの生きた知識が、一般化を創りだす人たちにとってだけでなく、それらを理解しようとする人たちにとっても、前提とされなければならないのだ。

要約すれば、一般法則の理解は、個別的なものについてのある程度の生きた知識なしには、絶対に不可能である。もしもわれわれが、心理学的な理解を産みだすにあたっては、具体的なものと一般的なものが同等の重要性をもつと仮定するならば、（個人的ドキュメントを含む）事例資料は、心理学者の時間と注意の半分を要求する権利がある、ということになろう。

理解の過程についてドイツ語で書かれた文献は多いが、この問題について英語で書かれた論述は、わずかしか手に入らない。アメリカでは理解とは何ぞやを問うような研究に対する嫌悪がある。この問いには、主観的で非数量的な論点が含まれるからである。しかしながら、科学者のうちで最も実証主義的な者といえども、これまでに考案されたうちで最も感受性にとむ記録装置であるかれ自身の精神が、どのようにして、多数の変数を登録し、それらのあいだの関係性を識別することができるのかを解明するという課題に結着をつけることから、放免されることはまずありえない。

みずから識別と命名した技法について議論しているコマロフスキーの『失業者とその家族』[文献113]は、まさにこの方向をめざした示唆にとむ試みである。扱われている具体的な問題は、一家の稼ぎ手の解雇が、家族のなかでの彼の地位に与える影響に関するものである。コマロフスキーは、因果関係に関して証明を経ないで下される断定に対して統計学者たちによってなされる批判を意識している。彼は同時に、二つの変数のあいだの単なる相関関係が因果関係を意味していると仮定することはできないということも意識している。彼はこう書いている。

> 量的な手続きだけが伝達されうるという仮定がしばしばなされ、他の手続きすべて（洞察とか理解）は、研究者のインスピレーションと手掛けている問題の切迫した事情にゆだねられてしまう。非数量的な方法は、算術計算とおなじようには明示的に公式化することはできない。しかし、これらの手続きは、いまは曖昧な用語でくるまれているが、もっと明確に記

述され、標準化される余地がある。

コマロフスキーが提唱する特別な手続きは、二つの変数のあいだの因果関係を確定するための方法である。識別の第一のステップは、問題となっている出来事の検証である。ある出来事（たとえば、父親が痼癪をおこすことが多くなっている）が起きていることが、二つないしそれ以上の資料源によって確認されるだろうか？　もし確認されたとして、では、誰かが、この出来事は彼の失業のせいだと申し立てているだろうか？　もしこの因果関係が申し立てられている（経験されている）のならば、つぎには、その相互関係がどのようなものであるかということ、ならびに、それが正しいと信じる理由を、詳しく述べなさいという問いがなされる。「解雇とその変化とのあいだの因果関係に対する次の証拠調べは、その申し立てられた状態が、当人の生活についてわれわれが知っていることと一致しているかどうかを発見しようとする試みである」。もしも突発的な変化が起きたのであれば、識別はかなり容易である。もしもその変化が徐々に起きたものであれば、それはパーソナリティにおける長期的な趨勢によるものであって、解雇という衝撃によるものではないかもしれない。この手続きの最後のステップは、その変化に対する説明の代替案をすべて検討してみることである。「われわれが研究している現象について、多くのことを知ればるほど、観察された変化についてのありとあらゆる解釈の代替案に関して、われわれはますます多くの仮説を展開することができる」のであるから、この最終段階において、記録された出来事のパターンを完全には説明することのできないものを除外していくことが必要である、と。コマロフスキーは、因果関係の理解について、見事な端緒を開いたのだ。

「常識的理解の過程は、どんなものなのだろうか?」とわれわれが自問するとき、その答えはあらまし、次のようなものであると思われる。われわれがあるドキュメントを読む。その事例のパターン化がはかどるにつれて、その事例に対するわれわれの関心が、選択的な注意をうみだす。関心がそのパターンに引きつけられているあいだに、連想（推理）過程によって、一般化された知識が思い浮かぶ。この知識は、われわれの関心の焦点である客観的なパターンによって、選択され、しっかりと固定される。一般化はすぐさま鋳直されて、問題となっている事例にアドホックな解釈となる。一般的な（推理による）知識と個別的な（直観的な）知識とのあいだのこの相互作用過程が、洞察という行為を構成する。このようにして得られた解釈は、たんに確信にもとづいて受け入れられる（「胸のなかで琴線が鳴っている」）こともあるが、しかし、次のような、その後に続く吟味に委ねられることもある。すなわち、(a)独立した研究者たちによる賛同、(b)内的一貫性と自己撞着、そして(c)解釈の予見可能性、である。

マンハイムは、所与の事例をできるだけ多くの観点から眺めるべきであると提唱した。すなわち、研究者は事例をあれこれ考えるにあたって、異なった準拠枠をとりうる。このように、実験的に繰り返し繰り返しその状況を構築してみることによって、洞察の統合が生じ、おそらくはより妥当性のある分析が現前する。ついでながら、どんな研究者も独りでは多方面にわたる知識には限界があるから、診断のカンファランスのように、議論によって多様な研究者の洞察を総合するとよいだろう。現在までのところ、ただ一人の研究者が多くの事例を詳細に調べるという研究があまりにも多く、多くの研究者が同一の事例を詳細に調べるという研究はあまりない、ということも付け加えておこう。

予見

第二章で述べたように、事例研究から行動を予見する先駆的な試みが、ストウファーの『態度調査の統計的方法と事例史的方法の実験的比較』〔文献172〕、キャヴァンとハウザーとストウファーの「生活史資料の統計的処理に関するノート」〔文献50〕、カートライトとフレンチの「生活史研究の信頼性」〔文献47〕、および、ポランスキーの「生活史はいかに書かれるべきか」〔文献147〕によって講じられた。これらの研究者によって採用された技法を、制御されたクロス予見と名づけておこう。ただし、未来に関する予見は、これらの個別研究のなかには含まれていない。実験立案者が判定者に個人的データを提示して、その研究対象者が一定のパーソナリティ・テストでどんなスコアを獲得しそうであるか、あるいは、質問紙をどのように埋めそうであるか、あるいは、どんな社会的態度に賛同しそうであるかを、判定者に尋ねるのである。見せかけのオーバーラップへの対策がとられているとするならば、このテストは、判定者が、ある人物のイメージを、すでに知っているデータから、実験立案者にはすでに手に入っているが判定者にはまだ知らされていない他のデータへと、いかに正確に拡張することができるかを確かめるテストとなる。すべての実験が肯定的な結果を、ときに驚くほどの高い結果を、示した。それは、判定者に与えられたデータの適切性、ならびに、判定者のスキルのおかげであった。

このタイプの研究においては、ある奇妙な誤謬の源泉に用心することが必要である。多くの研究対象者について予見するとき、判定者がたんに最も平凡な反応を予見するならば、高度の成功をおさめることができよう。たとえば、人びとにほとんど普遍的に特徴的な行動を予見するなら、まちがいはない。その結果は、問題とされている個別事例に対する判定者の慧眼を示すことにはならない。二〇歳の青年がまもなく結婚するだろうと予見することは、大多数の事例において当たることは確かだが、なんら特別な鋭敏さを示すものではない。したがって、実験立案者は、判定者たちの予見の成功を評価する前に、実際の確率値がいかほどであるかを確かめておくことが必要である。この予防策が講じられているばあいもあれば、講じられていないばあいもある。

時間軸にかかわる予見（これまで見過ごされてきた問題であるが）のために、わたくしのもとで研究している二人の学生が（未発表の研究のなかで）採用している技法は、示唆にとんでいると思われる。J・S・ハーディングは、フロイド・デルの『帰郷』〔文献61〕という自叙伝を用いて、二〇人の判定者にその書物の（要約された）前半を読ませ、後半にのみ報告されている出来事を予見する能力を研究した。M・B・スミスは、別々の（未発表の）自分史を用いて、ドキュメントの後半を読ませて、前半にのみ記録されている出来事や状態を、後から予見する能力を研究した。異なったドキュメントが利用されており、エビデンスも乏しいけれども、予見のほうが事後的予見よりも成功率が高いように思われる。もしこの発見が実証されれば、パーソナリティ理論に対する影響は、かなりのものとなろう。採用された技法もまた、予見ないし事後的予見が最も正確に当たるのは、パーソナリティのどんな領域に対してであるかを確定するという長所をそなえている。

われわれがこれまでに論述してきた予見の例は、本質的に個性記述的な性格のものである。それらは、科学において通常考えられているタイプの予見を代表していない。ガスリーが、『人間的葛藤の心理学』〔文献85〕で、心理学が個人に対して予見することができると期待しうるかどうか、という問題を提起している。

科学は、諸個人の行動を予見するのに、たいへん不利な立場に置かれている。なぜなら、その予見の最良の資料源が、問題にされている当の個人の過去の行動だからだ。心理学の教科書は、こんにちまでに保存されている幾百万もの自叙伝にかかずらうことはできない。しかし、ジョーンズやブラウンが、あれやこれやの環境に置かれたとき、どうするであろうかを予言するためには、このことが必要なのであろう。科学は個々の事例に適用しうる一般法則に限定されなければならないのだが、科学はその適用に煩わされているわけにはいかない。これは、その事例とその歴史を知っている人にまかせられるべきである。科学にとって、パーソナリティの記述と理解に比べて、予見ほど至難なことはない。

ガスリーが、予見の優れた資料源はその個人の過去の行動についての知識である、と言ったのは正しい。しかし、単一事例における予見は科学の関与するところではありえないと言ったのは、間違っている。心理学が、社会的安寧の要請にこたえて、諸個人の行動を予知したり、教導したり、制止する手助けができないのならば、それはほとんど価値のない科学である。

「個人的適応」の予見の問題は、さまざまな社会科学者たちが、そして最近では社会科学調査研究評議会が、注意を払ってきた問題である。バージェス、コットレル、グリュック夫妻、ターマンによる研究、そして、オルソンとハガティとウィックマンによる研究は、結婚適応や、仮釈放にあたっての宣誓の遵守や、青少年の非行についての、予見に関係している。これらの研究において採用された方法は、結婚の成就や宣誓釈放違反や青少年非行のなかに頻繁に現れる変数を発見することである。これらの変数がたびたび新しい事例のなかに存在することが見つかれば、この事例が成功しそうであるか失敗しそうであるか、あらかじめ指摘することができるのだ、と。多数事例を扱っているかぎり、この推論にはなんら不備な点はない。この予見は、生命保険会社の予測のごときものであって、結局のところ、保険統計的予測はつねに信頼できるという意味において、信頼できるのである。

この推論が手ひどい間違いを犯すのは、事例の母集団に対してではなく、単一事例に予測が適用されるときである。仮に欠損家庭に育った非行少年の八〇パーセントが常習犯であるならば、ある欠損家庭に育ったこの非行少年は、常習犯になる八〇パーセントの可能性をもっている、と考えるなら、致命的に不合理な推論がおこなわれたことになる。この件の真実は、この非行少年は、一〇〇パーセント確実に再犯者になるか、それとも、一〇〇パーセント確実に更生するかの、どちらかであろう。もしも、かれの事例におけるあらゆる原因がわかれば、われわれは（環境による偶発事件を別にして）完全に、かれについて予見することができよう。かれの可能性は、かれの生活のパターンによって決定されるのであって、母集団全体において見いだされる確率によって決定されるのではないのだ。じっさい、心理学的な因果関係は、つねに個人的なものであって、けっして保険統計的なものではないのだ。原因から結果を確実に予見する唯一の方法は、諸原因が作用しているその生活を研究することであって、他の千余の生活を研究することではない。このことは、保険統計的な予測が（大量事例を扱うばあいには）その占めるべき場所をもっているということを否定するものではない。それで間に合うかぎりは正しいが、個性記述的な予見はその先を問題にしているのである。

　保険統計的予測のひとつの誤謬は、外見上同一の環境は、あらゆる個人にとって同一の意味を（したがって、同一の原因としての効力を）もつものだと仮定しているところに由来している。たとえば、ある男が結婚しているという事実が、未婚者と比べて、彼が仕事においてより注意深く、より信頼できる人間であるだろうと予見するための基礎と見做されることがしばしばある。大多数の事例においては、この関係があてはまることが発見され、大多数にはこの予見は当たる。しかし、ある所与の個人にとっては、既婚という同一の環境が、無鉄砲さと犯罪につながることがある。結婚がある男にとって何を意味するのかを知ることが、彼の行動を予見するための、その効力を確定する唯一の方法である。

こういった考察は、個人的ドキュメントの利用に直接関係している。というのは、保険統計的な予測には完全に欠けている主観的な意味が、個人的な報告のなかで明らかにされていることが、明白であるからだ。さらに、ドキュメントは、ふつう、純粋に保険統計的な手続きにおいて考慮されているよりも、正確な予見のために必要とされる諸変数のより多くを提供する、相対的に完全な情報をもたらしてくれる。

事例研究的予見に対するある見解が、われわれには是認できない。それが、方法についての有能な研究者たちによって提唱されているものだとしても、である。その見解とは、事例研究を保険統計的な予測の方法の下位に位置づけようとすることで、事例研究の独特な価値を過少評価するものである。こういう取扱いは、単一事例からの予見は統計的推論の劣ったタイプにすぎないと断定する効果をもつ。

この立場の論理は、未来の出来事の予知は、次の二つのいずれかに依拠するものである、という主張にもとづいている。(a)一般的な母集団における諸関係の確率（純粋に保険統計的な予測）について の知識、もしくは、(b)その個人の過去の生活における（類似した刺激のもとでの）同一の出来事の発生頻度についての知識。いずれのばあいでも、われわれの予見は反復に、すなわち、過去の発生頻度に、依拠するものだとされている。この主張には、因果律に関するヒュームの理論に対する固執と、「諸関係の頻度」の原理をつねに強調してきたアングロ・サクソンの経験主義の長い伝統が見られる。この伝統がアメリカの社会科学の知的風土を培っていることは無論のことであり、それなしには、統計学的な発想の圧倒的な影響力は発展することはなかったであろう。

しかし、頻度についてのこの二つの基本的な仮定は、単一事例における成功的予見に適応される心のはたらきを、使い果たしていると言えるだろうか？　殺人犯が殺人を繰り返すことは稀である。したがって、われわれは、かれの以前の行動から、状況がかくかくしかじかになれば、かれは殺人を犯すだろう、と推論することはできない。その行為は一回起的な出来事である。ここには発生頻度はまったくかかわっていないけれども、その行為はあらかじめ決定されており、科学的に言えば、合法則的なのである。そうであればこそ、予見可能なのである。三人の殺人犯についてのビェールの『殺人の心理学』［文献27］は、かれらの生活のパターンが殺人行為の以前にわかっていたならば、予見は可能であったろうということを強く示唆している。たとえ、この三人の男の誰一人として以前に殺人を犯していなかったとしても、また、一般的な母集団のなかにかれらに類似的なものがまったく見つからないため、事件の保険統計的な予測をもたらすことができなかったとしても、予見は可能だったのだと。

社会科学における予見で、確率と（したがって、統計学と）およそなんらの関係ももたないことを示していると思われる例を、もう二つ付け加えておこう。

⑴百年前、詩人のハイネは、ドイツ人のメンタリティにおける当時の諸傾向のいくつかを、彼自身の精神のなかで統合した。(古代神話に由来する)英雄崇拝と無慈悲、独善的な合理性(カント)、イデアの至高性(フィヒテ)、発明の才(自然科学)、キリスト教思潮の抑制力、そして、一定の政治的な思慮。この合流から、彼は、こんにちからみると、ナチズムの著しく正確な予知であると思われる予言をおこなった。彼はこのパターン化された関係の帰結を予見したのである。彼の予言は保険統計的なものであったろうか? そうではありえなかった。カントは新しかった。フィヒテも新しかった。自然科学も新しかった。過去にこれらの項目に関する経験はほとんどなかったし、未来に対するそれらの潜在的可能性に関する経験も、そして、未来においてはじめて起こる運命にあるそれらの相互作用に関する経験も、まったくなかったのだ。そのパターンは一回限りのものであり、歴史上かつて一度も起こったことがなかった。その出来事を特別扱いして、この単一の状況を一般法則の亜種であると言うならば、それは詭弁である。一般法則は、もしもいままでに作用したことがないのであれば、一般的ではありえない。もしも、ある諸傾向がおたがいに補強しあい、ある諸傾向がおたがいに抑制しあうという予見が、それらの現在の強度ではなくて、未来におけるそれらの相互依存性にもとづくのであれば、重みづけは関係ない。保険統計的な予測はつねに頻度に

依存するが、ここには頻度というものはまったくないのだ。

(2)学生のためのガイダンスから別の例を取り上げよう（未来に対する個人的適応の予見）。自分の父親が高度の名声を獲得したことで奇妙な劣等感情を抱くようになった、変に神経症的な若者が、盲目の少女と出逢い、恋に落ちた。彼女は、カウンセラーがこれまでに出逢ったことのある誰とも明らかに違った、奇妙なパーソナリティのパターンの持ち主であった。ふたりは、かれら独自のやり方で、ともに幸せになるだろうか？　カウンセラーは、それぞれにある潜在性（強く表出されたこともなければ、たびたび表出されたこともない特性）を見てとり、それがふたりの結婚生活の浮き沈みのもとで花開くだろうと判断した。かれは、結婚はうまくいくと予見し、その予見は正しかった。これは保険統計的な予測であろうか？　このふたりのような組み合わせは、かれの経験においていまだかつて一度も生じたことのないものであったから、また、現在の熱烈さではなく、潜在性を考察しなければならないために、機械的な重みづけは不可能であったから、その答えは否である。

上記の例で際立っていることは、まだ作用していないが、やがて熟して、一定の帰結をもたらすであろう潜在的諸傾向を、予見者のなかには気づいている者がいるということである。心理学的な意味では、傾向とはつねに個人的な状態であって、（統計学におけるように）過去の頻度の表現ではないのだ。もしもわたくしが、わたくしの友人がおそらくカトリックに改宗し、庭いじりを始め、政治に対する関心を薄らげ、そして禁煙するだろうと言うならば、わたくしは存在しない行動形態について論じているのであり、いまだかつて起こったことのない諸変化を予言しているのである。

もしも、頻度にもとづいた予測だけが可能であるならば、既知の頻度にもとづいてロボットが操作するホレリス装置でも、感受性豊かな判定者と同じくらいに、未来の行動を予測することができるだろう。しかし、あらかじめのコード化によって頻度を数える装置に欠けているものは、関係性の認識であり、現在のさまざまな指標から、時間の経過のなかでやがて起こるであろう変化（反復ではなくて）を推論することであり、状況次第で変化する諸要因まで見て取ることで（たとえば、環境的に起こりそうな変化を考慮に入れておくことで）予見に幅をもたせること、である。

この種の推論に取り込まれる認識論は、ヒュームやミルやガスリーによって定立された受動的知性よりも、ライプニッツやホワイトヘッドやケーラーによって定立された能動的知性のほうに、より多くの共通点をもっている。

研究のための二つの実際的な帰結が、いま見てきたばかりの問題から出てくる。

(1)研究は、保険統計的な予測と事例研究による予見とで、どちらがより成功するかで選ばれるべきである。もしも、適切なドキュメントを採用する感受性豊かな判定者たちのほうが、その予測において一般的に優れているならば、われわれは、保険統計的な予測が科学的可能性の到達点ではないことを知り、とうてい、現在支配的な経験理論をもって予見の最高水準だとすることはできない、という結論になろう。[22]

(2)研究は、保険統計的な技法（つまり、個人の行動における一定時間内の頻度）が含まれる予測と含まれない予見の双方の手続きからなされるべきである。素人が予言を成功させるのは、いかにしてか？　社会科学者が予見を成功させるのは、いかにしてか？　この論点を研究することこそが、個人的ドキュメントからの推論は「杜撰な統計学」の一例にすぎないと思い込んでいる人たちと、人間の精神という感受性にとむ記録装置は、機械的に重みづけをしていくのとは違った観点から、関係性や傾向性を認識していくのであると信じている人たちのあいだの論争に、結着をつける助けとなろう。

この問題を押し進めていけば、優れた予見力をうみだすトレーニングの質と形態を確定することができる。予見を含んでいるすべての研究が、優れた予見者と劣った予見者がいること、また、この相違が概して一般化される相違であることを示している。優れた予見者を優れさせたものを発見することできれば、予知の成功に寄与する精神作用の理解も、大いに捗ることであろう。

制御

心理学の第三の目的は、人間行動の制御である（もちろん、社会的に承認された基準に従うものであるが）。ここでも、事例研究（ならびに個人的ドキュメント）が不可欠である。心理学的治療は、主に事例を基礎として進められる。医療、ソーシャルワーク、カウンセリングの技術は、開業医に、一般的な知識を個別化し、それを特殊な事例に適用させることを要請する。ここでは、法則定立的な理解と個性記述的な理解のあいだの相互作用が必須である。また、セラピストがかれの仕事が評価されることになる社会的基準と調和を保つのに役立つという、事例ドキュメントの重要性をわれわれは忘れるべきでない。民主主義社会ではセラピストは人間の福祉を向上させることを求められており、個人的ドキュメントがどこにこの福祉があるのかをかれに教えるのである。

まったく別の意味において、個人的ドキュメントが有用な社会政策の策定をもたらすことがある。兵士たちのインタビューが軍事演習の進め方への助言となることがある。消費者たちの事例研究が経済改革に示唆を与える。編集者や国会議員への手紙が世論のバロメーターとなる。いままでは、たしかに、そのようなドキュメントというエビデンスの利用は、散発的、偶発的であっ

22　すでに、事例研究による予見のほうが優れているとの少なからぬ証拠があるように思われる。エスティスの「表出的行動からのパーソナリティの判定」［文献67］や、F・H・オルポートとN・フレデリクセンの「目的論的傾向のパターンとしてのパーソナリティ」［文献4］や、ポランスキーの「生活史はいかに書かれるべきか」［文献147］での実験すべてが該当する。確かにこれらの実験は、視野が限られてはいる。しかし、それらをさらに展開することは可能だし、そうすべきである。おそらく、事例研究による予見の利点を示す最良の証拠は、スクール・カウンセラーや、刑務所官吏や、精神科医や、あらゆる種類の臨床家が、精神測定による証拠や、装置によってコード化されソーティングされたデータにもとづいて、予後の見通しを立てることはけっしてない、という決定的な事実であろう。かれら臨床家は、事例研究を最善の結果を得るためには欠かせないものだと考えている。そうであれば、事例研究による予見は統計的な予測の劣ったバージョンにすぎないと主張することが、どうしてできようか？

た。社会科学は、容易に、このような公衆の要求の指標を完全なものにするのを助けることができよう。編集者や国会議員への手紙が、一般に、あることに賛成のものよりも、むしろ、反対のものであるのは、なぜなのか？　世論の公正なサンプルとなるには、どのくらい多くの手紙があればよいのか？　ドキュメントと社会政策との関係にかかわるそのような問題は、たくさんあり、解明する必要があるのだ。

まとめ

この章では、心理学において事例ドキュメントを採用することに賛成の、主要な議論ばかりでなく、マイナーな議論にも目配りしてきた。読者は、それらの議論のうちのあるものに、他のものよりも、容易に同意するかもしれない。じっさい、社会研究ならびに心理研究の用具として、個人的ドキュメントの採用と改良を正当化するためには、それらのうちの一つなりと同意することが必要である。

　この章において展開されたややラディカルな仮説を完全に立証するためには、もっと多くの実験的、批判的な研究がなされる必要がある。目標は、単一事例の個性記述的な観点に、こんにち法則定立的な伝統が保持しているのと同等の卓越した地位が認められることによって、科学の主要な目標すべて（理解と予見と制御）が、より直接的に、より効果的に達成できるようになることである。

あらゆるパターン化された複雑さのなかで単一事例の行動と特徴的に関連している心的作用についての、常識的な方法を活用し洗練させたいというわれわれの願いを、手持ちのエビデンスが正当化してくれている。こういった常識の用具を、社会科学の備品に認めないかぎり、これらの学問が、将来、あるがままの常識を凌駕することがどのようにしてできるのか、見通しは暗い。現在までのところ、人間の問題を扱うさいに、常識のほうが社会科学よりも、よりしばしば信用されている——ということが明らかではないだろうか？　社会科学が、その法則定立的な技法に、常識そのものによってそれほどまで優位に採用されている方法に備わる利点を付け加えさえすれば、このことは必ずしも正しいとは言えなくなるのではなかろうか。

▼第一二章

概念化の問題

ある個人的ドキュメントを読んだ二人の読者にとって、何が起こったかについての意見の一致をみるほうが、なぜそれが起きたのかについての意見の一致をみるよりも、容易である。また、ある一人の読者にとって、その筆者に同一化し、その窮状に同情し、ある出来事から自分自身の人生における類似した出来事を自由連想したりしながら、椅子にもたれて物語を楽しむほうが、因果の連鎖や、顕著な構造や、その人生に「理論的な意味」を付与する規定要因のパターンなどを発見する課題に根をつめて取り組むよりも、容易である。だが、心理学者が専門家としてドキュメントを分析するばあい、そのような受け身の享受に甘んじられる者は一人もいない。科学者としての意識ゆえに、かれは自分が読むものを解釈せざるをえないのである。そして、かれは自分なりの解釈をおこなうやいなや、自分の結論が他の有能な分析者たちの結論と一致するかどうか、問わずにはいられない。

解釈ないし概念化とは、ある生《なま》の物語に課せられるなんらかの理論化、と定義できよう。それは、書くこと－読むこと－編集すること－解説すること、という一連の複雑な過程の多様な段階のどこでも起こるものである。ドキュメントが心理学者の手中に入る以前に、最初の段階で当事者《サブジェクト》自身が理論を課しさえする。たいていのばあい、このように課される理論は、黙示的である。書き手は、自己表示において自分にとって本質的ではないと思われるデータを省略する。そうすることで、自分の人生において主要な意義をもつ諸原因、諸価値、諸傾向を自分自身知っているのだということを暗に伝えているのだ。自我にとって中心的であると見做す経験を強調することによって、かれは自分の自我がどんなものであるかをあらかじめ規定するのだ。ときおり、とりわけかれが心理学の素養をつんでいるばあいには、さらに進んで、明示的な概念化を与えることがある。かれが自分自身の行動を説明する手助けに、アドラーやフロイトや、あるいは条件反射説に訴えることもある。

また、研究対象者が手引き質問紙に従わさせられたり、インタビューのあいだに特別な尋問に答えさせられたりするときにも、黙示的な概念化が起こる。このようなばあいには、研究者が選りすぐりの質問への応答を強制し、生のデータにあらかじめ研究者自身の理論的な期待と重みづけを押しつけているのである。

ドキュメントが心理学者の手に渡るとき、さらなる明示的な解釈が起こる。かれはそのドキュメントに脚註や序文を書くこともあれば、たんにそのドキュメントから抜粋を引き写すだけの解釈的なモノグラフとか、多くの個人的ドキュメントからの例証的な資料があちこちに挿入された理論的な論文を書くこともある。心理学者の解釈は、挿入句から体系構築まで、さまざまなかたちをとる。

概念化の諸類型を次のように要約することができよう。

黙示的なもの

a　記載事項の取捨選択（書き手によるもの、もしくは、手引き質問紙によって研究者がおこなうもの）

b　記載事項を束ねたり分類すること（書き手によるもの、もしくは、指示や編集によって研究者がおこなうもの）

明示的なもの

c　関係性の陳述（書き手によるもの、もしくは、註釈において研究者がおこなうもの）

1　構造的関係（習慣、特性、関心、態度、コンプレックス）

2　因果関係（環境の力、動機づけの過程、投影的機制など）

d　なんらかの包括的な心理学理論もしくは学派の見地からの体系化

概念化が、雑駁な、どこにでもありがちなものにすぎなかろうと、物語のほうを見劣りさせるほど傑出したものであろうとも、妥当性の問題には変わりがない。第一〇章において、心理学者が個人的ドキュメントを利用するさいの最大の弱点は、おそらく、解釈の恣意性にあるということが指摘された。ありうる先入観があまりに多く、ドキュメントを型にあてはめてしまうやり方があまりに多く、そして、ある事例を満足のいくように解釈しうる異なった心理学的言語があまりに多くあるので、はたして、個人的ドキュメントに一つにして唯一の必然的な概念化をもたらすことができるものかどうか、自信がもてないのである。

ブルーマーは、ドキュメントの利用において同じジレンマを感じて、ある研究者にとっては、自分の性分にあい、かつ自明な、余すところなくその事例にあてはまると思われる理論的諸概念が、他の研究者には、恣意的でこじつけとして退けられる、ということを指摘している。トマスとズナニエツキがヴラデクの自叙伝および他のポーランド人のドキュメントから引き出した解釈は秀逸なものであるが、これらのドキュメントをダラードや、ホーナイや、ユングや、ミードや、シュプランガーが分析したならば、たとえ鋭く対照的なものであるにせよ、同等に素晴らしい解釈がなされるであろう、ということをわれわれは容易に想像することができる。

帰納対例証

われわれはすでに、研究者たちがどの程度、個人的ドキュメントを帰納的に採用しているかについての、可能な連続体を示した。一方の極には、（仮にそのようなことがありうるとして、だが）

先入観や仮説といったものによって毒されていない精神をもった研究者が、ひたすらドキュメントに没頭して、ついには、エビデンスを積み上げることによって、いまだかつて一度も夢想だにしたことのない、かくかくしかじかの推論や解釈を引き出さざるをえなくなった、という例が位置づこう。もしも、そのように完全に帰納的な研究がありうるとしたら、おそらく、それは先入観も恣意性も混じり込んでいないものとなろう。しかし、およそ、そのような完全に帰納的な研究が実在すると主張することは、不可能である。先に、到達された結論がその研究者によってあらかじめ予期されておらず、採用されたドキュメントの所産であることが明らかであるという理由によって、一定の研究をおおよそ帰納的であると見做しうる、ということが明らかにされた。しかし、これらの研究においてすら、その研究者独自の心理学的準拠枠が顔をのぞかせていないかというと、われわれには不満が残る。いわば、データを途中まで迎えに出ている、と言えばよいか。先入観は、完全には避けられないのだ。

ハーヴェイの「インタビューについての予備的考察」［文献90］という優れた実験的研究が、面接状況における先入観の影響について検討している。この研究者は、一般化された先入観（たとえば、人間の動機づけのある理論がお気に入りであること）は、特殊化された確信や強迫観念（たとえば、被面接者の「タイプ」に対する偏見とか、特定の職業に必要とされる資格についての偏屈な先入観念）に比べて、職業に関する面接から正しい推論を引き出すことにとって、ほとんど妨げにならないということを発見した。愛玩といっていい観念、偏屈な偏見、先入観となった分類棚、は非常に有害である。それに対して、パーソナリティについての一般化されてはいるが融通性のある理論は、さほど有害ではない。ハーヴェイの結論によれば、人間的ドキュメントを扱うさいに、われわれがはたらかせるべきものは、からっぽの心ではなく、広い心であり、理論的な精神ではあるが、細部にわたるまでがっちりと構造化された理論ではないのだ。

やはり、心理学者が何をなそうとも、かれ自身の準拠枠が入り込んでくるように思われる。もしもかれがマルクス主義者であれば、研究対象者の階級的地位を重視する。もしもかれがクレッチマー主義者であれば、体格の三類型という含意に重きを置く。もしもかれがフロイト主義者であれば、かれの注意をひくものは、排便のしつけやエディプス・コンプレックスいかんである。他のよく好まれる諸理論——条件反射説、欲求不満攻撃説、文化決定論、補償説、機能的自律説——も、より微妙ではあるが、まったく同様の効果をもつ。心理学者自身の精神的な止まり木が、そのドキュメントの落ち着くべきねぐらとなる。

われわれの課題は、できることなら、ドキュメントそれ自体から必然的なかたちで解釈が引き出されてくるように、解釈における恣意性を最小限に留めるために利用することのできる安全装置と、ドキュメントの帰納的な利用を奨励する方法を、見つけ出すことである。

トマスとズナニエツキの研究を、帰納-例証の連続体の中間あたりに位置づけたブルーマーの裁断は、個人的ドキュメントを採用してきた心理学における重要なすべての研究の大部分にあてはまる、と言えよう。その連続体のいちばん端っこのところに、あらかじめ用意された理論に適合するドキュメントに出くわすまで探し回り、それから、それを例証の目的にのみ提示する、少数の研究者が位置する。たとえかれらがドキュメントから始めるとしても、それはたんに、かれらにかれらの愛玩する概念化を思い出させるのに役立つにすぎない。そうして、そのお気に入りの概念化が展開され、そのドキュメントを完全に覆い尽くすのだ。研究者のなかには、ドキュメントのこのような例証的な利用は、とりわけ精神分析の出版物に特徴的だと批判的に見るものもいる。帰納－例証の連続体の他の端っこには、残念ながら、直接的にかつもっぱら帰納的な概念化をうみだしていると考えられる研究は、一つもない。せいぜい、われわれとしては、この理想に近づきつつあるいくつかの研究を紹介できた程度である。繰り返しになるが、大部分の研究は、ブルーマーの言うところの中間的カテゴリーに位置するのであって、生の事例と既成の枠組みの縒り合わせとなっているのである。

法則定立的な概念化と個性記述的な概念化

非常にタイプの異なった、二人の学生の自分史を取り上げてみよう。一つ目のヴィクターの自分史は、法則定立的なプランにしたがって書かれている。さまざまなテスト、サイコグラフ、そして、手引き質問紙が採用されている。その筆者は、母集団の諸標準との関連において自分自身を考察している。非常に知的で、適度に攻撃的で、社会福祉に異常なほど興味を抱いており、その度合いたるや、かれの気質とまでなっているほどである。小さな町の文化の影響下で育ってきたのであり、また、人種的偏見の犠牲者でもある。そういうかれは、自分自身の特徴のすべてを、可能なかぎり、客観的な規範の観点から叙述しており、また、自分自身を、可能なかぎり、一般的に認められている成長と発達の心理学的メカニズムによって説明している。二つ目のドキュメントであるマイケルの自分史は、タイプが対照的である――個性と激しい情動に満ちあふれ、心理学の用語や科学的な概念は奔放なまでに無視されている。そこに語られているのは、ボクシングにうちこんでいるアイリッシュの青年の物語である。感受性にとむと同時にたくましく、牧場生活も文化もともに愛し、いつまでも治らない夜尿症のためにひどい羞恥心に悩んでいる。

この二つのドキュメントが心理学者たちの評価に委ねられたことが、何度かある。奇妙な事実が現れた。この二つのドキュメントの科学的な利点についての判定が求められているときですら、ヴィクターのもののほうが優れていると思う者とマイケルのもののほうが優れていると思う者とが、半々だったのだ。もしわれわれがあえて判定者たちを判定するならば、ヴィクターの事例のほうが優れていると思う者は、実験好みの、実証主義的な心理学者たちであり、マイケルの事例のほうを選ぶ者は、臨床好みの心理学者たちであると思われる。

ヴィクターの生活を解釈するさいには、心理学者はすでにできあがっている道を辿っていく。行動と思考が耳慣れた概念によって説明される。必要とされる理論は、標準的な理論である。現在流行している一般諸原則と関連づけることによって、その事例は適切に概念化されると思われている。他方、マイケルの事例は、「目的論的な傾向」を表現する公式化を要求しているように思われる。つまり、ほかならぬこの若者の行動に迫る独特な法則を求めているのだ。

この二つの事例の対比から、われわれは概念化というものを考えていくうえで、非常に重要な原則を引き出すことができる。一方の事例は、標準的な諸変数をモノサシとすることで解釈が可能であり、標準的な理論が使えるのだ。すなわち、典型的なフロイト主義的な事例、典型的なマルクス主義的な事例、典型的なクレッチマー主義的な事例、さらには、そのような標準的な理論の混合によって容易に概念化できる事例というのが、ありそうなのである。他方、はるかに常軌を逸していて、流行の諸理論とは相容れず、その解釈においては、独創的な公式化、独特なターミノロジー、そして、「共通の」特性ではなく厳密に「個性的な」特性を前面に押し出すことを必要とする事例というものも、ときどきある。こういった推論が正しいとすれば、理解というのは常に、一般的な知識を状況の特異なありように関連づけ、洞察という行為によって、この知識を新しい型へと嵌め込むことであると述べた、前章での議論を再論しているのである。マイケルのような事例においては、その解釈にかなりの独創性が必要とされる。ヴィクターのような事例においては、一般化された型をあまり修正する必要はない。

概念化の妥当性の条件

解釈は、ある単一の行為ないしはある人生全体を説明するためになされる。いずれのばあいにも、研究者やその批判者たちがその説明を評価するためのなんらかの基準が必要である。研究者が自分の望むままの結論を引き出し、その正しさを証明しようとする努力をなにもせずに、そして、読者もまたその妥当性を検証しようともしないで、結論に同意するか異議を唱えてしまうということが、あまりに多い。

社会科学におけるどんな理論もその妥当性を証明することができるかどうかという問題が、一九三八年一二月に社会科学調査研究評議会によって招集されたある会合で、出席者たちによって議論された。この会合の模様を報告しているブルーマーの『トマスとズナニエツキの『ポーランド農民』の評価』〔文献29〕のなかに、社会理論の妥当性を測るためのさまざまな基準が提示されている。それらを簡潔に要約して以下に示そう。

1　主観的に確かだという感覚。ある理論を提案する（あるいは受け入れる）研究者に対するその理論の啓示力は、その妥当性のけっして十分な証拠ではないけれども、まったく無視してしまうことのできない指標である。主観的に確かだという感覚は、けっしてそれだけで用いてはならないけれども、法則定立的な知識が特殊なエビデンスにうまくあてはまることを示唆する一つの徴候である。

2　既知の諸事実との適合性。自然科学においては、既知の諸事実を取り入れており、一つとして退けていないことが、理論の適切性の検定として要求されている。この基準は重要ではあるが、諸事実が主観的でしばしば曖昧である社会的データ（たとえば、個人的ドキュメント）に適用することは、かならずしも容易なことではない。しかし同時に、その人生における めざましい出来事を、妥当だと思えるようななんらかの解釈によって説明されないままにしておくことはできない。

3　思考実験。その手続きはまだ十分に明確にはされていないけれども、大掛かりな心的操作が、理論の検定に必要とされていることは明らかである。マックス・ウェーバーは、申し立てられた原因や決定的な要因が、もしもなかったならば生活はどうなっていたかを想像のうえで熟考することを提唱している。もしもその申し立てられた要因抜きの「思考実験」がうまくいけば、その要因は決定的なものではなかったことになる。ある解釈が不可欠なものでないのであれば、それは誤った解釈なのだとされるわけだ。前の章で論議された「識別」の技法は、本質的に、これと同一の手続きを敷衍したものである。正しい考えと歪んだ考えを区別するための、さらにその他の提案も、この点に関連している。思考実験による成功的な問題解決に寄与するものはすべて、妥当な理論をつくりだすのに役立つであろう。

4　予見力。ある解釈が成功的な予見をするのに役立つならば、その解釈は妥当性が高い。この基準は重要であるが、それだけでは十分ではない。というのは、(a)多くの正しい予見が、およそなんの理論にももとづかないでなされるからであり、また、(b)正確な予見が誤った理論によって合理化されることが知られているからである（ギリシア人が、太陽は明日も昇るであろう、なぜなら、アポロは彼の戦車を駆ることをけっして忘れないから、と予言したときのように）。

5 社会的同意。もしも多くの人びとが、とりわけ専門家たちが、ある説明ないし概念化を認めるならば、それは妥当性の見込みがあると言えよう。しかしながら、このばあいにも、威信の暗示にかかりやすいことや、科学的な気まぐれと流行や、みなが共有する偏見といった陥穽がある。もしも、有能な研究者たちがそれぞれ独立して同一の概念化に達したということであれば、この基準はより大きな価値を受け取る。

この検定法の延長線上にあるのは（第三章で述べたように）、その解釈を研究対象者自身に示して、かれが承認するか拒絶するかに委ねることである。示唆というものの効果から考えて、この手続きはおそらく、研究対象者に対して肯定的な判断よりも、否定的な判断にとって意義があろう。妥当性を測る方法としては不完全ではあるが、やはり、研究対象者――かれはそのデータの「内なる半面」を知っている――が研究者の解釈をどのように考えるかに、ある程度のウエイトが与えられてしかるべきであろう。

6 内的一貫性。ある解釈の各部分をお互いに突き合わせることができる。論理的矛盾があれば、妥当性が乏しいのではないかとの疑いが生じる。たしかに、さまざまな解釈が適用される人生それ自体に、さまざまな矛盾や非一貫性がないわけではない。しかしながら、ちょうどパーソナリティが入り組んだ統合性をもっていて、その内部では、非一貫性ですらしばしばより深いところでの解決を見いだすように、そのパーソナリティに適用される解釈図式もまた、自己撞着と適合性の同様の入り組んだ構造を備えていてしかるべきであろう。解釈のどの部分も、不釣り合いであってはならないのだ。

以上のものは、心理学者や社会学者が、妥当性を測るために、個人的ドキュメントへの自分の解釈に適用することができる主要な検定法であると思われる。(ただし、一つの一般的な基準がここではわざと除外されている。すなわち、ある正統的な思考枠組みという権威——たとえば、フロイト主義や、トマス主義や、マルクス主義のイデオロギー——に訴えることである。)上述の基準のどれもがそれだけでは、ある説明が無謬であるかどうかを示しえないが、それらすべてを一緒にすれば、より杜撰な、より恣意的な理論化の諸形態を根絶することが、かなりのところまでうまくいくだろう。

概念化の必然性の条件

これらの検定法は、個人的ドキュメントの解釈の妥当性を測るのには役立つだろうけれども、独立した研究者が同一のドキュメントを取り扱って、不可避的に同一の結論に達することを保証しはしない。解釈の公式化をうみだす基本的な人生哲学があまりにも多いので、また、言語的諸公式をさまざまな出来事に適用させるやり方があまりに多いので、独立した研究者たちに同一の概念化を期待することはできない。

もちろん、この事情は、主観的ドキュメントの解釈に固有なものではまったくない。心理学における最も客観的なデータ（反射作用によって引き起こされるカイモグラフの針の軌跡のようなデータ）でさえも、種々の説明体系——機械論的、ホルメー論的、形態論的、屈性論的、人格論的等々の説明体系——に合わせて整理することができる。したがって、相反する解釈をうみだすのは、個人的ドキュメントの主観性のせいではない。むしろ、個人的ドキュメント特有の無限の複雑さを熟考するさいの、人間精神の多才ぶりのせいである。人間の行動を探究し解釈するのに役立ちうる地図がいつでも多様でありうるという事実を、認めなければなるまい。つまるところ、（同等の耐久性をそなえた）多様な理論が不可避である。おそらく、それは望ましくもあるのだろう。

この結論は、かならずしもニヒリスティックではない。第一〇章において、われわれは、個人的ドキュメントの妥当性に対して確かな検定法を適用することが、どのようにしたら可能であるかを見てきて、先にも、解釈の妥当性を判断するさいの助けとなるものを列挙した。これらの手順を十分に守れば、現在横行している解釈の恣意性を明らかに改良することができよう。それらは、いい加減なタイプの思考を取り除くのに役立つだろう。しかし、概念化におけるより基本的な諸要素を決定する思想体系ということになると、われわれは妥当な理論化が必然的な理論化と同一ではないということを認めざるをえない。すべての心理的、社会的データのばあいと同様に、個人的ドキュメントのばあいにも、最終の体系的な概念化は、不可避的に個人的な好みの片鱗をのぞかせる。われわれのなしうる最善のことは、さまざまな思想体系が組み合わさって、お互いを豊かにし、それらに出会う人びとの心を広げ、そして、異なった視角からその問題を見つめる人びとのあいだに協同をもたらすために、多様性を奨励することである。

▼第一三章

要約

歴史的パースペクティブ

心理学者や精神科医が個人的ドキュメントを利用し始めたのは、一九世紀の終わりごろであった。初期には、ロンブローゾやクラフト＝エビングやエリスや、フランスの精神科医たちによって手を加えられた、やや病的な手稿が見られる。同じころに、ゴールトンとホールが質問紙の方法を偶然発見し、客観的な実験では探りえない領域を探究するのに、正常な人びとのあいだで役に立つことがわかった。その後まもなく、リューバとスターバックとプラットが、質問紙法が宗教経験の研究に欠くことのできないものであることを発見した。マリ・バシュキルツェフの心の日記に見られたような、アカデミズムの外の社会での文学作品の増大する主観性は、ビクトリア朝風の寡黙さの崩壊の前兆であり、その影響が心理学にも及ぶ運命にあった。その背後にはドグマ的な現象学の精神があって、ほんらい哲学者兼心理学者が自分自身の精神の自叙伝を書き綴ったものである心理学の古典のなかに浸透していた。実験室の創設と実証主義をうみだすことになったドグマ的な現象学に対する突然の反動は、直接経験に対する心理学者の関心を完全に根絶させはしないで、それを対象化したのである。その結果、研究者は自分自身の心にはあまり関心をもたなくなり、他人の心のドキュメント記録に、より大きな関心を寄せるようになった。
二〇世紀への変わり目に、これらの影響のすべてが、もっぱら個人的ドキュメントの分析と比較にもとづいた最初の重要な心理学的著作であるウィリアム・ジェイムズの『宗教的経験の諸相』のなかに収斂した。クリフォード・ビアーズやヘレン・ケラーが綴った生き生きとした個人的物語が、さらなる刺激となった。この二人の自叙伝は、心理学者たちの関心を大いに引いたのであった。そして同じころ、フロイトが個人の問題の集中的な研究に没頭したことが、主観的な記録の研究範囲をいっそう拡大することとなった。

しかしながら、一九二〇年までは、個人的ドキュメントの利用法は、概して、没批判的であったと特徴づけなければならない。個人的ドキュメントの方法に、当然払われるべき関心がはじめて払われたのは、社会学の分野、とりわけ『ポーランド農民』においてであった。ここ二〇年のあいだに、いや、とりわけ最近五年以内に、注目すべき批判的研究や実験的研究が勢ぞろいし、重大な諸問題に広範囲にわたって大いに光を投げかけた。そのなかには、独立して研究する別々の分析者が同一の解釈に到達する度合いや、ドキュメントのエビデンスが他の資料源から引き出されたエビデンスと一致する程度や、ドキュメントのなかの自己欺瞞を探知するための方法や、その予見的な価値を確証するための方法や、妥当な概念化を獲得するための方法、についての研究が見られる。

個人的ドキュメントの利用法

一人称体のドキュメントは、多種多様な目的に役立つ。心理学実験室における、特殊「分子論的」研究との関連でさえ、ドキュメントは客観的な実験の内省的な補完物として役に立つ。とはいえ、経験の「全体論的」領域においてこそ、欠くことのできないものとなった。すなわち、青年期の葛藤や信仰上の祈願や職業観のような広汎な現象が研究対象とされるばあいに、不可欠なのである。また、幻想生活や、創造的思考や、身体的もしくは精神的な異常性がパーソナリティを彩る領域においても、一人称体のドキュメントの利用は必須である。

実用的な面においては、教育の目的や、社会政策に密接なかかわりのある経験を引き出すため（たとえば、ドイツ兵士の体験記録）や、なかんずく、治療目的のために、個人的ドキュメントは広汎に採用されてきた。自己分析の可能性いかんについてはまだ議論中であるが、また、書くことのカタルシスによって、ノイローゼ症状が明らかに全治するわけではないけれども、現実に、あらゆるばあいに、なんらかの個人的な御利益《ごりやく》がもたらされている。

学究的な精神は、イデオロギー的なレベルよりも、具体的な科学のレベルのほうに、より効果的に適合する。心理学者たちの文学や政治学や歴史学の分野への進出が、個人的ドキュメントの分析によって大成功をおさめたのも、このためである。

ドキュメントやその抜粋が採用されるのは、たんにある著者の理論を例証する目的のためにすぎないことがしばしばである、というのは確かだ。このような本文の利用それ自体に、方法論的な意義があるわけではない。そうではなくて、純粋に帰納的な研究というのがありうるのだ。生のドキュメントが、発見という真に科学的な航海にのりだす大海原として役に立ってきたのである。研究者たちがまったく予期しなかった結論に達することがしばしばあるという事実が、かれらのドキュメントの利用法が、少なくとも部分的にせよ、真に帰納的なものであるということを示している。ドキュメントの帰納的な利用の一般的な成果は、類型の構築である。類型の構築は、さまざまな発見をとりまとめる最も簡潔なやり方である。類型のための基準はまだわかっていないけれども、ドキュメントを束ねるばあいの状況は、他の研究データを束ねるばあいと比べて、見劣りする状況ではない。

社会心理学において、二人の人間のあいだの二人関係の研究が、かれらが交わした書簡の分析によって可能であり、また、友人のサークルを、そのサークル内のすべてのメンバーの個人的ドキュメントによって探究することもできよう。

質問紙や態度尺度の基礎となる診断に役立つ質問を示唆するものとして自叙伝が利用されることが、さまざまなテストを考案する人たちのあいだでも、しばしばある。

多くのばあい、ドキュメントは他のさまざまな研究方法を補い、さまざまな手続きの統合のなかにぴったり嵌まり込む。ドキュメントによる発見が、最終的な成果の信用性を高めるのである。

心理学においてたいそう多くの目的に役立つどんな方法であれ、批判的な研究と絶えざる改良が必要である。

評価の基盤の用意

心理学における個人的ドキュメントの位置を、二つの異なった観点から評価することができる。いずれも十分に広い基盤を提供しているわけではないが、どちらも活用されるべきである。第一には、ある所与の母集団に属するすべての個人にとって（蓋然的な誤差という限界を含みつつも）普遍的に妥当する法則を追求する法則定立的な知識の基準にしたがって、全面的な批判が展開されている。これは、社会科学におけるほとんどすべての研究の依って立つ見地であり、事例ドキュメントに対するたいていの批判が展開される基準である。しかし、もう一つの観点がありうる。いわゆる「臨床的」アプローチに反映されていることを除けば、アメリカの研究ではあまり馴染みのないものである。この個性記述的な観点は、合法則的な出来事が一回起的出来事であることがあり、頻度は妥当性の必然的な検定ではない、と主張する。（一人の人間生活の相互関係に重点を置いた）具体的な心理学におけるトレーニングが、抽象的な心理学におけるトレーニングに先行すべきであり、専門家ですら、精神生活における不自然な裂け目を追求しないですむように、具体的な生活に繰り返し立ち戻る必要があるのだ、と。因果の連鎖は個人的なものであって、多元的な観点から見ることではじめて理解できるのだ、と。動機づけに関する法則定立的な図式は、過度に単純化されている。実際のカウンセリングや治療が、個別事例に不断の注意を払うことのない保険統計的な諸原則にもとづいてなされることはめったにないという事実が、この主張を補強する。最後に、予見力と制御と理解という科学の要件を、個性記述的な手続きは充たす。したがって、評価のための十分に広い基盤を獲得したいと思うのならば、個人的ドキュメントに対する法則定立的なアプローチだけではなく、個性記述的なアプローチも、一切合財、認められるべきである。

ドキュメントの諸形態

心理学者が利用しうる一人称体のドキュメントの形態には、次のものがある。(1)自叙伝（下位形態として、包括的なもの、特定の主題に関するもの、編集されたもの）。(2)質問紙。(3)逐語記録（インタビュー、夢、告白）。(4)日記（心の日記、回顧録、記載事項の定められた日誌）。(5)手紙。(6)表出的・投影的作品（「非意図的な」個人的ドキュメント）。

ひとが個人的ドキュメントを書くのはなぜかという問題を、それを利用したいと望む心理学者は考察しなければならない。さまざまな動機が作用している。やっきになっての弁解、露出趣味、きちんとしていたいという欲求、個人的パースペクティブの獲得、緊張からの解放、治療の欲求、金銭獲得の欲求、課題遂行の欲求、社会的再統合、科学的興味、文学的な喜び、社会奉仕もしくは改革の願望。そしてときおり見られるのが、文学的不朽性の願望。ドキュメントが書かれる動機が理解できれば、心理学者は、その書き手の人生に対してそのドキュメントがもつ象徴的な意味がどんなものであるかを決定づけ、意識的な報告ならびに無意識的な表出の観点から、そのありうべき功罪を決定するのに、かなり有利な立場に立つことができよう。

自叙伝体の手記に関するかぎり、心理学者たちは、未発表のものを、また、包括的なものよりも特定の主題に関するドキュメントを、はるかに好んでいるように見受けられる。書き手に対する制御が望ましいものと考えられている。こうして、内容があらかじめ規定され、あれやこれやの自叙伝のなかの記載事項が比較可能となることを保証するための、さまざまな措置が講じられるのだ。

思春期以前の子どもたちの書くものは、あまりに貧弱で、価値が乏しい。また、執筆に先立つことわずか一、二年前の出来事の記録は、パースペクティブと均衡を欠いていて、それらの出来事が未来に対してどんな意味をもつのかが不明である。逆境を過度に強調し、安定した幸せな年月を見過ごしやすいという、書き手たちの傾向性を考慮に入れておかなければならない。また、かつての出来事を、のちの歳月にのみ固有の記憶や解釈で覆ってしまうことにも、要注意だ。

研究目的によっては、記載事項が凝縮され明確化されている、編集されたドキュメントを採用することが正当だと認められている。しかし、目的によっては、そのような編集は認められない。特定の主題に関する自叙伝にしても編集された自叙伝にしても、それらがはらむ危険は、研究者の関心に鋭く焦点を当てることで、研究対象者の人生そのものは焦点から外してしまうという犠牲を払っていることである。性的変異についての最近の研究から一例を引いておこう。そこでは、研究対象者のパーソナリティが性のマトリックスのなかに位置づけられているようにみえる。包括的な自叙伝においてこそ、そのような特殊な心の状態をパーソナリティ全体のパースペクティブのなかで見てとることができるのだ。

なんらかの手引きを示さないと、研究対象者たちはかれらの経験の大きな領域を省略しがちであるため、種々の手引き質問紙が考案されてきた。記述の省略は、見過ごしによるのではなく、意識的な判断によるべきだということを保証するためである。しかし、手引きのリスクは、形式張って堅苦しい作品を産むことである。

こんにち、標準的な、もしくは広汎に利用されている手引きは、一つもない。というのは、研究者によってそれぞれ好みがあり、自分の研究の直接的な目的にしたがって、あるいは、個人的ドキュメントには何が含まれるべきかについての自分なりの考えにしたがって、独自のものを考案するからである。もしも利用しうるさまざまな手引きの統合が果たされ、自己というものの研究のための真に包括的なアウトラインが利用できるようになれば、大いに役立とう。しかしながら、そのような試みは、その結果として産出されるドキュメントに黙示的な概念化を課してしまうことになるという大きな困難にぶつかる。とはいうものの、経験の示すところでは、研究対象者たちに、どんな手引きが与えられようとも、思いのままに自由裁量してよいという指示を首尾よく与えることができれば、概念化が個別事例によりよく適合する道を用意することができる。

逐語記録の利用が、急激に増加している。いくぶんかは、性能がよく、目立たない音声記録装置の発明のおかげだといえよう。かくして、インタビュー、治療過程、自発的な対話が真に個人的なドキュメントの仲間入りとなり、その将来性が大いに有望視されている。

個人的ドキュメントのうちで最も個人的なものは、日記である。資料源として日記はおびただしい讃辞を受けているが、こんにちまでのところでは実績よりも讃辞のほうが上回っている。日記の形態は多様であり、また、日記をつける人も大勢いるにもかかわらず、優れたドキュメントとなると乏しい。これまで分析された日記は、ほとんどすべて青年期のものである。この研究領域において最も犯しやすい失敗は、分析者たちが単一のドキュメントを読んだだけで、すべての青少年の心のはたらきへと一般化してしまうことである。評価に値するほどの系統的な比較がなされたことがいまだなく、必然的なアドホックな解釈によって単一の精神生活の再構成がなされたこともない。要するに、明確な法則定立的な研究の諸基準が守られたこともなければ、明確な個性記述的な研究の諸基準が守られたこともないのである。

手紙が、徐々にではあるが、その本領を発揮しつつある。やっと、最近の研究が、社会的二人関係の研究とか、一人の書き手の持続的な思考形態や情動的なありようの研究にとって、手紙が顕著な潜在的可能性を秘めていることを示すようになった。

非意図的な個人的ドキュメントが、さまざまな表出的ならびに投影的な作品から得られる。文学的創作、作文、芸術諸形態、絵画の解釈、時間配分表、自発的な演技、自動筆記、言行録、コレクションといったものが、資料として採用されている。投影の論理は、人は誰でも空想にふけるものであるから、空想生活の記録は欠かすことができないものであるという仮定に依拠している。表出の論理は、様式の彩りが、ドキュメントの内容にもとづいた解釈に加えて、心理学者が読みとらなければならない補足的な言語を提供している、と主張する。

自分の心的過程とパーソナリティについて、ドキュメントのなかで、わざわざわれわれに語ろうとするのは、ある限られた少数の人たちだけにすぎないという異議は、個性記述的な観点からすれば、妥当な異議ではない。個性記述的な観点からすれば、どんなに型破りなものであろうとも、どれ一つとして、興味をそそらぬドキュメントはないのだから。法則定立的な観点からしても、この異議は克服しがたいものではない。大きな、代表性のある横断面からドキュメントを手に入れる方法が、すでに発見されているからである。

評価

個人的ドキュメントは、本質的に主観的なものであり、しかも、例外なくそうであるから、頑固な客観主義者にそれらを採用すべきだと説得することは不可能である。しかしながら、(現在の現象学の復活が示しているように) 極端な客観主義は時代遅れになりつつあり、個人的ドキュメントの復活のなかには、少なくとも、ある研究者たちにあっては、科学に対してわざと不敬の挙に出ていると見受けられるものもある。しかし、この対立は和解不能なものではない。というのも、客観主義全盛の時代以来、個人的ドキュメントの利用者たちは、ドキュメントをそれだけで用いる必要はないということを学んできている。裏付けとなる証拠を入手することができるし、また、そうすべきだ、と。そして、方法に関する実験によって、ドキュメントの信頼性と有用性を高めることができるということも、学んできた。客観主義は、個人的ドキュメントを排除しないで、その没批判的な利用ではなく批判的な利用に寄与してきたのである。

さまざまな研究によって、妥当性を測る数量的測定法が可能であること、さらに加えて、非数量的な指標もあるのだということが、論証されてきた。たとえば、研究対象者の一般的な信用性、過去の経験に照らしてみたドキュメントのもっともらしさ、内的一貫性もしくは自己撞着の検定、非数量的な独立のエビデンスといったものである。

微妙な欺瞞や省略は発見しがたいけれども、はなはだしい欺瞞は、ふつう探知することができる。匿名性の保証と、課題をこなすという態度でドキュメントを書く作業に臨んでほしいと呼びかけること（道徳的評価からの自由）が、故意の欺瞞を防止する最良の保証となる。

自己欺瞞に関しては、われわれは二つの種類を、ありうるものとして、区別しておかなければならない。ある意味において、いかなる人間も、自分の行動は基本的に正しいという感情から自由であることはできないように思われる。瑣末な悪事や過ちは正確に報告することはできても、自分の全人生がその一点にかかる旋回軸となると神聖なものだ。侵すべからざる自己愛は、すべての個人的ドキュメントのなかに見いだされる永遠のより糸である。しかし、この自我価値の表出こそ、まさに、ドキュメントに求められているものである。研究者は、価値の主観的な焦点からは人生がどのように見えるかを知りたいと願っているのである。もう一つの種類の自己欺瞞は、合理化と投影から成る。要するに、洞察の失敗なのである。つまり、研究対象者の側で、他者たちの判断に同意するにせよしないにせよ、他者たちが自分を見るようには自分自身を見ることができなかった、ということである。ここに、心理学者がこの狭義の、特殊な意味あいにおける自己欺瞞を探知することを可能にする指標がある——それはよりいっそうの研究によって大いに展開されえよう。

どんな研究対象者も自分自身の深層の動機づけを知ることはできないということが、しばしば個人的ドキュメントに対してなされる不満であり、精神分析学者には致命的な欠陥であると見做されている。この論争点は結着がついていないのであって、つまり、究極的な動機づけは常に隠されていて、接近不能なものなのであるから、心理学者たちが究極の動機がいかなるものかについて、現在よりももっと多くのことを知るようになるまでは、一人称体のドキュメントの書き手たちの証言を傾聴すべきである。たとえ、書き手が自分の動機づけのパターンの総体を見ることができないにせよ、かれは、虚心の分析者にとって欠くことのできない報告をつくるのには十分にそれを見ているのである。

過度の単純化が、自叙伝体の書き物のなかに存在する。日記体の書き物における以上にひどい。しかし、おそらく、どんな客観的な研究方法におけるよりもひどくはあるまい。自己報告のなかの統合性と一貫性をそなえた主張の、見せかけのものと正当なものとを区別する手段を発見することが、残された課題である。

作品に対する気分の影響は、防ぐのが難しくはない。だから、ある書き手が書いたドキュメントはサンプルとして信頼性を欠いているという言いがかりは、重大ではない。記憶の誤りも防ぐのが不可能ではなく、少なくとも、探知可能である。そして、回想において、過去が特殊に構成されるという事実そのものが、研究対象たる精神生活について知りたい事実なのである。

書くという行為は、とりわけ手引き質問紙に従って書かれるばあいには、事例に黙示的な概念化をもたらす。そのようなカード・スタッキングは、法則定立的な研究においてはとりわけ危険である。つまり、標準的な指示を与えることによって、おのおのの人生に画一的な次元を挿入し、そして、それを取り出すということをしてしまうからである。しかし、カード・スタッキングの危険は、書き手があらかじめ決められた手引きに従うばあいには、個性記述的な研究でも見られる。このジレンマに対する満足のいく解答は一つもない。もしも書き手に最大限の自由を与えれば、かれは自分から進んで、自分の事例に最も適合する黙示的な概念化をおこなうであろうと期待することはできよう。

ブルーマーは、トマスとズナニエツキによって採用されたドキュメントには、多くの異なった概念化があてはまったかもしれない、ということを明らかにした。同じことがあらゆる心理学的研究についても言えよう。当のドキュメントに対する概念化の恣意性はお決まりのことだけれども、ちょうど心理学者たちが実験による諸事実を対照的な諸理論によって解釈することがしばしばあるように、このジレンマはなにも個人的ドキュメントに特有なものではないのである。

個人的なドキュメントの助けを借りた具体的な心理学は、研究対象の分析と切除が作為的な方向に入り込むのを防いでくれる。それは、心理学は現実の個人的生活をほとんど考慮することなしに、抽象の上に抽象を積み上げていくものだという、素人の異議に対する埋め合わせとなる。行動の観察は、ある点までは具体的な科学の基礎として役立ちうるが、主観的な意味の領域において役立つのは、個人的ドキュメントだけである。学生と教師の双方にとって、ドキュメントは現実性の試金石なのである。

有機体的なものの見方も時系列的なものの見方も、個人的ドキュメントなしには容易には取りえない。そして、これらの見方は、こんにち、人間のパーソナリティへの精神測定的、実験的アプローチにとって、その補いとして欠かすことのできないものとして認められている。

個人的ドキュメントの最も厳しい批判者たちでさえ、ドキュメントが研究のためのひらめきや最初の手がかりを与えてくれる価値を備えていることは認める。しかし、われわれはドキュメントの価値がそれだけに尽きると認めることはできない。真正の帰納的な研究が、多数のドキュメントによって成し遂げられてきた。一般化の対象が広くなればなるほど、ドキュメントのサンプルはますます多く必要とされる。単一の人生にしか見いだされないほど稀な出来事を扱う一般化にとっては、当の人生の記録だけが必要とされるにすぎない。法則定立的な研究と個性記述的な研究との違いは、探究される一般化の肌理の粗さと細かさにある。あらゆる人間に、あるいは大部分の人間に当てはまる近似値を定式化することはできる。しかし、正確さと洗練さが要求されるばあいには、個人的な形態での特殊法則が要請される。

科学の方法（および科学の統一）についての最近の議論のなかには、科学の言語のほうがその目的よりも重要であると言わんばかりのものがあって、儀礼主義をうみだしている。これに対して、われわれの立場は、個人的ドキュメントの言語が、理解と予見力と制御力を、人間に備わっている、科学の助けを借りない常識によって達成されうる以上に、高めることを示すことができれば、これらのドキュメントを妥当な科学的方法として認めなければならない、というものである。操作主義や、論理主義や、あるいは数理主義に対するいかなる忠誠も、それを妨げるべきではない。

正当に取り扱えば個人的ドキュメントは、こういった科学の批判的な検定を充たす、ということを示すことができる。個別事例についての生きた知識、つまり、そのパターン化された性格とその個性的な行為の法則の認識は、一般化された知識の出発点と適用というその終着点に位置している。洞察は、法則定立的な理解と個性記述的な理解が織り合わさってできる産物である。理解の過程の主観性を恐れる実証主義者も、直観主義者に劣らず、現存する最も感受性にとむ記録装置である自分自身の精神が、どのようにして、多数の変数を登録し、それらのあいだの関係性を識別することができるのかを解明するという課題に結着をつける必要がある。識別という技法が分析を寄せつけないものではないことが、予備作業として証明されている。

　現在までのところ、社会研究ならびに心理研究における頻度の強調のために、一人の研究者が、自分が妥当だと思う理解を達成するために、多くの事例を研究してきた。ぎゃくに、多くの研究者が同じ目的のために同一の単一事例を研究することは、めったに見られない。さまざまな立場の有利さを活かして洞察をプールする（ケース・カンファレンスのように）ことは、さらに研究してみる必要のある方法である。多数の研究者が関与するとき、結果として生ずる解釈の妥当性のほうが、それらの信頼性（観察の一致）よりもまさるということが、わかっている。この事実は、徹底して調べてみる必要がある。

　妥当な概念化の検定法には、あらゆる事実との符合、理論家たちの見解の一致、予見力、主観的に確かだという感覚、理論自体についての思考実験、解釈図式の内的一貫性といったものがある。このような検定は、杜撰で恣意的なタイプの理論化をなくしはするけれども、一つにして唯一の最終的に妥当な概念化の導出を保証するものではない。どんな心理学的研究においても、そのように完璧な帰納的論理が達成されることは、けっしてない。個人的ドキュメントの分野において、それを期待するのは無理である。人間の経験をプロットする助けとなりうる海図は、いつの時代になっても、種々あるだろう。しかし、地理学においても、地球の地図を描くための、さまざまの可能な、しかも等しく妥当な投射図法があることに、われわれは注目したい。

　ごくときたま、ある人生の概念化がなんらかの既存の心理学的思想体系（フロイト主義、マルクス主義、アドラー主義）に、妥当に、かつ余すところなく当てはまることがある。いくつかの思想体系の混合物が必要とされることは、よりしばしばある。個性記述的な議論が主張するように、アドホックな概念化を、もっとより頻繁に追求することが望ましいと思われる。つまり、事例みずからになんでも話させ、それ独自の法則を語らせ、それ独自の説明を口述させるのである。しかし、そのような理想的なものは、完全には達成しえない。どんな単一の事例のじっくりとした考察にも、一般化された知識が不可避的に入り込むものなのだ。同時に、もしも理論家が個別事例に対して可能なかぎりあらゆる感受性を採用し、一般諸原則の優れた部分を取り込んだ、豊かな知識を引っ張ってくるならば、より妥当な洞察と、理論化における「より優れた適合性」を獲得することができるだろう。

個人的ドキュメントの予見に関する最近の研究は、たいてい、もしもわれわれが、結婚の成就や宣誓釈放違反や青少年非行のなかに頻繁に現れる一定の変数を発見できれば、新たな事例のなかにこれらの変数が十分に存在するかどうかで、成功しそうであるか失敗しそうであるかを判断できる、という仮定に立脚している。事例の数が大量であるかぎり、この推論にはなんの欠陥もない。しかし、ときどき見かけるのだが、この論理が歪んで理解されると、不合理な推論となる。もしも、ある一定の街区の少年たちの一〇パーセントが非行に走るならば、その街区育ちのこの少年は、非行に走る一〇〇分の一〇の可能性をもっている、と考えられてしまうのだ。この問題の真実は、決定論を扱う科学の観点からすれば、その少年は、非行に走る一〇〇パーセントの確実性をもっているか、それとも、まっとうに生きていく一〇〇パーセントの確実性をもっているかのいずれかであろう。もしもあらゆる原因が知られるところとなれば、われわれは（環境による偶発事件を別にして）完全に、彼に対して予見することができよう。というのも、彼の可能性は、彼自身の行動的環境におけるその生活のパターンによって決定されるのであって、母集団全体において見いだされる頻度によって決定されるのではないからだ。心理学的な因果関係は、つねに個人的なものであって、けっして保険統計的なものではないのだ。それゆえ、事例研究による予見が、もっと正確になることが、原理的に期待される。こんにち存在しているエビデンスが、このことが真実であることを示している。もちろん、この点に関するもっと多くの研究がなされることが待望されるけれども。

事例研究による予見を保険統計的な予測の下位に位置づけようとする現今の考え方を論駁しておくことが必要であろう。かれらは、事例研究による予見は、統計的な推理の粗っぽくかつ不正確な応用だと言うのである。この立場の論理は、未来の出来事の予知は、次の二つのいずれかに依拠するものである、という主張にもとづいている。ひとつは、一般的な母集団における諸関係の確率（純粋に保険統計的な予測）についての知識であり、いまひとつは、その個人の過去の生活における（一定の刺激のもとでの）同一の出来事の発生頻度についての知識、である。いずれのばあいでも、われわれの予見は反復に、過去の発生頻度に、依拠するものだとされている。単一事例を扱うさいに、そのような過去についての知識がたえず採用されるものであることには、いささかの疑いもないが、統計学的な予測と単一事例に対する予見を等置することは間違いである。⑴優れた予見をする臨床家たちは、町のどこにでもいる人たちと同様に、予見に到達するために、自分たちの過去の経験を相対的な頻度によって数量化することに気遣いをするなどということはないことは確かである。かれらが無意識的にそうやっているなどという証拠はなにもない。こんにちでは連想の頻度が学習過程や人間の推論についての十分な説明にはならないことがわかっているから、かれらはそんなことをしていないという確信のほうが強い。⑵現代の心理学が示しているところでは、諸関係の知覚は、大部分、外的な布置連関に依拠しているのであって、布置連関内の諸要素についての過去の経験に依拠するものではない。この証明は、心理学に「帰属」という概念をもたらした。帰属という概念は、知覚の分野のみならず、学習や推論の分野においても、不可欠なものとなっている。⑶人間生活においては、いかなる二組の継続する環境も同一ではないのであるから、もしもわれわれが類似性というものを緩やかに認めさえするならば、われわれは過去の行動をわれわれの現在の予見との関連において活用しなければならない。洞察のはたらきは、機械的な反復や頻度に依拠することはできない。というのも、厳密に言えば、正確な反復などというものは一つとしてないからである。せいぜい、過去が活かされるのは、われわれがその過去を、われわれが予知しようとしている出来事とレリバントであり類似していると判断するばあいだけである。関連性《レリバンス》と類似性は、主観的な観念なのであって、けっして、二つの状況における同一の要素の反復に縮減することなどできないものなのである。そして、どんな機械的な分類法も、因果関係についての人間の判定の適切な代用品にはなりえないと思われる。(4)成功する予見は、しばしば、これまでほとんど発生頻度もなければなんらの現実的な強烈さを示したこともない、現時点では潜在的な傾向にもとづいての、変化の現れ（新奇な行動）の予知である。その問題となる潜在的傾向が、われわれの経験が及びうる範囲の他者の生活において重要なものである必要もない。にもかかわらず、予見者は、しばしば、これらの潜在的傾向が当の生活のなかの他の諸過程や諸環境との相互作用によって発展し、おそらくついにはその生活全体を支配することになるだろうということを予知することができるのだ。このような事例において、過去の経験を機械的に重みづけるならば、予見者の独創的かつ創造的な心のはたらきの真価を見失うことになろう。過去の経験が予見の過程にどんどん入り込むことを、おおらかに認めようではないか。しかし、事例研究からのアドホックな予見では、過去の経験を選び出し、整理しなおし、造りなおすことがあることもまた、認めようではないか。そのような選択、再構成、改造は、統計学的な手続きの単純化された理性のなかには存在していないものなのだ。

こういった議論を抽象的なレベルでいつまでも続けていく必要はない。研究がこの問題に結着をつける助けとなりうる。ここで主張したように、最も出来のよい事例研究による予見が、最も出来のよい保険統計的な予測に勝るかどうか、われわれはまもなく、きっぱりと確証できよう。また、予知という心のはたらきについての将来の現象学的な研究にも、かなりの期待がもてる。素人がかれの予見を成功させるのは、どのようにしてであろうか？　社会科学者たちは、どのようにしてであろうか？　どんな個人的な資質によって、優れた予見者と劣った予見者ができるのだろうか？　カウンセラーたちが予見をするにあたって、分類装置に頼ろうとしないのは、なぜなのか？

個人的ドキュメントを採用するさい、われわれは科学と常識とのあいだに橋渡しをする。われわれは後者の用具を前者の用具にする。しかし、科学はつねに常識に改良を加えることを目指しているのであるから、この用具を研ぎ澄まさなければならない。偶然的、没批判的な利用は、さまざまな改良に道を譲らなければならない。こんにち、多くの改良が知られており、利用可能となっている。しかし、個人的ドキュメントをすっかり放棄してしまうとしたら、最初のひらめきをもたらす以外にはなんの価値も認めないとしたら、逆戻りである。もしも心理学と社会学が常識との競争に勝とうとするならば——いまのところはまだ勝利をおさめてはいないが——、常識それ自体の基本的な（改良された）手続きも含めて、あらゆる手段を自由に使いこなせるようにならなければならない。

個人的ドキュメントの擁護論は、最終的には、制御におけるその効用を頼りにしている。どんな臨床家もカウンセラーも、事例資料に頼らないことはめったにない、ということは明白な事実である。医療、ソーシャルワーク、心理学相談の技術は、個人的ドキュメントを必要としている。その方法に対するプラグマティックな正当化は、充たされている。一般市民たちが何を望み何を要求しているかの指標として、個人的ドキュメントが、将来、さらにずっと広汎に利用されることが約束されている。デモクラシーの願いは、個々人の統合性を培うことである。量的な研究は、この至上目的から注意を逸らせがちである。心理学と社会学が、個人生活の統合性と機能化により多くの注意を注げば注ぐほど、自由な科学を維持し、その科学に人類に奉仕する機会を与えるところの社会哲学の支持に、ますます大きな寄与をすることになろう。

結論

要約を終えるにあたって、将来の心理学と社会学において個人的ドキュメントをより首尾よく利用するために、われわれが学んできた主要な教訓はどんなものであるのか、と問うておくのがよかろう。われわれが考えるところ、三つのことが顕著である。

(1)絶えざる、大胆にしてラディカルな実験が奨励されるべきである。ドキュメントの批判的な利用はまだ二〇年にもならないのであるから、技法に関する鋭敏で独創的な実験の大部分は過去五年間の産物なのであるから、そして、ドキュメントの利用の範囲がいまなお急速に拡大しつつあるのだから、書き方の、データの組織化の、妥当性の検定の、予見の、解釈の技法を系統的に探究しようとする創造的な実験への意欲に水を注すことは、百害あって一利なしであろう。こういった実験を続けていけば、ついには、一人称体のドキュメントのみならず他のタイプの事例研究をも最適に利用するための明確な諸規則のセットを産みだせるにちがいない。

(2)個人的ドキュメントを利用する者は、いたるところに待ち構えている陥穽に注意し、自分が用いるドキュメントとその手続きを、サンプリング・エラー、妥当性の欠如と信頼性の欠如、故意の嘘、自己欺瞞、記憶の誤謬、不当な黙示的概念化、そして、最終的解釈の恣意性、から守り抜けるだけの事前の対策を講じるべきである。本書のなかでも、こんにち利用可能な予防措置の大部分が論述されている。他の予防措置もやがて発見されるだろう。

(3)気のない褒め方をしてかえって個人的ドキュメントを貶す理論家たちに対する強力な対抗手段がある。かれらの口ぶりは、ドキュメントの唯一の長所はひらめきをもたらしたり、仮説を示唆するその能力にあるとか、単一事例に向けられる心のはたらきは、たんに、不完全で不適切な統計学的推論のごときものにすぎない、というものである。こういった見方は現代に支配的な経験主義的な風潮を反映したものであるが、個人的ドキュメントが社会科学に対してもつ価値のほんの一部分しか表現できていない。正しく利用すれば、このようなドキュメントは、人間の経験の根底に科学のメスを入れ、単一事例の好ましい価値を人間の思考の正常な過程において最大限に活用し、推論の個性記述的な諸原則を開発し、そして、科学の三つの批判的検定、すなわち、理解と予見と制御を（保険統計的な研究方法だけでなしうるよりも適切に）充たす助けとなるのである。

文献リスト

1. Adler, A., 1929, *The Case of Miss R.: The Interpretation of a Life Story*, New York: Greenberg.
2. Allport, F. H., 1924, *Systematic Questionnaire for the Study of Personality*, Chicago: Stoelting.
3. ——, 1937, "Teleonomic Description in the Study of Personality," *Char. & Pers.*, 5: 202–214.
4. —— and Frederiksen, N., 1941, "Personality as a Pattern of Teleonomic Trends," *J. Soc. Psychol.*, 13: 141–182.
5. ——, Walker, L. and Lathers, E., 1934, "Written Compositions and Characteristics of Personality," *Arch. Psychol., N. Y.*, 26, No. 173.
6. Allport, G. W., 1940, "Liberalism and the Motives of Men," *Frontiers of Democracy*, 6: 136–137.
7. ——, 1938, "Personality: A Problem for Science or a Problem for Art?," *Revista de Psihologie*, 1(4): 1–15.
8. ——, 1937, *Personality: A Psychological Interpretation*, New York: Holt.
9. ——, in press, "Personality as Datum and Goal of Science," in *Man and Society* (ed. R. Anshen), New York: Harcourt, Brace.
10. ——, 1940, "The Psychologist's Frame of Reference," *Psychol. Bull.*, 37: 1–28.
11. ——, 1929, "The Study of Personality by the Intuitive Method: An Experiment in Teaching from *The Locomotive-God*," *J. Abnorm. Soc. Psychol.*, 24: 14–27.
12. ——, Bruner, J. S. and Jandorf, E.M., 1941, "Personality under Social Catastrophe: An Analysis of 90 German Refugee Life Histories," *Char. & Pers.*, 10: 1–22.
13. —— and Vernon, P. E., 1933, *Studies in Expressive Movement*, New York: Macmillan.
14. Baade, W., Lipmann, O. and Stern, W., 1909, "Fragment eines psychographicshen Schemas," *Zsch. f. ang. Psychol.*, 3: 191–315.
15. Bain, R., 1925, "The Impersonal Confession and Social Research," *J. Appl. Sociol.*, 9: 356–361.
16. Baldwin, A. L., 1940, "The Statistical Analysis of the Structure of a Single Personality," *Psychol. Bull.*, 37:518–519.
17. Barbellion, W. N. P., 1920, *A Last Diary*, New York: Doran.
18. ——, 1919, *The Journal of a Disappointed Man*, New York: Doran.
19. Barnes, H. E., 1919, "Psychology and History," *Amer. J. Psychol.*, 30: 337–376.
20. Bashkirtseff, M., 1889, *The Journal of a Young Artist* (transl.), New York: Cassell.
21. Beers, C. W., 1928, *A Mind that Found Itself: An Autobiography* (5th edit., rev.), New York: Doubleday, Doran.（= 1980, 江畑敬介訳『わが魂にあうまで』星和書店.）
22. Bender, I. E., et al., 1941, *Motivation and Visual Factors in College Students*, Hanover, N. H.: Dartmouth Eye Institute.
23. Bernfeld, S., 1931, "Trieb und Tradition im Jugendalter: Kulturpsychologische Studien an Tagebüchern," *Beihefte z. Zsch. f. angew. Psychol.*, 54.
24. —— (ed.), 1922, *Vom Gemeinschaftsleben der Jugend*, Leipzig: Internationaler

Psychoanalytischer Verlag.
25. Bills, A. G., 1938, "Changing Views of Psychology as a Science," *Psychol. Rev.*, 45: 377-394.
26. Bingham, W. V. and Moore, V. M., 1931, *How to Interview*, New York: Harper.
27. Bjerre, A., 1927, *The Psychology of Murder: A Study in Criminal Psychology* (transl.), London: Longmans.
28. Blos, P., 1941, *The Adolescent Personality: A Study of Individual Behavior*, New York: D. Appleton-Century.
29. Blumer, H., 1939, *Critiques of Research in Social Seiences I: An Apraisal of Thomas and Znaniecki's 'The Polish Peasant in Europe and America,'* New York: Social Science Research Council.
30. Bohne, G., 1922, *Die religiöse Entwicklung der Jugend in der Reifezeit: Auf Grund autobiographisher Zeugnisse*, Leipzig: Hinrich.
31. Bonaparte, M., 1939, "A Defense of Biography," *Int. J. Psycho-Anal.*, 20: 231-240.
32. ——, 1932,"Der Untergang des Hauses Usher," *Psychoanal. Bewegung*, 4: 421-438.
33. Bondy, C., 1922, *Die proletarische Jugendbewegung im Deutschland*, Lauenburg: Adolph Saal Verlag.
34. Bragman, L. J., 1936, "The Case of Dante Gabriel Rossetti," *Amer. J. Psychiat.*, 92: 1111-1122.
35. ——, 1937, "The Case of Floyd Dell: A Study in the Psychology of Adolescence," *Amer. J. Psychiat.*, 93: 1401-1411.
36. ——, 1936, "The Case of John Addington Symonds: A Study in Aesthetic Homosexuality," *Amer. J. Psychiat.*, 93: 375-398.
37. Breslaw, B. J., 1938, "The Development of a Socio-economic Attitude," *Arch. Psychol., N. Y.*, 32, No. 226.
38. Brown, H. C., 1937, *A Mind Mislaid*, New York: Dutton.
39. Bruner, J. S. and Allport, G. W., 1940, "Fifty Years of Change in American Psychology," *Psychol. Bull.*, 37: 757-776.
40. Bühler, C., 1934, *Drei Generationen im Judendtagebuch*, Vol. 11 of *Quellen und Studien zur Judendkunde*, Jena: Fischer.
41. —— , 1933, *Der menschliche Lebenslauf als psychologisches Problem*, Leipzig: Hirzel.
42. —— (ed.), *Jugendtagebuch und Lebenslauf: Zwei Mädchentagebücher mit einer Einleitung*, Vol. 9 of *Quellen und Studien zur Judendkunde*.
43. Burr, A. R., 1909, *The Autobiography: A Critical and Comparative Study*, New York: Houghton Mifflin.
44. Cantril, H., 1941, *The Psychology of Social Movements*, New York: Wiley.(= 1959, 南博・石川弘義・滝沢正樹訳『社会運動の心理学』岩波書店.)
45. ——, Gaudet, H. and Herzog, H., 1940, *The Invasion from Mars*, Princeton: Princeton Univ. Press. (= 1985, 斎藤耕二・菊池章夫訳『火星からの侵入——パニックの社会心理学』川島書店.)
46. Carlson, E. R., 1941, *Born That Way*, New York: Day.
47. Cartwright, D. and French, J. R. P., Jr., 1939, "The Reliability of Life-History

Studies," *Char. & Pers.*, 8: 110-119.
48. Cather, W., 1927, "A Letter from Willa Cather: A Short Account of How I Happened to Write *Death Comes for the Archbishop*," *Commonweal*, 7: 713-714.
49. Catlin, G. E. G, 1927, *The Science and Method of Politics*, New York: Knopf.
50. Cavan, R. S., Hauser, P. M. and Stouffer, S. A., 1930, "Note on the Statistical Treatment of Life History Material," *Soc. Forces*, 9: 200-203.
51. Chassell, J. O., 1928, *The Experience Variables Record*, Rochester: Univ. of Rochester Medical School.
52. Clark, E. T., 1929, *Psychology of Religious Awakening*, New York: Macmillan.
53. Clark, L. P., 1921, "Unconscious Motives Underlying the Personalities of Great Statesmen," *Psychoanal. Rev.*, 8: 1-19.
54. Conwell, Chic., 1937, *The Professional Thief, by a Professional Thief*, annotated and interpreted by E. H. Sutherland, Chicago: Univ. of Chicaga Press.
55. Darlington, H. S., 1937, "The Confession of Sins," *Psychoanal. Rev.*, 24: 150-164.
56. Dashiell, J. H., 1935, "Experimental Studies of the Influence of Social Situations on the Behavior of Individual Human Adults," Ch. 23 in *Handbook of Social Psychology*, Worcester: Clerk Univ. Press.
57. Davis, A. and Dollard, J., 1940, *Children of Bondage: The Personality Development of Negro Youth in Urban South*, Washington, D. C.: American Council of Education.
58. Dda, C. F., 1939, "Psychological States Resulting from Parathyroid Deficiency," *J. Abnorm. Soc. Psychol.*, 34: 481-496.
59. Debesse, M., 1937, *Comment étudier les adolescents: Examen critique des confidences juvéniles*, Paris: Alcan.
60. Del Greco, F., 1936, ["'Confessions' and 'Autobiographies' in Normal and Abnormal Subjects."] *Ann. Osp. psichiat. Perugia*, 3-4: 119-131. (=1939, *Psychol. Abst.*, 13, No. 5766.)
61. Dell, F., 1933, *Homecoming: An Autobiography*, New York: Farrar & Rinehart.
62. Dollard, J., 1935, *Criteria for the Life History: With Analysis of Six Notable Documents*, New Haven: Yale Univ. Press.
63. ――, 1938, "The Life History in Community Studies," *Amer. Sociol. Rev.*, 3: 724-737.
64. Downey, J. E., 1929, *Creative Imagination: Studies in the Psychology of Literature*, New York: Harcourt, Brace.
65. Dyk, W., 1938, *Son of Old Man Hat: A Navaho Autobiography*, New York: Harcourt Brace.
66. Ellis, H., 1908, *Studies in the Psychology of Sex: Sexual Inversion*, Philadelphia: Davis.（= 1995-96, 佐藤晴夫訳『性の心理』全6巻, 未知谷.）
67. Estes, S. G., 1938, "Judging Personality from Expressive Behavior," *J. Abnorm. Soc. Psychol.*, 33: 217-236.
68. Farago, L. (ed.), 1941, *German Psychological Warfare: Survey and*

Bibliography, New York: Committee for National Morale.
69. Faris, R. E. L., 1940, "Sociological Causes of Genius," *Amer. Sociol. Rev.*, 5: 689-699.
70. Fearing, F., 1927, "Psychological Studies of Historical Personalities," *Psychol. Bull.*, 24: 521-539.
71. Field, J., 1934, *A Life of One's Own*, London: Chatto & Windus.
72. Flournoy, Th., 1900, *From India to Mars: A Study of a Case of Somnambulism*, New York: Harper.
73. Frank, L. K., 1939, "Projective Methods for the Study of Personality," *J. Psychol.*, 8: 389-413.
74. Frenkel, E., 1936, "Studies in Biographical Psychology," *Char. & Pers.*, 5: 1-34.
75. Frenkel-Brunswik, E., 1939, "Mechanisms of Self-deception," *J. Soc. Psychol.*, 10: 409-420.
76. Freud, S., 1925, "Analysis of a Phobia in a Five Year Old Boy," *Collected Papers*, Vol. III, London: Hogarth Press.（= 1969, 高橋義孝・野田倬訳「ある五歳男児の恐怖症分析」『フロイト著作集 第五巻』人文書院.）
77. ――, 1924, "Eine Kindheitserinnerung aus *Dichtung und Wahrheit*," *Ges. Schrift.*, Vol. 10, Vienna: Internat. Psychoanalyt. Verlag.（= 1969, 高橋義孝訳「『詩と真実』中の幼年時代の一記憶」『フロイト著作集 第三巻』人文書院.）
78. ――, 1915, *The Interpretation of Dreams* (transl.), London: Allen & Unwin.（= 1969-1970, 高橋義孝・菊盛英夫訳『夢判断〈上〉』『夢判断〈下〉』日本教文社.）
79. ――, 1933, *New Introductory Lectures on Psychoanalysis* (transl.), New York: Norton.（= 1969, 古澤平作訳『続精神分析入門』日本教文社.）
80. ――, 1926, "Psychoanalytische Bemerkungen über einen autobiographischen beschriebene Fall von Paranoia," *Ges. Schrift.*, Vol. 8, Vienna: Internat. Psychoanalyt. Verlag.（= 1959, 熊田正春・小此木啓吾訳「自伝的に記述されたパラノイア（妄想性痴呆）の一症例に関する精神分析学的考察」『症例の研究』日本教文社.）
81. ――, 1907, *Der Wahn und die Träume in W. Jensens 'Gradiva'*, Wien: Heller.（= 1969, 池田紘一訳「W・イェンゼンの小説『グラディーヴァ』にみられる妄想と夢」『フロイト著作集 第三巻』人文書院.）
82. Fuchs, H., 1927, "Die Sprache des Jugenlichen im Tagebuch," *Zsch. f. angew. Psychol.*, 29: 74-120.
83. Galton, F., 1883, *Inquiries into Human Faculty and Its Development*, London: Macmillan.
84. Gruhle, H. W., 1928, "Selbstbiographie und Persönlichkeitsforschung," *Kongress f. Exp. Psychol.*, 8: 165-167.
85. Guthrie, E. R., 1938, *Psychology of Human Conflict*, New York: Harper.
86. Hall, G. S., 1904, *Adolescence* (2 vols.), New York: Appleton.
87. ――, 1899, "A Study of Anger," *Amer. J. Psychol.*, 10: 516-591.
88. ――, 1897, "A Study of Fears," *Amer. J. Psychol.*, 8: 147-249.
89. Hanks, L. M., 1936, "Prediction from Case Material to Personality Test Data: A Methodological Study of Types," *Arch. Psychol., N. Y.*, No. 207.
90. Harvey, S. M., 1938, "A Preliminary Investigation of the Interview," *Brit. J.*

Psychol., 28: 263-287.
91. Healy, W., 1938, *Personality in Formation and Action*, New York: Norton.
92. Henderson, D. K. and Gillespie, R. D., 1933, *A Textbook of Psychiatry* (3rd edit.), London: Oxford University Press.
93. Henry, G. W., 1941, *Sex Variants: A Study of Homosexual Patterns* (2 vols.), New York: Hoeber.
94. Hillyer, J., 1927, *Reluctantly Told*, New York: Macmillan.
95. Höffding, H., 1923, *Erlebnis und Deutung* (transl. from Danish), Stuttgart: Frommanns Verlag.
96. Hoopes, G. G., 1939, *Out of the Running*, Springfield, Ill.: Thomas.
97. Huth, A., 1930, *Exakte Persönlichkeitsforschung: Begutachtungsmethoden der praktischen Psychologie*, Leipzig: Klinkhardt.
98. Inmate of Ward Eight, 1932, *Beyond the Door of Delusion*, New York: Macmillan.
99. Iovetz-Tereschenko, N. M., 1936, *Friendship-Love in Adolescence*, London: Allen & Unwin.
100. James, W., 1901-1902, *The Varieties of Religious Experience: A Study in Human Nature*, New York: Modern Library Edition. (= 1969-70, 桝田啓三郎訳『宗教的経験の諸相』上下、岩波文庫.)
101. Jayson, L. M., 1937, *Mania*, New York: Funk & Wagnalls.
102. Jeffreys, H., 1924, "Peer Gynt: A Psychoanalytic Study," *Psychoanal. Rev.*, 11: 361-402.
103. Johnson, W., 1930, *Because I Stutter*, New York: Appleton.
104. Judge Baker Foundation, 1922, *Twenty Case Studies*, Boston: Judge Baker Foundation.
105. Kahle, M., 1931, "Beziehungen weiblicher Fürsorgezöglinge zur Familie," *Beihefte z. Zsch. f. angew. Psychol.*, No. 60.
106. Karpman, B., 1938, "The *Kreutzer Sonata*: A Problem in Latent Homosexuality and Castration," *Psychoanal. Rev.*, 25: 20-48.
107. Katz, D. and Allport, F. H., 1931, *Students' Attitudes*, Syracuse: Craftsman Press.
108. Keilhacker, M., 1936, "Charakterologische Aufsatzuntersuchungen," *Zsch. f. angew. Psychol.*, 50: 149-152.
109. Keller, H., 1903, *The Story of My Life*, New York: Doubleday, Page. (=1966, 岩橋武夫訳『わたしの生涯』角川文庫.)
110. Kindwall, J. A. and Kinder, E. F., 1940, "Postscript on a Benign Psychosis," *Psychiatry*, 3: 527-534.
111. Kirschbaumer, L., 1940, "Poetry in Schizophrenia and Other Psychoses," *J. Nerv. Ment. Dis.*, 91: 141-156.
112. Klages, L., 1929-32, *Der Geist als Widersacher der Seele* (3 vols.), Leipzig: Barth.
113. Komarovsky, M., 1940, *The Unemployed Man and His Family: The Effect of Unemployment upon the Status of the Man in Fifty-Nine Families*, New York: Dryden Press.
114. Kraft-Ebing, R. von, 1881, *Psychopathia Sexualis*, Stuttgart: Enke. (= 2002,

柳下毅一郎訳『変態性慾ノ心理』原書房.）
115. Krauch, E., 1937, *A Mind Restored: The Story of Jim Curran*, New York: Putnam.
116. Kris, E., 1933, "Ein geisteskranker Bildhauer," *Imago*, 19: 384-411.
117. Krueger, E. T., 1925, *Autobiographical Documents and Personality*, Chicago: Chicago Univ. Library (unpublished).
118. —— and Reckless, W. C., 1931, *Social Psychology*, New York: Longmans.
119. Krug, J., 1926, "Kritische Bemerkungen zu dem *Tagebuch eines halbwüchsigen Mädchens*," *Zsch. f. angew. Psychol.*, 27: 370-381.
120. Kupky, O., 1928, *The Religious Development of Adolescents* (transl.), New York: Macmillan.
121. ——, 1924, "Tagebücher von Jugenlichen als Quellen zur Psychologie der Reifezeit," *Pädagogisch-psychologische Arbeiten aus dem Institut des Leipziger Lehrervereins*, 13: 132-163.
122. Lasswell, H. D., 1930, *Psychopathology and Politics*, Chicago: Chicago Univ. Press.
123. Lasurski, A., 1912, *Über das Studium der Individualität*, Leipzig: Nemnich.
124. Lazarsfeld-Jahoda, M. and Zeisl, H., 1933, "Die Arbeitslosen von Marienthal," *Psychol. Monogr.*, 5.
125. Leonard, W. E., 1927, *The Locomotive-God*, New York: Century.
126. Lewin, K., 1935, *A Dynamic Theory of Personality*, New York: McGraw-Hill.（= 1957, 相良守次・小川隆訳『パーソナリティの力学説』岩波書店.）
127. Lombroso, C., 1891, *The Man of Genius*, London: Scott.（= 1914, 辻潤訳『天才論』植竹書院.）
128. Lundberg, G. A., 1926, "Case Work and the Statistical Method," *Soc. Forces*, 5: 61-65.
129. MacKaye, D. L., 1929, "Recording Emotional Qualities," *Psychol. Clin.*, 17: 234-248.
130. Maller, J. B., 1930, "The Effect of Signing One's Name," *Sch. & Soc.*, 31: 882-884.
131. Mayer-Gross, W., 1924, *Selbstschilderungen der Verwirrtheit: Die oneiroide Erlebnisform*, Berlin: Springer.
132. McCurdy, H. G., 1939, "Literature and Personality," *Char. & Pers.*, 7: 300-308.
133. Milici, P., 1937, "Graphocatharsis in Schizophrenia: Report of a Case," *Psychiat. Quart.*, 11: 44-73.
134. Misch, G., 1907, *Geschichte der Autobiographie*, Bd. I, Leibzig: Teubner.
135. Moreno, J. L., 1937, "Inter-personal Therapy and the Psychopathology of Interpersonal Relations," *Sociometry*, 1: 9-76.
136. Mühl, A. M., 1930, *Automatic Writing*, Dresden: Steinkopff.
137. Murchison, C. (ed.), 1930/1932/1936, *A History of Psychology in Autobiography* (3 vols.), Worcester: Clark Univ. Press.
138. Murphy, G., Murphy, L. G. and Newcomb, T. M., 1937, *Experimental Social Psychology: An Interpretation of Research upon the Socialization of the Individual* (rev. edit.), New York: Harper.
139. Murray, H. A., et al., 1938, *Explorations in Personality: A Clinical and*

Experimental Study of Fifty Men of College Age, New York: Oxford Univ. Press.（= 1961, 外林大作・西条共安・祖父江孝男・山田隆治訳『パーソナリティ』Ⅰ・Ⅱ，誠信書房.）
140. Nicolaysen, E., 1941, *A New Psychological Method for Resolving Mental Conflicts*, Salt Lake City: Library Univ. Utah (unpublished).
141. Nicolson, H., 1928, *The Development of English Biography*, New York: Harcourt Brace.
142. Nossen, H. L., 1940, *Twelve against Alcohol*, New York: Harrison-Hilton.
143. Perry, R. B., 1935, *The Thought and Character of William James* (2 vols.), Boston: Little, Brown.
144. Pettazzoni, R., 1937, "La confessione dei peccati: Metodo e risultati," *Scientia*, 61: 226–232.
145. Plaut, P., 1920, "Psychographie der Kriegers," *Beihefts z. Zsch. f. angew. Psychol.*, 21.
146. ——, 1929, *Die Psychologie der producktiven Persönlichkeit*, Stuttgart: Enke.
147. Polansky, N. A., 1941, "How Shall a Life-History be Written?" *Char. & Pers.*, 9: 188–207.
148. Ponsonby, A., 1923, *English Diaries*, London: Methuen.
149. Popović, S., 1933, [*Self-Reports as a Means of Exercising the Introspection of Adolescents*], Beograd. (=1934, *Psychol. Abst.*, 8, No. 2841.)
150. Prince, M., 1906, *The Dissociation of a Personality: A Biographical Study in Abnormal Psychology*, New York: Longmans.
151. Prinzhorn, H., 1922, *Bildnerei der Geisteskranken*, Berlin: Springer.
152. Ptaschkina, N., 1923, *The Diary of Nelly Ptaschkina* (transl.), London: Johnathan Cape.
153. Radin, P. (ed. & tr.), 1926, *Crashing Thunder: The Autobiography of an American Indian*, New York: Appleton.
154. Reckless, W. C. and Selling, L. S., 1937, "A Sociological and Psychiatric Interview Compared," *Amer. J. Orthopsychiat.*, 7: 532–539.
155. Rickert, E., 1927, *New Methods for the Study of Literature*, Chicago: Univ. of Chicago Press.
156. Roberts, R. E., 1929, "Autobiography," in *Encyclopedia Britannica* (14th edit.), Vol. 2, p. 783.
157. Rosanoff, A. J., 1938, *Manual of Psychiatry and Mental Hygiene* (7th edit.), New York: Wiley.
158. Runner, J. R., 1937, "Social Distance in Adolescent Relationships," *Amer. J. Sociol.*, 43: 428–439.
159. Sakurai, T. and Chiba, T., 1938, ["A Study of Development of Self-realization in Adolescence"], *Rep. 6th Con. Jap. Psychol. Assoc.*, 198–204.
160. Sanford, F. H., 1941, *Individual Difference in the Mode of Verbal Expression*, Cambridge, Mass.: Harvard College Library (unpublished).
161. Schilpp, P. A. (ed.), 1939, *The Philosophy of John Dewey*, The Library of Living Philosophers, Vol. 1, Evanston & Chicago: Northwestern Univ.
162. Schroeder, C. L., 1926, "Psycho-Energetik (Neugestalung seelischer Diätetik),"

Psychol. u. Med., 2: 27–38.
163. Selling, L. S., 1932, "The Autobiography as a Psychiatric Technique," *Amer. J. Orthopsychiat.*, 2: 162–171.
164. Shaw, C. R., 1930, *The Jack-Roller: A Delinquent Boy's Own Story*, Chicago: Univ. of Chicago Press.（= 1998, 玉井真理子・池田寛訳『ジャック・ローラー――ある非行少年自身の物語』東洋館出版社.）
165. Sheehy, M. S., 1930, "The Confessional as a Procedure in Student Counseling," *Rel. Educ.*, 25: 709–715.
166. Squires, P. C., 1937, "Fyodor Dostoevsky: A Psychopathological Sketch," *Psychoanal. Rev.*, 24: 365–385.
167. ――, 1939, "Jean Paul Friedrich Richter: A Psychoanalytic Portraiture," *Psychoanal. Rev.*, 26: 191–218.
168. Stagner, R., 1937, *The Psychology of Personality*, New York: McGraw-Hill.
169. Starbuck, E. D., 1899, *The Psychology of Religion: An Empirical Study of the Growth of Religious Consciousness*, New York: Scribners.
170. Stern, W., 1925, *Anfänge der Reifezeit*, Leipzig: Quelle & Meyer.
171. ――, 1938, *General Psychology from the Personalistic Standpoint* (transl.), New York: Macmillan.
172. Stouffer, S. A., 1930, *An Experimental Comparison of Statistical and Case History Methods of Attitude Research*, Chicago: Chicago Univ. Library (unpublished).
173. Strang, R., 1927, "A Supplement to the Case Record," *Amer. J. Sociol.*, 33: 262–275.
174. Symonds, P. M., 1941, "Personality Adjustment of Women Teachers," *Amer. J. Orthopsychiat.*, 11: 14–21.
175. Taft, J., 1933, "Thirty-One Contacts with a Seven Year Old Boy," in *The Dynamics of Therapy*, New York: Macmillan.
176. Talbert, E. L., 1939, "On the Enigmatic Personality of Amiel," *J. Abnorm. Soc. Psychol.*, 34: 129–132.
177. Taylor, W. S. and Guller, E., 1929, "The Problem of *The Locomotive-God*," *J. Abnorm. Soc. Psychol.*, 24: 342–399.
178. Terman, L. M., 1934, "The Measurement of Personality," *Science*, 80: 605–608.
179. ――, et al., 1925–1930, *Genetic Studies of Genius* (3 vols.), Stanford: Stanford Univ. Press.
180. Thomas, M., 1937, "Méthodes des histoires à compléter pour la dépistage des complexes et des conflits affectifs de l'enfant," *Arch. Psychol., Genève*, 26: 209–284.
181. Thomas, W. I. and Znaniecki, F., 1918–20, *The Polish Peasant in Europe and America* (5 vols.), Boston: Gorham Press.（= 1983, 桜井厚訳『生活史の社会学――ヨーロッパとアメリカにおけるポーランド農民』御茶の水書房.）
182. Uher, J., 1935, ["The Diary in the Life of Students."] *Psychologie, Brno*, 1: 128–140. (=1936, *Psychol. Abst.*, 10, No. 4320.)
183. Van Tuyl, M. C. T., 1937, "A Study in Student Thinking," *Rel. Educ.*, 32:

255-262.
184. ——, 1938, "Where Do Students 'Lose' Religion?," *Rel. Educ.*, 33: 19-29.
185. Velikovsky, I., 1937, "Tolstoy's *Kreutzer Sonata* and Unconscious Homosexuality," *Psychoanal. Rev.*, 24: 18-25.
186. Wallin, J. E. W., 1935, *Personality Maladjustments and Mental Hygiene*, New York: McGraw-Hill.
187. Wells, F. L., 1914, "The Systematic Observation of Personality," *Psychol. Rev.*, 21: 295-332.
188. Wells, H. G., 1934, *Experiment in Autobiography*, New York: Macmillan.
189. Werner, H., 1940, *The Comparative Psychology of Mental Development* (transl.), New York: Harper.
190. Windelband, W., 1904, *Geshichte und Naturwissenschaft*, Strassburg: Heitz & Mündel.
191. Witmer, L., 1907, "Clinical Psychology," *Psychol. Clin.*, 1: 1-9.
192. Wittels, F., 1924, *Sigmund Freud: His Personality, His Teaching, and His School* (transl.), London: Allen & Unwin.
193. Yerkes, R. M. and La Rue, D. W., 1913, *Outline of a Study of the Self*, Cambridge: Harvard Univ. Press.
194. Yoda, A., 1938, ["A Psychological Study of Diaries."] *Rep. Vi Congr. Jap. Psychol. Ass.*, 262-279. (=1939, *Psychol. Abst.*, 13, No. 3361.)
195. *A Young Girl's Diary* (transl.), 1921, Prefaced with a letter by Sigmund Freud, New York: Thomas Seitzer.
196. Young. K., 1940, *Personality and Social Adjustment*, New York: Crofts.
197. Zawadski, B. and Lazarsfeld, P., 1935, "The Psychological Consequences of Unemployment," *J. Soc. Psychol.*, 6: 224-251.
198. Zinn, E. (ed.), 1937, *A Psychoanalytic Study of the Schizophrenic* (6 vols.), Yale Medical Library (unpublished).

◉　第II部　◉

質的調査の醍醐味

福岡安則著

個人的な体験の鮮烈な物語のおかげで社会が変わることがある

二〇一六年二月一五日、熊本地方裁判所に「ハンセン病家族集団訴訟」が原告五九名により第一次提訴された。地裁に入る隊列の先頭は、ともに腕を組んだ原告代表三名。原告側代理人となる弁護士たちが続く。そして最後尾に、わたしと、共同研究者の黒坂愛衣がいた。

じつは、二〇一五年五月一〇日、東京都東村山市にある国立ハンセン病療養所「多磨全生園《たまぜんしょうえん》」で開催された「第一一回ハンセン病市民学会全国交流集会」の分科会「いま初めて語る家族の思い」に間に合うように、この日の日付で、黒坂愛衣著『ハンセン病家族たちの物語』（世織書房）が出版され、なんと、この本の出版が決定的なきっかけとなって、国を相手取って謝罪と賠償を求める「ハンセン病家族集団訴訟」が始まったのだ。二〇一六年三月二九日の第二次提訴では、原告五〇九人が提訴。合わせて五六八人の大原告団となった。共同研究者の黒坂が、ハンセン病家族の一二の人生物語《ライフストーリー》を丁寧にまとめて、四三四頁もの分厚い本に書き上げた時点では、まさか、こんな展開になるとは、わたし自身、夢にも思っていなかった。

二〇一六年二月の第一次提訴に前後する時期、わたしはちょうど本書第Ⅰ部の翻訳に精をだしていた。訳文の一節に、こんな文章がある。

個人的な体験の鮮烈な物語のおかげで社会が変わることがある（ちょうど、ストウ夫人の『アンクルトムの小屋』、ディケンズの『オリバー・ツイスト』、スタインベックの『怒りの葡萄』

といった類の社会小説が社会を変えたように)。古典的な例としては、躁鬱病患者であったビアーズの自叙伝『わが魂に出会うまで』がもたらした社会的影響についてすでに触れたところである。

七四年も前にオルポートが記していたことが、このわたしの目の前で再現されるなんて、と驚くやら、嬉しいやら。社会的マイノリティ当事者からのライフストーリーの聞き取りをし、まずはその語りを丁寧に再現することを基調とした《質的調査研究》に従事してきて、ほんとによかったと、著者でもないわたしまでもが、感動に身が震えた瞬間であった。

もちろん、本一冊だけで、人びとが動くなどということはない。いろんな要因が、タイミングよく噛み合ってのことである。——少し回り道になるが、ハンセン病問題において、家族たちの問題がどのように扱われてきたか、というよりも、扱われてこなかったか、ということから説明をさせていただく。一九〇七(明治四〇)年に始まった日本のハンセン病に対する「隔離政策」が法制度的にやっと終止符が打たれたのが、一九九六(平成八)年の「らい予防法」廃止であった。このときには、当時の厚生大臣菅直人は、「らい予防法の見直しがおくれたことが、結果としてハンセン病患者、その家族の方々の尊厳を傷つけ、多くの苦しみを与えてきた」ことを謝罪した。しかし、一九九八年、九州の療養所「星塚敬愛園」と「菊池恵楓園」の入所者一三名が第一次原告として「ハンセン病違憲国賠訴訟」を提訴して以降、政府関係者から家族に対する謝罪の言葉が口にされることは皆無となった。国賠訴訟そのものは、二〇〇一年、熊本地裁で原告勝訴判決。時の首相小泉純一郎が控訴断念。ほどなく「ハンセン病補償法」が国会で成立し、原告にならなかった元患者たちもすべて補償の対象となった。このとき、元患者が死亡していても二〇年以内であれば、「遺族」は補償金の相続が可能となった。しかし、これは、ハンセン病家族が、家族として受けた被害への慰謝ではない。家族としての家族は、国による謝罪からも、補償からも、まったくの対象外として放置されてきた。そして、家族のなかには、「裁判をしたい」と弁護団に訴える者もいたが、裁判を起こしても勝てる見通しがたたないとして、取り上げられないままきたのだ。弁護団内部ではずいぶん議論はされたようだが、「共通被害の抽出が難しい」とか、「加害者としての家族に補償金？」という意見さえあったようだ。まだその時点での家族像は、隔離収容された元患者によって語られた〝自分たちを見捨てた家族〟というイメージが根強かったのではないか。

　二〇一四年秋、「ハンセン病療養所退所者給与金」について法改正がなされ、遺族年金化がはかられた。提案理由は「退所者の配偶者等が退所者と労苦を共にしてきた特別な事情に鑑み」てのものだとされた。これに対して、元患者の子どもにあたる人たちのなかから、退所者と結婚した配偶者の「労苦」が慰謝されるのなら、生まれたときから「労苦」を味わわされてきたわたしたちにも、国の謝罪があって当然ではないか、との声が強まった。これが家族集団訴訟を準備した要因の一つである。

二つ目の要因は、ハンセン病に罹患しながらも、生涯療養所に入所することのなかった母親をもつ一九四五年生まれの男性（非入所者家族）が単独で国家賠償を求めていた裁判の判決が、二〇一五年九月九日、鳥取地裁で下されたことである。この日、わたしは、植民地支配下で台湾総督府によってハンセン病患者隔離施設として造られた台北市郊外の「楽生療養院」を調査で訪れていたので、そこで判決内容を知ることとなった。判決はメチャクチャな論理とデタラメな事実認定によって、原告に被害実態なしとする不当判決であったが、総論としては、ハンセン病家族に固有の被害とそれに対する政府の責任を認定していた。これに対して、弁護士のなかから、〝弁護団として家族訴訟をやるべきだ。勝てる見込みがある〟との声が出てきたという。（なお、わたしは、この非入所者家族訴訟の控訴審のために、一審判決を批判する一二万字におよぶ「意見書」を認《したた》め、弁護団に手渡したばかりである。）

三つ目として、この鳥取地裁判決を受けて、ハンセン病弁護団の共同代表の徳田靖之弁護士が厚労省に出向き、〝現時点で、厚労省としてハンセン病家族たちに正式に謝罪する機会を用意してほしい〟と申入れをしたところ、厚労省から拒絶されたということがある。徳田弁護士は、〝では、裁判をするしかないですね〟と応答したとのこと。

四つ目として、二〇一六年三月末日には「らい予防法」廃止から二〇年が経過する。厚労省側が〝その時点で「らい予防法」にかかわる一切の請求は時効を迎える〟との見解を表明していたことがある。家族裁判をやるかやらないかの判断のタイムリミットが設定されていたと言える。

これらすべての要因を、「家族集団訴訟」の提訴へと束ねていったものが、黒坂愛衣の『ハンセン病家族たちの物語』の出版であった。二〇一五年五月のハンセン病市民学会のおりに、著者黒坂からこの本を贈呈された徳田弁護士は、一気に読了。個人的意見と断りながらも、「家族の被害」の問題の早期解決の必要を表明。六月二二日に厚労省で開かれた「らい予防法による被害者の名誉回復及び追悼の日式典」では、遺族代表挨拶に立った奥晴海さん（『家族たちの物語』の第1話の語り手）が、黒坂の書いた本を「わたしたちの本」と形容し、「国会議員のみなさんは、このわたしたちの本をぜひ読んでいただきたい」と語り、その後に開かれた「ハンセン病問題対策協議会」では、座長の厚労副大臣に対して、「今日は副大臣にわたしたちの本をお持ちしました」と贈呈した。――フィールドワーカーである黒坂にとって、聞き取り調査の当の相手から自分の著作を「わたしたちの本」と言ってもらえて、これ以上の讃辞はあるまい。

こうして、二〇一五年一〇月末に、鹿児島県鹿屋市の「星塚敬愛園」を創立八〇周年記念式典に出席のため訪問したとき、やはり招待されて来られていた徳田弁護士と、夜、酒を酌み交わすことになったのだが、彼は「まだぜんぶをお話しできる段階ではないんだけど、子どもたちの裁判をやりますよ」「ぼくは、黒坂さんの本を読んで、ああ、すごいなぁと思いました。彼女のセンスは、すばらしいですよ。天性のものがある」とわたしに語った。

そして、二〇一六年一月二三日に熊本で開かれた「家族集団訴訟原告団」の結成式では、徳田弁護士は、家族たちを前に、「わたしは家族の被害をわかっているつもりだったが、ほんとうにはわかっていなかったことが、黒坂さんの書かれた『家族たちの物語』を読んでわかりました。長いあいだ、家族訴訟を待たせてしまって申し訳ありませんでした」と、自己批判された。徳田弁護士が黒坂さんの本から読み取ったのは、「自分を産んでくれた親を憎んだり、疎ましいと思うという被害ほど、深刻な被害はない」というものであった。ここには、〝患者を見捨てた家族〟の意味づけの鮮やかな転回がみられる。これは、〝家族を語る〟のではなく、〝家族が語る〟ことに徹した視座の転換がもたらしたものだと思う。つまり、これまでは、ハンセン病回復者の口から語られるものとして家族像が表象されてきた。いまや、家族自身がみずから自己の体験を語っている。——翌日の記者会見に、徳田弁護士は『家族たちの物語』を手にして臨んだほどだ。

こうして彼女は、この年の二月から五月にかけて、マスコミ各社からインタビューを求められる身となった。『読売新聞』西部本社版、『河北新報』、『熊本日日新聞』にインタビュー記事が載り、『朝日新聞』四月二〇日付け「ひと」欄にも登場。また、『産經新聞』には寄稿を求められた。

手前味噌の話を長々と書いた。ついでにもう一つ。わたしたちは、ハンセン病問題調査と並行して、二〇一一年三月一一日発生の東日本大震災に伴う東京電力福島第一原発事故による放射能汚染のために、居住地を追われた人びとからの聞き取り調査も実施している。テーマは「故郷喪失と他郷暮らし」だ。その一環として、新潟県立大学教授の山中知彦さん（地域デザインが専門）がまとめ役となった「長泥記録誌編集委員会」に入れてもらった。わたしの在日コリアン研究の成果、*Lives of Young Koreans in Japan*（Trans Pacific Press, 2000）を英訳してもらったトム・ギルさん（社会人類学者、明治学院大学教授）がメンバーのひとりだったので、彼の口利きで、二〇一五年五月の第一回編集委員会にまずはオブザーバーのかたちで、滑り込みで同席させてもらったのだ。以来、年内に泊まり掛けの聞き取り調査に七度遠征。飯舘村長泥地区の人たちが避難している福島市内の仮設住宅や借上住宅、田村市や伊達市の借上住宅などで、一六セッションの聞き取りをおこない、突貫工事で聞き取りの音声おこしと語りの編集をおこなった。

二〇一六年三月一一日の朝、手にした『朝日新聞』の「天声人語」を何気なく読み始めた。「春は満開のサクラ、夏は闇を彩るホタルの群舞。四季の美しい光景が次々あらわれる」。きょうの天声人語は、なんという陳腐な書き出しなのだろうと思いつつ、読み進める。「しかし、それらの写真に人は写っていない。……福島県飯舘《いいたて》村の南端に位置する長泥《ながどろ》地区。福島第一原発が吐き出す大量の放射性物質を浴び、村で唯一の帰還困難区域に指定された。地区の役員や協力者の写真家、社会学者らが今月、この五年の記録として『もどれない故郷《ふるさと》ながどろ』という本を刊行した」（強調点は引用者）。数日前に芙蓉書房出版から刊行されたばかりの本を、「天声人語」の全面を使って紹介してくれていたのだ。「七四世帯、二八一人は散り散りになった。年に一回の懇親会には一〇〇人ほどが集まるが、いつまで結束を保てるか。今のうちに本を作っておこう。区長の鴫原良友《しぎはらよしとも》さん（65）はそう思ったと語る」。

編集委員会のメンバーは、地元委員が七名、外部委員が大学教員、新聞記者、写真家などの一〇名。このうち「社会学者」は、福岡安則、黒坂愛衣、佐藤忍の三人チームのほかにはいない。

ようするに、〝名無しの権兵衛〟で「天声人語」に登場したってわけだ。

『河北新報』（二〇一六年三月七日）も大きな書評記事を載せてくれ、「素朴な村人の語り口で、原発事故で破壊された自然、人と人とのつながり、不条理を告発する証言は胸を打つ」（強調点は引用者）と結んでいた。語り手の「語り口」を活かす音声おこしは、わたしたちの流儀だ。

『朝日新聞』の「ひと」欄が『ハンセン病家族たちの物語』を取り上げ、「天声人語」が『もどれない故郷《ふるさと》ながどろ』を紹介したのは、社会的マイノリティなり社会的災害の被害者たちのライフストーリーの聞き取りの丹念な記述が、社会事象を再現し記録する社会学として社会的認知を受けたということだと思う。とりわけ、黒坂の『ハンセン病家族たちの物語』は、家族たちが語るライフストーリーのまとめを淡々と記述し（四三四頁のうち三四八頁が「語り」の提示であり、じつに八割を占める）、まえがきとして方法の問題が述べられ、最後に遠慮がちに社会学的分析を叙述するというスタイルの本だったからこそ、当事者の心に響き、弁護士の心を動かしたのではないかと思う。黒坂が示したのは、「ハンセン病家族は〝当事者（ハンセン病にかかった本人）の関係者〟なのではけっしてなく、かれら自身が『家族』という当事者なのである」（強調点は原文）という、きわめてシンプルな命題であった。このシンプルな命題が、これまで、ハンセン病問題にかかわる人びとのあいだで、なんとなく分かちもたれていた〝家族も患者を捨てた加害者だった〟かのイメージを払拭したのだし、それぞれに孤立した状況に置かれ、ひたすら耐えて、黙して語らなかったハンセン病家族たち自身が口を開き始めることを促し、結果として、五六八名もの大原告団の結成につながったのだ。

G・W・オルポートの「偏見」概念

本稿は、本書第I部「個人的ドキュメントの活用」（以下、本訳書）の解説をも意図している。本訳書の中身に入る前に、原著者のG・W・オルポートという社会心理学者を、わたしがどう見ているかを述べておこう。

オルポートの名著と言われる『偏見の心理』（培風館、一九六八）は、若いときに読んだ。そして、『社会学文献事典』（弘文堂、一九九八）と『社会学事典』（丸善、二〇一〇）で、それぞれオルポートの『偏見の心理』もしくは「偏見」概念の執筆依頼を受けて、年を重ねてからも、あらためて丁寧に読み返す機会があった。そのことで、わたしにとってのオルポートの印象は、バランスのとれた推論の積み重ねをしていく人だとの好印象を深めることとなった。

オルポートが鍵概念としている「偏見」は、ずいぶん手垢にまみれ、誤解された概念となっているように思う。一方では、同和教育、人権教育、社会啓発に携わる人たちによって、〝偏見とは対象に対する誤った知識〟であるかにピントはずれのかたちで理解され、部落差別問題でもハンセン病問題でも〝正しい知識の普及啓発〟が目的として謳われている。しかし、啓発の音頭取りをしている人たちは、偏見問題の古典たる『偏見の心理』をまともに読んだことがあるのだろうか、と思う。オルポートはたしかに、出だしのほうでは、「偏見とは、充分な証拠なしに他人を悪く考えることである」というさしあたりの定義から出発するが、議論を進めるにつれて、「偏見とは、ある集団に所属しているある人が、たんにその集団に所属しているからとか、それゆえにまた、その集団のもっている嫌な性質をもっていると思われるとかいう理由だけで、その人に対して向けられる嫌悪の態度、ないしは敵意のある態度である」と定義しなおしている。そして、分厚い本の最後のほうでは、「科学的に確かな知識を教えることは、教育者の多くが信じたがるほどの万能薬ではない」との意味深長な表現をしており、偏見をなくしていくうえで大切なことは、むしろ、当事者との出会い、ふれあいを進めることであり、彼自身の言葉で言えば、「対等地位の接触」を深めることだと結論づけているのだ。――啓発の旗振り役の人たちは、絶対、『偏見の心理』を最後まで読み通してはいない、と確信するしだいだ。それにしても、わたしなどが、二〇代のときから差別問題のフィールドワークを重ねてきて、やっと確信するに至った命題を、オルポートはおそらく、文献リサーチを踏まえての推論でもって獲得している。ほんとうに、リアリティ感覚、バランス感覚に秀でた学者だったのだと思う。

　他方、研究者のあいだでも、「偏見」概念はあまり評判がよくない。佐藤裕は『差別論――偏見理論批判』（明石書店、二〇〇五）で、人は「偏見」や「差別意識」をもっているから差別するのだといった考え方は、あまりに素朴な捉え方で、分析的な概念としては通用しないと一蹴している。だが、わたしなどは、オルポートを読み返すかぎり、かならずしもそうは言えないと思うのだ。オルポートは『偏見の心理』の書き出しのところで、ある一つの調査結果を紹介している。

第二次世界大戦終了後のある初夏に、カナダの一社会学者が、あちこちの保養地のホテルに対して、一通はユダヤ人とわかる名前で、もう一通は一般的な白人の名前で、宿泊予約申込みの手紙を出すという社会学的実験をおこなった。一般的な白人名のばあいには九三パーセントが予約成立したのに対して、ユダヤ人名だと予約成立はたったの三六パーセントであったという。ホテルのマネージャーたちがとった行為は、あきらかに「カテゴリーによる拒否」という差別である。オルポートは、「カテゴリーによる拒否」という行為の背後には、なんらかのある意識の状態があると考え、それに「偏見（prejudice）」の語をあてたのだ。わたしには至極まっとうな概念規定の手続きと思われるし、その意味で「偏見」は一定の有効性をもった概念だと思う。――佐藤裕は、差別が立ち上がってくる場面を、「三者関係モデル」によって緻密に理論化している。差別はある者を他者化すると同時に、別のある者を同化する（仲間に引き入れる）ことによって「われわれ」という関係をつくりだす排除という行為によって成立するのだ、と。たしかに、このモデルにおいて、「同化される（仲間に引き入れられる）者」があらかじめ「偏見」なるものを内在化させていることは要件とはなるまい。だが、最初の「他者化をする者」は、「他者化をされる者」に対して、オルポートの言う「カテゴリーの拒否（＝偏見）」を保持していることが、「三者関係モデル」が動き出す要件となっていると、わたしには思われるのである。

『個人的ドキュメントの活用』訳出の経緯

G・W・オルポートは、一八九七年生まれ。本訳書の原書である*The Use of Personal Document in Psychological Science*をSocial Science Research Councilから刊行したのが一九四二年であるから、四五歳の、まさしく働き盛りのときであったと言えよう。翌年には、ハーバード大学の准教授から教授に昇進しているし、その後、アメリカ心理学会の会長もつとめている。

じつは、わたしがこの本を訳出するのは、二度目のことである。初回は、わたしが東京大学文学部社会学科の学部生だった一九七〇年に、『心理科学における個人的記録の利用法』という直訳のタイトルで、培風館から出してもらっている。わたしの社会学の師匠の見田宗介先生から本訳書の訳出を薦められたからであるが、二〇一五年七月三〇日に、新宿のとある喫茶店で、奥村隆さん、芳賀学さん、黒坂愛衣さん同席で、あらためてその詳しい経緯をお聞きした。夕方六時にお会いして先生に夕食をご馳走になったあと、たっぷりお話を聞いてお開きになったのが、夜の一〇時半すぎ。楽しいひとときであった。なお、〔 〕内は、福岡による補足。――ちなみに、わたしは、その六日前、不安定狭心症のため、救急車で大学病院に搬送され、緊急のカテーテル手術を受けたばかり。「ここまで生きてきたツケ」(と、わたしは担当医から言われた)で、身体状態は覚束なくなっているが、頭の回転はまだしっかりしているつもり。ついでながら、わたしは、半年後の二〇一六年の冬にも、今度は冠攣縮性狭心症でカテーテル検査を受けた。こうなると、自分が経験してきたことで伝えるに値することは、文字にして残しておきたいと思うようになる。

ということで、しばし、お付き合いをお願いしたい。

福岡　G・W・オルポートの*The Use of Personal Document*が、どんなふうに日本に入ってきたのか、そして、見田先生自身がこの本をテキストにした経緯あたりのことを教えてください。

見田　かいつまんで言えば、鶴見和子さんが〔一九六〇年代はじめに〕アメリカのプリンストン大学〔の博士課程〕にいたんですね。そこで、オルポートがゼミかなんかをやってて、そこで配られたものらしい。有料ではないけど、海賊版じゃなしに、〔ゼミのための〕コピーだね。それを彼女が日本に持って帰った。で、「思想の科学研究会」の関係で、日高六郎さんにあげたらしいんですよ。「東大でも使ったらどうか」と。当時、日高さんは、東大文学部の社会学科の先生であると同時に、新聞研究所の先生もやっていた。〔新聞研の同僚に〕岡部慶三先生がいて〔日高さんが岡部さんにそのコピーを分けてあげた〕。岡部先生がそのテキストを使って大学院ゼミをやると。で、受講生がぼく一人しかいなかったんです。毎週、ワンチャプターの半分ぐらいずつ読んでレポートするんだけど、ぼくが毎週やるのは大変だろうと、岡部先生が気の毒がって、先生も交替でやってくださった。

それで、ちょうど、身上相談の分析で書いた「現代における不幸の諸類型」（『現代日本の精神構造』弘文堂、一九六五、所収）で城戸《きど》賞っていうのを〔一九六四年に〕もらって、その授賞式のときに、受賞者がなんか研究発表しなきゃいけなかった。あのころからすでに、数量分析のほうがかなり主流だったから、身上相談みたいなものを〔データとして〕使うことの根拠づけというか、質的なデータ分析もちゃんと方法論があるんだということで、ちょうどぼくは、岡部さんからマンツーマンで習ったばかりだから、それを使って発表したのが、『社会学評論』に載せた「『質的』なデータ分析の方法論的な諸問題」なわけです。城戸賞の授賞式には、お歴々の先生たちもいて、日高先生が、「じつは、オルポートという人がこういうことを詳しくやっている。自分と岡部さん以外は読んでいないはずだから、それを使って、ちょっと見田君をいじめようと思ってたんだけど、読んでたのか」って、日高さん、がっかりしてですね（笑い）。まぁ、それは冗談だけど、オルポートのこの本は、ほとんど誰も読んでなかったと思うよ。

で、ぼくが〔一九六五年の四月から東大の教養学部で〕教えるようになって、福岡君が東大に入ってきたのが、ぼくが教え始めて二年目ぐらいだったかな。で、ゼミの学生三人に、「これ、いい本だから翻訳をしよう。分担して下訳《したやく》してみて」と。ひとりが福岡君――あのころは大場君といったわけね。ぼくのつもりでは、下訳してもらって、ぼくがぜんぶ訳し直そうと思ってたんだけど。そしたら、大場君の分担部分が断然いいわけだよ。あとのひとりは、できる学生ではあったけど、英語は得意じゃなかった。もうひとりは、ESSでアメリカに行ったこともあって英語はできるんだけども、中身がよくわかってなかった。それで、大場君に下訳を全部やってもらって、それにぼくが手を入れて出そうと思っていたけど、できあがりが非常によかったので、これは手を入れなくていいだろう、と。結局、大場安則訳で出たのね。だから、鶴見和子→日高六郎→岡部慶三→ぼくと来て、大場君に至ったと、そういう経緯だね。

〔この機会にひとつ言っておきたいけど、ぼくが『社会学評論』に載せた「『質的』なデータ分析の方法論的な諸問題」に対して、批判する論文を〕安田三郎さんが出したものだから、なんか、ぼくは、数量分析を批判する、質的な分析の代表者みたいに思われたりしたんだけど、ぼく自身はもともと、数量分析は興味をもっていて好きなのね。たとえば、あのころ、統計数理研究所が「日本人の国民性」調査っていうのを五年ごとにやっていて、分厚い『日本人の国民性』っていう本が出たときにも、ぼくはものすごく統計数字が好きだったから、もう、片っ端から舐めるように読んだんですね。だから、数量分析を軽視するつもりはない。でも、質的なデータというものには、それなりの存在意義があるんだ、それはけっして、数量データに還元できないものだ。置き換えることは不可能なんだと。たとえば、インタビューなんかをやると、調査者がまったく予想してなかった、生の声を聞くことができる。そういう生の声みたいなものは、いくら数量分析が深化しても、それと置き換えられるものではないわけですね。だから、結論としては、質的なデータと数量分析は、それぞれの使い道が違うんで、両者を組み合わせなきゃ駄目だと。「多段式の分析」が必要だっていうふうに書いたんだけどね。

見田先生は、『現代日本の精神構造』所収の論文のなかで、オルポートの原著を「『質的』なデータ分析の方法論について、包括的・組織的な検討を行なっている、ほとんど唯一のテキストである」と述べているが、この評価はいまでも変わらないとのお考えから、本訳書の再刊について、弘文堂の編集者の中村憲生さんに口を利いてくださった。中村さんの出した条件が、「訳し直してください」であった。

わたしとしては、訳文については、学生のときに見田先生からお褒めの言葉を頂戴しているし、と思って、安請け負いして、多少の手直しで済むはずとの思い込みのもと、〝改訳〟に取り掛かった。いやいや、取り掛かってみると、原著者が何を言っているのか、何を言おうとしているのかがわからないまま、単に英語を日本語に置き換えただけだったなと自省の念が湧いてくる箇所に、たびたび出逢うはめとなった。——そういえば、前述の、わたしの在日コリアン研究の成果をトム・ギルさんに英訳してもらったときも、わたしの納得のいく訳文にしてもらうために、何度も訳し直しを求めて、訳書一冊をつくるのに、まる一年おつきあいしたことを思い出した。わたしの英語力は、かつての受験勉強英語の〝学力〟を付ける教育のなかで、聞く、話すはからきしダメ、書くもできない、ただし、読むことだけはできる（つもり）というもので、トムの訳文を丁寧に読み返したのだ。そのとき気づいたのは、トムは、わたしの言いたいことが何かを摑んだときは、彼自身の自由な文章に訳出してくれて、その英文を読むとこちらの頭のなかにスッと入ってくる。わたしが言いたいことをトムが理解できていないときは、英文としてもデタラメになる。デタラメだということが一目瞭然だから、こういう箇所は、文脈を説明しなおして訳し直してもらえた。ところが、いちばん厄介だったのは、構文にしても単語にしてもわたしが日本語で書いたとおりに、トムが英語に置き換えてくれている箇所だった。誤訳だから訳し直してほしいとの要求もできないまま、はたしてこれで、英語圏の読者に、ほんとうに伝わるだろうかとの不安が、最後まで残った。——要するに、旧訳は、とにかく直訳のかたちで英語を日本語に置き換えただけという箇所が多かったのではないかと、いまさらながら思う。新訳は、多少は、文意の伝わる訳文になったのではないか、と思う。

法則定立的な知と個性記述的な知

今回、本訳書を訳し直してみて、わたしの心にいちばん残ったのは、オルポートが、質的データへの批判への反論として、サンプルの代表性の問題、客観性の問題、妥当性の問題、欺瞞・自己欺瞞の問題、記憶間違いの問題、等々について、丁寧な筆致で質的データの擁護をしているところよりも、本訳書全体をとおして一貫して流れている「法則定立的な知」と「個性記述的な知」の双方に対するバランスのとれた態度であり、かつ、それぞれの知には必要とされる〝作法〟があると力説しているところであった。

そうそう、学部生だったわたしに、nomotheticに「法則定立的」、idiographicに「個性記述的」という卓抜な訳語が思いつくはずがない。これらは、下訳を指示されたときに、見田先生から、この語はこう訳すんだよ、この語はこう訳すんだよと教えてもらったものだ。prediction にも「予言」「予測」「予見」などの訳語が考えられるが、ここでは基本的に「予見」の訳語をあてることにしようというのも、先生のご教示であった。

話を元に戻そう。すでに二〇世紀前葉において、「心理学でも社会学でも支配的なのは法則定立的な知への志向である」という状況のなかで、オルポートは、「心理学は〔そして社会学も〕法則定立的であると同時に、個性記述的でもありうるし、あるべきであると主張する者もいる」として、その研究者名として自分自身の名前をあげている。「事例のインテンシブで個性記述的な研究」には、法則定立的な研究に引けをとらない価値がある、との信念がうかがえる。

そのオルポートが、なによりも戒めているのが、目の前の質的データに対して、外側から一定の理論枠組みをもってきて、切り刻んでしまうことである。いわく、「トマスとズナニエツキの『ポーランド農民』に関して、個人的ドキュメントが、その著者たちの概念枠組みの基礎をなしているというよりも、むしろ、著者たちの枠組みからドキュメントのほうが意味を付与されているということを明らかにしたのは、ブルーマーの功績である。事例の解釈を読んでいて、その研究者によって与えられた概念化でなくて、まったく異なった概念化でも、その生のデータにあてはまるだろうと感じることが、たびたびある」。いわく、「たいていのばあい、ドキュメントは、書き添えられる註釈や解釈から、その意味と了解可能性を付与されているように思われる。ドキュメントの真に帰納的な利用法が見られるのは、ごく稀でしかない。帰納法が用いられているばあいでさえ、ドキュメントの解釈が必然的であると思われるのは、かりにあったとしても、稀である。往々にして、明らかに無理強いであるか、こじつけである」。

だから、オルポートは、フロイトに批判的である。その批判の舌鋒は、辛辣でさえある。

　フロイトは、最初に事例を示しておいてから自分の結論を引き出すことをしない。彼はあらかじめ構築された理論の例証として事例を利用しているように思われる。彼の考えの枠組みが新しい事例を認めることで変わることはもちろんあるが、ここで問題にしている事例に関するかぎりでは、各患者は彼の理論を（創り出すのではなくて）例示し例証しているように思われる。この批判は（個人的ドキュメントの分析にもとづいた）精神分析学的な事例を取り上げた非常に多くの文献にも当てはまるだろう。治療場面ではたいていのばあい精神分析医は細心の心遣いと個性の尊重をもって患者に接しているが、印刷物での事例の議論となると、そういった特徴は通常影をひそめてしまっているように思われる。事例を手っとり早い型のなかに押し込め、患者の個性がないがしろにされているようにみえる。フロイトの信奉者ではない読者が、書物のなかに書かれた解釈を読んだときに、こじつけで無理強いだと考えるのはこのためである。その一方で、仲間内では、その解釈が、こういう解釈もありかなという程度を超えて、この解釈しかありえないというふうに思われるのだ。

このような、質的データたる個々の事例に対して外在的な概念枠組みをもちきたって、その概念枠組みの都合に合わせて、事例をいわば料理してしまうことへのオルポートの批判意識は、筋金入りと言っていいだろう。もしも、オルポートが、戦後日本のアカデミズムに身を置いていたならば、ここでフロイト主義に対して批判したのと同等の筆致で、唯物史観を掲げるマルクス主義に対して、徹底した批判を展開したであろうことは疑いない。あの時代、マルクス主義を標榜する学者が書くものには、たとえば階級意識をめぐっての理論と現実とにズレがあった場合、〝間違っているのは理論ではなく現実のほうだ〟とする叙述さえ見られたのだから。その後、日本の社会学界では、わたしが大学院生だった一九七〇年代には、なんでもかんでも、タルコット・パーソンズのＡＧＩＬ理論でもって社会事象を説明してみせたら、はい、一丁あがりといった感じの調査研究が目についた。既存の理論を振りかざしての調査は、調査対象の世界を再現してみせることよりも、理論の切れ味を示す〝試し斬り〟のように思えてならなかった。

数行前に〝料理〟という言葉を使ったのは、ＮＨＫの「キッチンが走る！」という番組をたまに見ることがあって、面白いなと思ったことが脳裏をよぎったからである。里村、山村、漁村にキッチンカーを走らせて、旅先で出逢う漁師やら農家やら山仕事をしているひとから、その地元の食材をわけてもらって、そうして手にいれた食材をもとに、しかも、その地元に根ざした調理法なども取り込みながら、プロのシェフが創作料理をつくって、その食材を提供してくれた人たちにおもてなしをする。けっして、あらかじめレシピを決めたうえで現地入りなどしていない。食材があつまり、そして、その土地になじんだ料理法を学びながら、最後の最後になって、メニューを創作的に決断している。——調査研究の成果を形にしていくのも、それとおんなじなのではないか、とわたしには思われる。それと対極にあるのは、あらかじめレシピを決め、必要な材料を、それこそスーパーに行って買い揃えて、手早く料理してしまうような、調査のやり方であろう。

話を元に戻そう。マルクス主義だのフロイト主義だのと大仰なことを言わなくても、研究者が、自分が主張したい結論があらかじめあって、それに適合的なデータだけを切り取って使ってしまうといった事態は、しばしば見受けられることである。わたしがいまかかわっているハンセン病問題でも、たとえば、青山陽子の『病いの共同体——ハンセン病療養所における患者文化の生成と変容』（新曜社、二〇一四）は、その芳しくない一例だと思われる。

青山の著書には、ハンセン病療養所の入所者に「被害」を語らせようとして挫折する、いわばドジな弁護士が登場する。

訴訟初期、弁護団は被害立証に向けて療養所の患者たちへ聞き取りを始めていたが、この被害立証そのものが難航した。弁護士たちが訴訟の目標を立て尋問事項を練りあげて患者たちに向かっても、彼らは被害を語らないのである。被害の代わりに彼らが語っていたものは、療養所という環境にいかに適応してきたかという語りであった。

「昔はつらかったけど、ありがたいこと、今は幸せ。なんにも言うことはありません」。この発言を前に被害立証を担当していたT弁護士はなにも聞き取れなかったと聞き取りをあきらめかけたことがあった。……

そもそも被害を語らない理由は弁護士たちの聞き方に問題があったというより、被害を語ること自体に存在した。弁護士たちが求めていた被害の語りは、……語り手〔が〕これまで自明のものとして意識していなかった自らの過去の経験に対して距離をもち、新しい状況に照らして意味づけ直す作業を必要とする。特に被害に向き合うことは人権というコードの様式から、過去の経験を意味づけ直すことであり、自らがどんなに不合理に人権を侵害されたのかという、すべてにおいてさせられた強いられたで終始する客体としての自己を受容することである。ゆえに被害者として自己の提示は、その意味では自己の無力さの提示でもある。

（『病いの共同体』二三一〜二三二頁。強調点は引用者）

ところが、だ。青山自身が参照を求めている、ハンセン病違憲国賠訴訟弁護団の『開かれた扉——ハンセン病裁判を闘った人たち』（講談社、二〇〇三）の当該箇所をひもとくと、T弁護士とは、わたしたちも聞き取りをさせてもらったことのある久保井摂《せつ》弁護士であり、話はまだそこから大きく展開していっているのだ。ここでの語り手とは、奄美和光園に暮らす八〇代の女性、正岡なへであった。彼女の法廷での本人尋問の様子を、久保井弁護士は次のように記述している。

収容の朝、「家の中から出たくなくて、柱に抱きついて、私行かんというて泣いたら、お母さんも畳の上にうつぶいて泣いて、私も大きい声で泣いて。おばさん二人、行く日になってそんなこと言ったら困るがなと言って、おばさん二人が両方から担いで、そのときの残念なことは話すだけでは他人にはわかりません」。

今も記憶に鮮明なその日を語り、なへは慟哭した。与論の港に集められ、縄で囲われて、囚人のように収容船に乗せられた屈辱。敬愛園では、与論では見たこともなかった火葬が患者の手でなされているのを知り、恐怖におののいた。劣悪な治療のために足を不自由にし、後には足の裏に太股の肉を移植するというあまりに実験的な医療が失敗し、両足を失うにいたった。……

引き続いて国の反対尋問が行われた。国はここまで、どの原告にも一貫して「いったい何が一億円の被害なのか」という質問を繰り返していた。なへの答弁は見事だった。「私は今きょうだいにもごやっかいになって、迷惑になっているでしょう。自分でも自由に使ってみたいなとも思います」「もし裁判でお金がもらえたら、それを自由に使ってみたいということでございますか」「はい、もらえんですか」傍聴席から笑いが漏れた。

「看護婦さん、介護の方、それからお医者さんの先生たちは、あなたに対して、よくしてくれていますか」「はい、よくしてくれたから、お蔭さまで足もこんなになりました」「それはどういうことですか」「勝手に治療すると言うて、こんなになりましたよ。あなた方が見ているとおりの。こんな体見たことありませんでしょう」……

久保井に「不満は何もありません」と繰り返していた頃とは別人のようなしたたかな余裕さえ見せて、なへは「ふぉふぉ」と笑った。小学校に行かず文字も読めない八七歳の彼女の、短期間におけるこの変貌は、人間の秘める限りない可能性を弁護団に教えてくれた。(『開かれた扉』一八八〜一九〇頁)

ここで描き出されているのは、〝被害を語ることで無力さに打ち沈む当事者〟の姿ではない。ぎゃくに、〝被害を語ることで自らをエンパワーしていった当事者〟の姿である。

青山がやったのは、自分の主張したいことのために、データの一部だけを切り離して利用するという禁じ手であったのだ。なぜ青山はこのような愚を犯したのか。ひとつには、彼女のフィールドへの入り方に問題があったのではないかと思う。彼女は、ハンセン病療養所「多磨全生園」で調査するのに、「施設」の側から入っていき、施設がやる所内行事の手伝いをして職員と懇意となり、そして、看護師長が紹介してくれる入所者に対面していっている。青山は、こう述べている。

全生園へ調査に入って半年ほどが過ぎ、録音によるインタビューをはじめた……。そこで聞こえてくるのは子供をもつことは「考えられなかった」「断種はきまりだからしょうがない」「育てるお金はどうするというのか」という語りばかりだったのである。……彼らの語りは訴訟後に聞かれるようになった断種・堕胎の語りと明らかに異なっていた。(『病いの共同体』一三八頁)

このように、被害を被害としては語らない当事者たちに続けざまに出会うことによって、ぎゃくに、彼女のなかでは、収容隔離されたハンセン病療養所のなかで〝きまり〟として行なわれていた断種堕胎を、強制された被害として、人権侵害として、怒りとともに語る人たちの声を「異なる文化コードにそって組織化された」ものとする解釈が成立していく。平たく言えば、もともと、療養所内にはそのような語りは存在しなかったのに、弁護団が外から持ち込み、入所者の一部をして〝言わしめた〟ものだ、という理解である。

まだまだ、わたしとしては言いたいことがいっぱいあるが、このへんでやめて、話の流れを元に戻すことにしよう。

帰納的一般化としての類型の構築

オルポートは、質的データからも、法則定立的な知へと至りうる道がある、と考えていた。いわく、「研究者は多数のドキュメントにもとづいて、帰納的なやり方で、さまざまな一般化を引き出すことができる」。

その場合、留意すべきことが二つある。ひとつは、『宗教的経験の諸相』を書いたウィリアム・ジェイムズを讃えるかたちで、「ジェイムズは、個別的なものについて自分自身が知り得た知識を超えた一般化を洞察することなど、なんぴとにもできないと確信している」と述べているように、質的データが開示してくれる情報の個別性の矩《のり》を踰《こ》えてはならない、ということである。

ふたつめは、帰納的一般化をめざすには、さすがに、単一のもしくは少数の個人的ドキュメントをデータとするのではなく、一定の多数のサンプルを必要とする、ということである。いわく、「個別的なるものが指し示すところに厳密に従って一般化がなされるという、帰納法の理想型に至る道はある。そのようなものが、ビューラーが二〇〇以上の生活史を分析した『心理学的問題としての個人生活史』において展開されている」（強調点は引用者）。また、自信家のオルポートは、ここでも自分の作品をあげて、いわく、「著者たちがあらかじめは想定していなかった新しい洞察と帰納的一般化へと導かれたもう一つの例は、オルポートとブルナーとジャンドルフの『社会的破局状況下のパーソナリティ――九〇人のドイツからの亡命者の生活史の分析』である。副題にもあるように、この研究では九〇人の亡命者の自分史が分析の対象となった。「当初、多くの仮説が思い付かれていたが、あらかじめ用意されたこれらの仮説のうちで、最終的な結論として生き残ったものは一つもなかった。仮説の大部分は棄てられ、残ったものも、ドキュメントを読み解くなかで修正を施されたのである」（強調点は引用者）。

現実には、ごく少数の事例から一般化を急ぐ例が跡を絶たない。ハンセン病問題で例をあげれば、ある若手の研究者が、長島愛生園でのたった一〇人の聞き取りをもとに「収容所文化」なる概念を立て、簡単に「どの療養所でもみられることではある」などと書いているのを読むと、あなたは、そんなに急いでどこへ行こうとしているのですかと、皮肉の一つも言いたくなる。日本には、国立のハンセン病療養所が、北は青森の松丘保養園から、南は宮古島の宮古南静園まで、一三ある。私立の療養所もいくつかあったが、順次閉鎖されていき、いま残るのは静岡県御殿場市の神山《こうやま》復生病院、一つとなった。それぞれの設置された場所の土地柄も違う。開設に至った歴史的経緯も異なる。どんな人物が園長になったか、幹部職員にどんな人がいたか、入所者たちがどんな自治会を形成運営してきたか、等々によって、ひとつひとつの療養所に個性がある。たった一箇所の療養所で、たった一〇人の聞き取りをして、そこから「収容所文化」なるものへと一気に一般化するのは、無茶というものである。

わたしは、埼玉大学に在職中の二〇一二年の夏に、同僚の山崎敬一さんに、アメリカのある日系人収容所跡に連れていってもらったことがある。ロサンゼルスから数時間、車をぶっ飛ばして行った先の、内陸の砂漠地帯にあるマンザナール収容所跡である。そこに掲げられていた標語は、

〝One Camp, Ten Thousand Lives; One Camp, Ten Thousand Stories〟というものであった。――うん、そうだよな、と思った。日本に国立のハンセン病療養所が一三園あれば、それぞれに園としての個性がある。そして、そこに暮らす入所者の一人ひとりが、それぞれに固有のライフストーリーをもつ。その事実を、まずは大事にしたいものだな、と。

さて、帰納的一般化のための有力な方法が、類型の構築である。オルポート自身は本訳書では類型構築についてさらっと触れているだけであるが、前述の見田先生との対話のなかで、〝四象限の類型化〟がひとしきり話題になったので、ここで紹介しておこう。

福岡　きょう先生にお会いするというので、先生の『気流の鳴る音――交響するコミューン』（筑摩書房、一九七七）と『宮澤賢治――存在の祭りの中へ』（岩波書店、一九八四）を読み返してきたのですが、先生によれば、その二つとも社会学じゃない、と。でも、ぼくは、やっぱ、学生に「これは社会学の本だ」と言っちゃうと思って。それは、切り口として、類型化を使われてるでしょう。文学者の議論のなかには、『気流の鳴る音』や『時間の比較社会学』（岩波書店、一九八一）や『宮澤賢治』のような、縦軸、横軸で切った類型枠というのはまず出てこない。あれを社会学者の専売特許にしていいかどうかは別ですけど、きわめて社会学的な発想だと思うのですが。

見田　なるほど。質問の意味は、よくわかる。小熊英二君がぼくのゼミにいたときに、彼も「あの四象限に切るやつは、社会学者のよくやるやつだけど」とかって言ったことがある。でも、それは、ほんとうは違うわけでね。そういう印象をもたれてるのは、たまたま、タルコット・パーソンズと、吉田民人と、ぼくが、それをやってるから。あれは、ぼくに言わせれば、もともと論理学の発想なんですよ。昔から、どの哲学だって二つに分けるわけであって。それで、ただ、面白いのは、二つの次元を組み合わせるということがかなり大事。そうすると、ちょっと味のある図式ができるわけでしょ。単にあれかこれかという発想ではなくて、これのうちのこれと、これのうちのこれとの対応とかってできてね、非常に味のある〔枠組みができる〕。それはね、社会学と関係ない。論理学の問題なんですよ。世界を論理的に把握するやり方。たまたまパーソンズが非常に論理的な人だったからね。彼はアメリカ人だけど、ドイツ哲学とかそういうの好きで、ヨーロッパの哲学の伝統を踏まえてる。ものごとって、明晰に考えようと思ったら、四象限になるんですよ。明晰に考えようとすれば、とにかく二つに分けなきゃならない。で、ちょっと味のあることをやろうと思ったら、四つに分けるともっと味が出てくる。あらゆる学問で、そういうことは可能ですね。吉田民人さんだって、あの人は、もともと論理的に明晰な人だからね、たまたま彼も、四象限〔による分析〕を社会学に応用しただけであってね。じゃ、八〔分割〕でも一六〔分割〕でもいいかというと、それはまた、ゴチャゴチャしちゃう。シャープなのは、やっぱり、二次元の組み合わせなんですね。

〔それに対して〕構造主義でレヴィ＝ストロースがやったみたいに、三つに分けるのは、どうか。「料理の三角形」というのは、それはまたそれで面白いんだけどね、ただ、それはちょっと洒落《しゃれ》てるだけであって〔明断さには欠ける〕。

福岡　先生のばあい、いろいろ本を読んだり、ものを考えるなかで、〔四象限の類型化の発想が〕自然に身についた？

見田　ぼくももともと、子どものときから数学が好きだったからね。社会を論理的に説明しようとして、それを、対象に即してやろうと思うと、結果としてああなっちゃう。『気流の鳴る音』でも、『時間の比較社会学』でも、『宮澤賢治』でも、〔できあいのものを〕応用したってやつ、全然なくて。だから、〔『気流の鳴る音』でヤキ族の呪術師の〕ドン・ファンが言ってる「四つの敵」というものは、最初が「恐怖」、次が「明断」、その次が「力」、その次が「老い」でしょ。で、ちょっと考えてみると、そのうちの「恐怖」と「老い」は、明らかに敵だということがわかる。なるべくなりたくないものだ。それに対して、「明断」と「力」というものは、一見いいものじゃないですか。「明断」はあったほうがいい。「力」も。だから、その、一見いいものと、一見悪いものとに分けられると。それで、一見いいものと一見悪いものの〔それぞれ〕二つが、どういう関係にあるかと考えると、〔「恐怖」と「明断」は〝われわれを凝固させてしまう〟ものであり、「力」と「老い」は〝われわれを拡散させてしまう〟ものであって〕やっぱり、四象限にすることがいちばん明断である。〔「恐怖」↓「明断」↓「力」↓

「老い」というかたちで、克服すべき「敵」が〕ぐるっと回ってるんだ、と。ドン・ファンの教えに即して考えると、ああなっちゃうわけで、あらかじめ、なんかあって応用したわけじゃない。

『時間の比較社会学』もそう。よく言われているのは、〔時間には〕近代の直進する時間と〔原始共同体の〕循環する時間〔の二つ〕があると。だけど、比較社会学的に事実に即して見ると、原始は円環だって言われるけど、エドマンド・リーチなんかが言ってるように、じつは、そうじゃなくて、たんに反復する時間なんだと。「昼、夜」「昼、夜」とかね、「雨季、乾季」「雨季、乾季」とかね、そういった二つの反復なんだと。円形、円環っていう観念は、ギリシアの哲学ではじめて現れるんですね。もうひとつ、直進する時間に関しても、ヘブライズムがキリスト教の直進する時間であって、近代的時間と同じだって言うけども、じつは、ぼくが問題にしてきた「すべてのものは死ぬから、生きることは虚しい」とかいうニヒリズムは、キリスト教的な時間からは生まれないんですよ。つまり、近代的な時間って、無限に抽象できてね、百万年いってもその先がある、と。何億年の闇がある、と。そういう抽象化された無限性のなかで〔はじめてニヒリズムも〕出てくるわけ。キリスト教的な場合は、ちゃんと時間の始まりと終わりがあって、終わりになれば救済されるわけですね。「最後の審判」において。だから、キリスト教的な直進と近代的な合理主義の直進って、ぜんぜん違う。近代的合理主義の直進は無限の直線だけれども、キリスト教的なのは線分にすぎない。で、ギリシア哲学でいうような時間が円で表されるというやつと、原始民族が考えてた二つのものの反復とは違うんだと。そうすると、けっきょく、「直進」か「循環」かという軸と、「抽象」か「具象」かという軸との組み合わせじゃないか、というふうに、比較社会学的に事実に即して見て、結果として四象限になっちゃったわけなんですね。べつに、『気流の鳴る音』でやったから、それを応用してるのとは、ぜんぜん違う。『宮澤賢治』もそう。宮澤賢治を全体として読んで把握しようとすると、やっぱり、そのなかから、四つの象限が出てくるわけ。

福岡　むこうから出てくるんですね？

見田　そうそう。事実のなかからね。だから、応用しようということじゃ全然ないわけです。

福岡　なにか枠組みを、あらかじめ持ってて、それをあてはめるんじゃなくて。

見田　そうそうそう。それぞれの研究対象の事実のなかから、自然に出てきちゃう。それを明晰に整理しようと思うと、結果的にそうなっちゃう。

わたしは、この見田先生の〝四象限の類型構築〟の説明を、掛け値なしに得心しながら聞いた。というのも、わたし自身、江嶋修作さんや鐘ケ江晴彦さんたちと一緒に、『マスコミと差別語問題』（磯村英一・福岡安則編、明石書店、一九八四）の調査研究をしたときには、当時の差別語問題をめぐる諸言説、マスコミ各社のいわゆる『用語取り決め集』の類、等々を収集しただけでなく、新聞社や放送局に勤める中堅幹部や若手の人たちへのインタビューをしたうえで、それらのデータを素材にみんなで議論して、「知る権利報道」「啓発報道」「配慮報道」「かたりべ報道」という部落問題報道姿勢の〝四象限の類型〟を考えた。――われわれがやったのも、「応用」ではなく、「研究対象の事実」のなかから取り出したものである。われわれの場合、「自然に出てきちゃう」とはいかず、類型枠を作っては捨て、作っては捨て、とずいぶん頭をしぼった記憶がある。ただ、ちょっと自慢できるとすれば、われわれは、これら四つのタイプをすべてポジティブな意味合いにおいて設定し、その裏側に、ネガティブな意味合いというか、それぞれのタイプの堕落形態（「暴露報道」「おしつけ報道」「タブー視」「代弁報道」）を想定したうえで、統計的調査のための質問紙に組み込んだことであろうか。おかげで、けっこう興味深い調査結果が得られたと自負している。

『在日韓国・朝鮮人――若い世代のアイデンティティ』（中公新書、一九九三）では、わたしは、一九八八年から八九年の二年間で、若い世代の在日コリアン約一五〇名から、ライフストーリーの聞き取りをしたが、彼ら／彼女らの語りをもとに、「『在日』若者世代のアイデンティティ構築の分類枠組」として概念化したのが、やはり四象限の、「共生志向」「祖国志向」「個人志向」「帰化志向」であった。この本は、わたしが上梓した本のなかでは唯一多くの読者に恵まれ、一五刷、七万八千部が出版され、小著ではあるがわたしの主著といえる。のちのちまで、いろんな場面で出会う在日の当事者から「先生の『在日韓国・朝鮮人』を読みました」と言っていただけたのだが、その反応は大きく二つに分かれた。ひとつは、「人間を分類するというやり方には腹がたちました」というもの。そのたびに、わたしは、「いやあ、人間を分類したんじゃなくて、アイデンティティをめぐる意識の動きを分類したつもりなんだけど」と弁明したのだが――わたしとしては、「この図式は、論理整合性よりも現実適合性を優先させるかたちで作られたものである。そうはいっても、図式化である以上、混沌たる現実を可能なかぎり単純化している。各タイプの特徴を、共通面は捨象し、相違点を大きく取りだすかたちで、構成している。だから、ひとりひとり現実には個性的な個々人が、この図式のいずれかの象限にぴったりおさまりきる、などということはありえない」(『在日韓国・朝鮮人』八九頁、強調点は引用者)という一文で、〝人の分類〟ではないことを読者に伝えようとしたのだが――、現実にわたし自身が各タイプのイメージをわかりやすく伝えるために、それぞれのタイプを最も近似的に体現していると思われる具体的個人をとりあげて、そのライフストーリーを紹介しているのだから、読者の側の誤読とばかりは言いきれない。分析の結果を、わかりやすく、かつ、誤解を招かないように叙述するのは、至難の業というべきか。もうひとつの反応は、「先生の本を読んで、在日にもいろんな生き方がありうることがわかり、わたしもそれまでとは別の生き方をしようと思いました」というものだ。いちばん驚いたのは、二〇〇九年一〇月の、日本のさまざまな差別問題を報告しあう「日仏会館セミナー」で、辛淑玉《シンスゴ》さんや田中宏先生(『在日外国人――法の壁、心の溝』(岩波新書)などの著作がある)とご一緒したとき、辛淑玉さんが自己紹介で「わたしの生みの親は福岡先生で、育ての親が田中先生です。福岡先生の本を読んで、新しい自分になれました。そして、具体的に何をなすべきかを田中先生から学びました」と挨拶されたときであった。研究者として、ありがたい言葉を頂戴したと思っている。

蛇足かもしれないが、一言。若い研究者から、わたしの「『在日』若者世代のアイデンティティ構築の分類枠組」を、たとえば、帰化者の意識の分析、あるいは、在日コリアン以外の在日外国人の意識の分析に適用するかたちで書いた論文を送っていただいたことがある。そういうかたちでわたしの仕事を評価してくれたことは感謝するが、そこで扱われている具体的な事例を読むかぎり、わたしなら、あらたに別のかたちでの概念化を試みるだろうと思われたことがあった。見田先生が言うように、既存の枠組みの〝応用〟は、がいして、つまらない。

〝水先案内人型〟と〝解説者型〟のフィールドノート

さて、「質的調査の醍醐味」という本稿のタイトルの核心に迫る問題についての記述に入っていこう。オルポートは「質的研究」の主たるデータとしては、ほとんどもっぱら、本人の手になる、一人称体の、書かれたドキュメントに注目している。もちろん、日本の社会学においても、そのようなものをデータにした秀逸な社会学的論考が書かれている、と言えば、誰でも思い浮かべるのが、見田宗介著『まなざしの地獄――尽きなく生きることの社会学』（河出書房新社、二〇〇八、初出は一九七三）であろう。これは、一九六八年から六九年にかけての「連続ピストル射殺事件」の犯人、永山則夫が獄中で書き綴った手記、『無知の涙』および『人民をわすれたカナリアたち』を縦糸の素材とし、通常であれば無味乾燥な官公庁の統計資料を横糸として、相互につむぎ合わせることで、初出時の論文に付せられた副題「現代社会の実存構造」を鮮やかに描きだした作品である。発表当時、大学院の見田ゼミに所属していたわたしたちは、〝社会学にこんなことができるのだ〟と瞠目させられたことを思い出す。しかし、この「N・N」のような、おのずから社会の問題を抉りだす自分史に出逢うことは希有に近い。まして、「統計的な事実の実存的意味」を読み取る力量を身につけることも、至難の業であろう。

わたしのような、師匠に比べて、凡庸な社会学者でも、こつこつフィールドワークを積み重ねれば、かならず実を結ぶ、と確信をもって言える質的資料が、フィールドノートの蓄積と、聞き取り、とりわけライフストーリーの聞き取りの蓄積であると思う。前述の見田先生との会話でも、フィールドノートのことが言及されたので、まずは、フィールドノートの問題から取り上げていこう。

福岡　『気流の鳴る音』を読み返したら、かなり最初のほうに「フィールド・ノート」って言葉が出てきて……。

見田　〔カルロス・カスタネダが〕ポケットのなかで書いたやつね。

福岡　そうです。で、カルロス・カスタネダのフィールドノートの四部作よりも、それを分析した見田先生の『気流の鳴る音』のほうがクリアで、明晰で、面白いんだけど。いま、長い年月かけてぼく自身フィールドワークをやってきた経験を踏まえて言うと、あれはまず、カスタネダがすごかったですよね。

見田 そうですね。それはそうです。

福岡 なにがすごいかというと、ポケットのなかでメモが取れるというのもすごいんですが、そういうテクニカルなことだけじゃなくて、彼はたぶん、そのとき、自分が聞いていても、意味がわからないことでもぜんぶ記録したんだと思うんです。

見田 そうそうそう、あれがおもしろいね。第一巻では、自分でわかってないのね。ぜんぜんわかってないでしょ。

福岡 で、多くの人はわかったことしか書かない。彼は、わからないことまでね、〈気になることは〉ぜんぶ記録したというのは、あれは、フィールドワーカーとしては超一流ですよね。

見田 正しいね。うんうん。

ここから、そもそも見田先生がカスタネダに注目したのはどういう経緯かという、本稿にとっては横道にそれた話になるのだが、多くの見田ファンにとっては知りたいことだろうから、このまま対話の記録を続けていこう。

福岡　それがあったから、見田先生が、この本が書けたという関係かなぁ、と思ったんですが。なんで、カルロス・カスタネダに関心をもたれたんですか？〔一九七四年に〕メキシコに行ってからですか？

見田　じつをいうと、メキシコに行く前にね、なんかの〔少人数の〕集まりで、ちょっとしゃべってるときに、突然、鶴見〔俊輔〕さんが、「見田さん、『ドン・ファンの教え』っていうのはご存じですか？」って言ったんです。ぼくは知らないから、ドン・ファンの教えって、スペインのドン・ファンだと思って。

福岡　女たらしのほうね？

見田　そうそう。だから、なんで鶴見さんが、ぼくにそんな本をね。ぼくがあんまり真面目すぎるから、少しはドン・ファンに学べということをおっしゃったのかなと、思っただけで、ぼくは読もうとも思わなかった。で、メキシコになぜ行ったかというと、鶴見さんの推薦なんでね。あすこ〔＝エル・コレヒオ・デ・メヒコ〕に毎年、一人ずつ日本人、行くんだけど。で、自分の次の次の人を選ぶんだね。鶴見さんがぼくの二年前の人で、それで、ぼくがちょうど、たまたまインドに行ってて。うちへ帰ってきて、留守電がいっぱい溜まってて。そのなかに鶴見さんからの、「メキシコに行かないか」って〔留守電があって〕。それで、喜んで行ったんだけど。それで、メキシコに行って、あるおもしろい絵描きと知り合いになった。竹田鎮三郎っていうその人の家《うち》に行ったら、本棚に *The Teachings of Don Juan* ってあるわけ。ああ、鶴見さんが言ってたやつだな、と思って。それで、借りて読んだの。だから、あすこで読んだのがよかったと思うね。からだに染み込んでくる感じで、非常によくわかるというか。それが最初ですね。——ちょっと別の話になるけど、やっぱり、鶴見俊輔さんというのは、そういう、非常にさりげないあれで、その人その人にちゃんと指導してるんだね。この人には、これが必要だっていう感じでね。なんでもない、さりげない話をしてね。あとで考えると、非常に適切な指導をしてるんです。鶴見さん亡くなったからさ、思い出すんだけど。

〔カスタネダの〕二冊目〔の *A Separate Reality*〕、三冊目〔の *Journey to Ixtlan*〕は、日本に帰って、日本語で読んだ。四冊目の *Tales of Power* は、まだ翻訳なくて、英語で読みましたけどね。

わたしの修士論文は、一九七二年から修士在籍三年間のあいだに、九州は福岡県柳川市の「柳下村塾」への、一回一週間ないし一〇日程度の訪問を六度繰り返して、東京の下宿に戻ってくると、同じ日数ぐらい部屋に籠もりきりになって書き綴ったフィールドノートが主体となったものだった。柳川にある県立伝習館高校の社会科三教師が〝偏向教育〟を理由に懲戒免職処分にされたのが一九七〇年六月。そこから処分撤回闘争としての「伝習館闘争」が始まるが、その闘争を地域で支えるものとして展開されたのが「柳下村塾運動」であった。東大闘争に全共闘のノンセクトとしてかかわっていたわたしが、闘争が敗北に終わったあと、自分の生き方を考えるためにも、柳川通いを続けたのだが、まだ当時は多少気の小さかったわたしは〝柳下村塾訪問の日誌〟だけでは修論として認められないのではないかと考えてしまい、英語で読んだニイル・スメルサーの『集合行動の理論』と、フランス語は読めないから日本語訳で読んだサルトルの『弁証法的理性批判』のなかでの「集団論」を使って、論文らしき部分もくっつけた覚えがある。

修論の口頭試問のときには、指導教官の見田先生はちょうどメキシコに行っていて、不在。それでも、労働社会学の松島静雄先生が「こういう調査のやり方があったなと、忘れていたものを思い出させてくれた」と言ってくださり、ソビエト社会の研究をしたことで社会主義嫌いになった辻村明先生が、自身のノイローゼ克服のために森田療法にもとづく集団生活を体験したことに触れ、「福岡君とは、イデオロギーを抜きにすれば、握手できる」ということで、なんとか優を頂戴した。——わたしは博士課程への願書を提出しないまま、兵庫県の農業高校で一年間高校教師を勤めた後、高橋徹《あきら》先生に頭を下げて大学院に戻るのだが、そのことはまたいつか書く機会もあるかもしれない。

三〇年近くの歳月を経て、わたしに、参与観察によるフィールドノートが、有力な質的データとなることを思い出させてくれたのは、黒坂愛衣さんだった。黒坂さんが、埼玉大学の修士二年の、二〇〇二年九月一〇日から、最初の一週間は、埼玉県狭山市の自宅から片道二時間半かけて、栃木県小山市の部落解放同盟栃木県連の事務所にアルバイトとして通い始め、九月一七日からは、小山市内の被差別部落に住み込んでの《参与観察》を始めたのだ。部落に住み込み、解放運動団体の事務所で、身分はアルバイトでも時間的にはフルタイムで働きながら、という参与の比重が大きい彼女の参与観察は、一年一〇ヵ月続いたのだが、そのかん黒坂さんは、その日に起こったこと、見たこと、聞いたこと、考えさせられたことを書きとめて、Eメールで、ゼミの教官であるわたしに送ってくれたのだ。参与のウエイトが高いということは、ゆっくりとフィールドノートを書いている時間があるわけではないとか、眠くてたまらないとか、みんなとお酒を飲んでしまったとか、いろいろあって、「未完」の状態のノートもしばしばであったけれども、とにかく臨場感があって、面白かった。

黒坂さんは、ゼミのみんなにも同時進行のかたちでフィールドノートを読んでほしいと希望し、[socio-fieldwork]という名前のメーリングリストを作成。そこに、わたしの知り合いの、社会学者やら編集者やら、部落解放同盟の機関紙「解放新聞」の編集長にも入ってもらって、わたし自身も、黒坂さんのフィールドノートに呼応するかたちのコメントを書き送った。それをまとめたのが、『黒坂愛衣のとちぎ発〈部落と人権〉のエスノグラフィ』全三冊〈創土社、二〇〇三〜二〇〇四〉である。お贈りした井上俊先生からは「読みはじめたらとまらなくなり、翌朝起きられなくて会議に遅刻しました」との礼状をいただいたので、三冊目のカバーに使わせていただいた。また、解放新聞編集長の笠松明広さんからは、「いい本がでました。これを読んでもらえば、部落にたいする偏見はなくなるでしょう」との読後感を頂戴して、やはりカバーに使わせてもらった。――いや、ほんとうは、笠松さんの文章は「これを読んでもらえば、部落にたいする偏見はなくなるでしょうに」というものだった。言外に〝でも、残念ながら多くの人には読んでもらえないよね〟という諦念が込められていたのだ。

それはともかく、笠松さんをして「これを読んでもらえば、部落にたいする偏見はなくなるでしょう」と言わしめたのは、黒坂さんのフィールドノートの書き方によるところが大きいと思う。授業でこれを読んでもらって読書レポートの提出を求めると、しばしば、〝えっ、これのどこが部落問題なんですか。ふつうの人が出てくるだけじゃないですか〟といった感想がでてくる。それはそうだ。〝部落がどうだ〟〝差別がどうだ〟といった大上段にふりかぶった議論よりもむしろ、日々のフィールドノートには、長所もあれば短所もある、どこにでもいる愛すべき人たちが、次から次へと登場してくるのだから。わたしの理解では、そのぶん、オルポートの偏見概念のところで述べた〝カテゴリーによる色眼鏡〟が作動する余地が少なくなっているのだと思う。

わたしは、フィールドノートの書き方、というよりも、まとめ方には、二つあると考えている。ひとつは、水先案内人型のフィールドノートであり、もうひとつは、解説者型のフィールドノートである。黒坂さんの膨大なフィールドノートをいくつかの出版社の編集者に読んでもらったが、決まって返ってきた返答は、「面白いね。まだフィールドにいるようだから、フィールドワークが終わってから、コンパクトに一冊の本にまとめてくれれば、うちから出してあげてもいい」というものであった。わたしはそれではおもしろくないと思った。日付のついたまま、ときには、ちょうどカスタネダの一冊目のように、書いている本人もまだ訳のわからないままに記述しているものも含めて、フィールドワーカーが、調査に赴いたフィールドの奥へと入り込んでいく道行きを、水先案内人に案内されるがごとく、読者たちが著者とともに歩んでいけるようなフィールドノートがいい、と思ったのだ。そういうわたしの我が儘のフィールドノート観を受け入れてくれたのが、創土社の酒井武史さんだった。酒井さんは、東大闘争のあと、わたしが『朝日ジャーナル』で、対談や座談会をテープおこしして、原稿にまとめるというバイトをしていた時期に編集部にいた人で、気心が知れていたのだ。

調査がすべて終わった地点から、登場人物やら出来事やらを、すべてを知悉しているかのごとき高みから解説してみせるようなフィールドノートのまとめ方が、解説者型であり、右往左往しながら、気づくたびに事実誤認を修正しつつ、登場人物やら出来事をその都度記述したままに整理したものが、水先案内人型のフィールドノートである。言うまでもなく、わたしの好みは、水先案内人型のそれである。フィールドノートは、対象世界についての情報を提供するものである以上に、読者がフィールドワーカーとともに対象世界を追体験できるものであることが望ましい。

いまでは、わたし自身、福島第一原発事故の避難者の聞き取り調査に出かけても、月に一回千葉県内の被差別部落を訪ねても、日本国内のどこかのハンセン病療養所を訪ねても、ハンセン病問題調査で、韓国のソロクトやあちこちの定着村、台湾の楽生院を訪ねても、あるいは、熊本地裁に提訴された「ハンセン病家族集団訴訟」で、家族原告の聞き取りに出掛けても、そして、弁護団合宿に同席させてもらったり、原告が大勢名乗りをあげた沖縄での弁護団による集中的な原告からの聞き取りに同行させてもらっても、自分自身でか、さもなくば同行者にお願いして、かならずフィールドノートを書くようにしている。いつか、フィールドノートだけで一冊の本を出してみたいな、と思わないでもない。

学生たちにフィールドノートとは何かを説明するとき、わたしは〝フィールドノートは社会学的日記だよ。ふつうの日記は人には見せないけど、フィールドノートは人に見せることを前提にしている。その場に居合わせなかった人たちに、そこでは何が起き、何が語られたのか、そしてそこに立ち会っていた自分の心の中の動きも、わかるように書くものだ〟と言うことにしていた。黒坂愛衣さんの説明の仕方は、〝その場では、あんまりノートをとったりしないで、まずはその場を楽しむことが大事。ノートにメモするのは、固有名詞とか数字ぐらい。心に残った感動を、忘れないうちに書きつけること〟といった感じだったかな。とにかくフィールドから引き上げてきたら、できるだけ早く書きとめることが肝心だ。時間が経てばたつほど、記憶から具体性が消えていく。

共感的理解と多事例対比解読法

オルポートの時代には、まだ、インタビューの逐語記録は、個人的ドキュメントの代表物ではなかった。いまや、質的データの最たるものといえば、文句なく、ライフストーリーの聞き取りである。

わたしが一九七〇年に、アルバイトで『朝日ジャーナル』の対談や座談会を録音して、テープおこしをし、指定された頁数の原稿をつくっていたとき、録音機はリールのテープだった。一九七二年にわたしが柳下村塾通いを始めたときには、カセットテープになっていた。ここでやっと録音機自体がコンパクトになった。新品のカセットテープは値が張るので、音楽を吹き込んだのを消去した中古のテープを買い込んでいたことを思い出す。一九七六年からは被差別部落での聞き取り、一九八八年からは在日コリアンの若者たちからの聞き取り、二〇〇三年からはハンセン病問題の聞き取り等々、被差別当事者のライフストーリーの聞き取りに精力を傾けるようになってからは、万一録音が失敗したら元も子もないし、テープチェンジのあいだに語り手が大事なことをしゃべっていたら困るというので、いつもカセットレコーダーは二台、スタート時間をちょっとずらしてセットしていた。だから、飛行機に乗って調査に出掛けるときも、デパートの紙袋に大量のカセットテープを詰め込んでいたものだ。わたしがICレコーダーに乗り換えたのは二〇〇八年のことだから、かなり遅い。人間、六〇歳を越すと、せっかくの技術革新を前にしても尻込みしがちになるようで、切り替えが遅れたことを、わたし自身、ずいぶん後悔した。持ち運びは楽だし、テープチェンジは要らないし、音声おこしも楽だし、保管も場所をとらない。

思わず、思い出話を書いてしまったが、被差別当事者を前にしてのライフストーリーの聞き取りで、わたしが大事にしていることが、一つある。それは、聞き手であるわたしの態度として、共感的理解をめざすということである。この態度が大事だと気づいたのは、在日コリアンの若者たちからの聞き取りをしているときであった。在日調査を手掛け始めたのは、一九八八年、わたしもまだ四〇歳、若かった——という言い方は陳腐な物言いだが、在日関係の文献を読み漁っていると、日本にさんざんひどい目に遭っておいて、その日本に頭を下げてまで帰化したいと思うのは〝間違っている〟という価値判断がわたしのなかでできあがる。じっさいに、在日の若者から聞き取りをしていて、〝できれば帰化したいと思っている〟という語り手と相対《あいたい》すると、聞き手であるわたしのなかにある種の亀裂が生じる。こちらがお願いして聞き取りに応じてもらっているのに、まさか〝あなたは間違っている〟と批判するわけにもいかない。ふっと、虚心になって、語り手の語るところを素直に聞いていくと、もしわたしがこの人の立場で、この人が生まれてからこのかた、さまざまに体験してきた出来事を同じように体験してきていたら、わたしもこの人と同じような考え方に到達していただろうと思えてきたのである。以来、わたしは、聞き取りの場面では、できるだけ自分自身の価値判断はカッコにくるんで、二時間なり三時間の聞き取りが終わった時点で、なるほど、自分もこの人の立場で人生を歩んできたならば、同じ考えをしていただろうと思えたときは、きょうの聞き取りはやりおえたと。逆に、そのような共感的理解が達成できなかったときには、きょうの聞き取りは消化不良なままに終わってしまった、と思うようになった。

このようなわたしの態度は、語り手の選り好みはしない、というものに連なっていく。どなたでも聞き取りに応じてくださる方は、大歓迎。いや、むしろ、いろんな立場、立ち位置の人、多様な体験を生きてきた人とお会いして、話を聞かせてほしい、となる。在日コリアンの調査のときには、当時の勤務先の千葉県立衛生短大で教えた卒業生たちから聞き取りを始めたから、最初のうちは、姜信子《きょうのぶこ》風に言えば、〝ごく普通の在日韓国人〟の語りが多かった。やがて、朝鮮高校を出て、いわゆる総連系の立場で生きている人の聞き取りの数が少ないと思えば、ツテを頼って紹介してもらったし、帰化によりあるいは日朝混血によって日本国籍となっている人たちの聞き取りができていないと思えば、ツテを求めてお願いした。あるいは、日本の一流大学を出て、いわゆる大企業に勤めている人だっているはずだと思えば、これまた、ツテを求めた。さらには、日本を脱出して、留学などで海外に行っている人たちもいると思えば、さすがにわたしが自分で海外までひょこひょこ調査旅行に行くわけにもいかないと、友人を介して、在米の在日台湾人である戴《たい》エイカさんにお願いして、些少の謝金を払って、現地でアメリカ滞在中の在日コリアン数人の聞き取りをしてもらったこともある。ただ、ちょっと残念だったのは、送られてきた録音テープを聞くと、話のあちこちで、聞き手と語り手の立場が似通っているからであろう、「わかる、わかる」とふたりで盛り上がってしまっている場面がみられたことである。わたしとしては、その「わかる、わかる」という体験内容を、できるだけ言語化してほしかったのだが。

おひとりおひとりからのライフストーリーの聞き取りを共感的理解をめざして丁寧におこない、

しかも、「在日コリアン」とか「ハンセン病回復者」といった一定の社会的カテゴリーに属してはいても、できるだけいろんな人たちからの聞き取りを積み重ねていって、それらを相互に突き合わせると、そこではじめて見えてくるものがある。約一五〇名の聞き取りをおこなった在日コリアンのばあいに見えてきたのは、アイデンティティ志向における多様性であった。その多様性を読者に伝えようと思って、先に述べた四象限の類型も考えたりした。——このような方法に名前をつけたいと思って考えたのが、《多事例対比解読法》である。読んで字の如く、できるだけ多くのライフストーリーの聞き取りを実施する、そして、それらを突き合わせる、そこから浮かび上がってくるものを読み取るという方法である。

《多事例対比解読法》とはどんなものかを具体的に伝えようと思うと、現段階ではまだ、譬えを用いるしかない。イメージ的に言うと、無重力の宇宙空間では、〝バラバラに漂うパーツ〟は不安定、不確かだけれども、それらが一つにまとまって組み立てられて〝宇宙ステーション〟となれば、それはそれなりに確かなものとなる、といったものだ。いっぱい、説明を要する。まず、わたしは個々の「語り」は、すごく確かなものだとは、必ずしも思っていない。「語り」には、ウソがあるかもしれない。記憶違いはまずあるだろう。言い間違いだってある。意識的・無意識的な自己正当化は付き物だと言われる。さらには、桜井厚さんが『インタビューの社会学——ライフストーリーの聞き方』（せりか書房、二〇〇二）で、「語り」は、聞き取り場面での聞き手と語り手とのやりとりで〝構築〟されるものであることを喝破。単純に言って、聞き手によって聞かれなかったことは語り手は語らないのが一般的だ。あるいは、聞き手の態度に語り手がある種の警戒心や不快感を抱けば、腹蔵なく自分の体験や思いを語ってくれることは望みがたい。その意味で、聞き手が誰であるかによって、語り手がどこまで語ってくれるかに差異も生じようし、語る内容の意味あいも変わったものにもなろう。だから、わたしは、だれだれさんが、何年何月何日、どこそこで、わたしの前で、かく語った、ということだけは確かだ、それ以上でもそれ以下でもない、という見方を、個々の「語り」に対してはすることにしている。しかし、ある問題事象をめぐって、ひとつひとつ聞き取りを積み重ねていくと、見えてくるものがある。どれだけの数をこなせば十分であるなどと、あらかじめ一般基準を設けることはできないが、在日コリアンの聞き取りで言えば、二年間で一五〇人の人たちからの聞き取りをやりおえたとき、わたしには確かな手応えがあった。ハンセン病問題でいえば、聞き取りを始めてから一三年になるが、一〇年ぐらいで三〇〇人を超えたとき、構造的なものが見えてきたと自信がもてた。もちろん、この着想は、ある一定数の聞き取りを超えたとき、不意に湧いて出たといったものではない。場合によっては、かなり早い段階から、朧《おぼろ》げにではあれ、思い浮かんできていたものが、確信となっていく、といったものである。そうは言うものの、『ライフストーリー——エスノ社会学的パースペクティブ』（ミネルヴァ書房、二〇〇三）の著者、ダニエル・ベルトーの言う「知識の飽和」とは、まったく違う。ベルトーの場合は、語り手がパリのパン焼き職人という限定された存在であり、しかもパン焼き職人になることに聞き取りの焦点があてられているために、一定の人数の聞き取りをこなせば、もはや新しい語りに出逢うことがなくなったのであろう。わたしたちの場合、ハンセン病問題の当事者たちからの聞き取りが優に三〇〇人を超えてからでさえ、それまでに聞いたことのない、新奇なライフストーリーを語る人と出逢うことが、しばしばなのだ。――なかなかうまく伝わらないかもしれないが、わたしの言いたいことは、こういうことだ。文字通り〝人生の物語〟であるライフストーリーは、語り手によって内実が百人百様であり、ひとつひとつが固有である。「在日コリアン」とか、「部落差別」とか、「ハンセン病問題」といったトピックをめぐって、そうした聞き取り事例をできるだけたくさん蓄積していき、それらを相互につきあわせ対比させることで、あらたに浮かび上がってくるものがある、ということなのだ。わたしたちが苦労して編纂した『栗生楽泉園入所者証言集』全三巻（創土社、二〇〇九）への書評があまりに無理解だったので、それへの反論《リプライ》として、ちょっと気障っぽく、「意味は、語りと語りの〈あいだ〉に現われる」（『解放社会学研究』二五号、二〇一二）と表現したこともある。その精神は、オルポートの質的データを帰納的に扱うことへの思い入れ、見田先生の「研究対象の事実のなかから自然に出てくるもの」を論理化する姿勢と、つながっていると信じている。「語りたち」の外側からなんらかの概念枠組みを持ち込むのではなく、「語りたち」の語るところに耳をそばだてること。

それにしても、〝宇宙ステーション〟の譬えは、ひょっとすると、卓抜な譬えだと褒めてくれる人もいるかもしれないが、あまりに漫画的だと一蹴する人も多かろう。もう少しまともな譬えで、《多事例対比解読法》の何たるかを説明したい。——こうやって、またまた、話の流れが大きく脇道に逸れてしまう。わたしの悪い癖だが、お恕《ゆる》しを願う。

かつては、学術目的で一般市民を対象に統計的調査を実施すると、だいたい選挙での投票率と同程度の割合で回答に協力していただけた。いまは、選挙の投票率はかつてと比べて格段と低くなった。「無党派層」というよりも、政治への「愛《あい》想《そ》尽かし」の人たちの増加によるものだ。統計調査の回収率は、その低くなった投票率よりも低くなった。調査に協力してくれない人たちの回答の分布が、回答した人たちのそれと同一傾向である保証はない。これは調べようのないことである。だから、従来は「単純集計」自体が一定の誤差の範囲内で全体の傾向を示していると言えたが、いまでは危うい。しかし、わたしの考えでは（といっても、わたしは計量分析のプロでもなんでもないが）、重回帰分析やら因子分析等々の多変量解析にかけることで取り出されるファクターとファクターの関係性の意味するものは、回収率が下がろうと回答者に偏りがあろうと、けっこう確かな知見であり続けるのではないか、と思っている。それと、聞き取り調査でわたしの言う《多事例対比解読法》は、手続き的に似ているのではないか、と。

計量分析のプロでもない者の戯《ざ》れ言と思われるかもしれないので、僅かばかりの、わたしの統計的調査の経験を振り返りながら、わたしがファクターとファクターの関係性の意味するものということで何を意味しようとしているのかを、もうちょっと説明しておきたい。

一九六八年四月に東大駒場から東大本郷に進学して、一九六八年六月一七日、東大本郷構内に機動隊が導入され、もちろんぼくも含めて学生たちが授業に出ることを止め、安田講堂前の銀杏並木にあふれだすまでの二ヵ月ばかりのあいだ、安田三郎先生の「社会調査法」を受講していたことを思い出す。授業は、「ダブルバーレルはいけない」「あいまいな質問はダメ」「難解な設問も御法度」といったワーディングに関するものや、与えられた統計データを計算式に投入して、手計算だったか卓上計算機を使ってだか、一定の有意水準を満たすかどうかを算出することで帰無仮説の検定をやってみるといった内容だったが、けっこう面倒くさかったのを覚えている。安田先生の語った言葉で鮮明な記憶として残っているのは、「見田君のやっている仕事は素晴らしいが、あれは見田君だからできること。科学というものは、誰がやっても同じ結果が得られるものでなければならない」というものである。そうは言いながら、パソコンといった手軽で便利なものが影も形もなかった時代、そうおっしゃる安田先生ご自身が「みかけの相関」を見抜くにはどうしたらいいか等々、ずいぶん頭を使っていらしたようにお見受けした。当時、社会学研究室の一隅で、個々の回答をカードの所定の位置に穴をあけたカードを束にして、千枚通しを穴にスッと通して、振るい落とすことで、クロス集計の作業をしている光景を、ときに目にした。いまでは考えられない悠長な作業風景だ。

統計調査のやり方を身につけるには、オン・ザ・ジョブ・トレーニングしかない。最初の体験は、先にもふれた『マスコミと差別語問題』の調査だ。これは、磯村英一先生が放送文化基金から研究費を取ってきてくれて、江嶋修作さんや鐘ケ江晴彦さんと一緒にやった仕事だが、実査は一九八二年六月、そして、その回答結果の統計処理は筑波大学の大型計算機センターのお世話になった。当時は、大型計算機というのは暑さを嫌うということで、計算機がデンと構えている部屋は生身の人間には、ちょっと長時間いると震えがくるほどの寒さだったことを記憶する。打ち出してもらったのは、単純集計と、オール×オールのクロス集計表。ミシン目の入った紙が大型計算機から延々と打ち出され、山のような高さになっていった。その山のなかから、意味ある結果を探し出すのも大変だった。この時代にはまだ多変量解析は、夢物語だった。

次が、当時、大阪大学の大学院生だった金明秀《キムミョンス》さんとの共同研究の『在日韓国人青年の生活と意識』(東京大学出版会、一九九七)。これは、民団傘下の在日韓国青年会中央本部の依頼で、かれらと一緒にとりくんだもので、実査は一九九三年。九四年二月には、青年会会長の任期満了に間に合わせるように「中間報告書」を出している。このときは、わたし自身はまだ、手のこんだ統計分析のやり方がさっぱりわからず、自分の執筆担当の部分に関しては、明秀さんに「こういうデータがほしいのだが」と連絡すると、しばらくすると、分析結果のデータを送ってくれた。まだEメールは普及していなかったはずだから、ファックスで送ってくれたのかな、と思う。この調査研究で、明秀さんが鮮やかに解析してみせたのが、〝民族差別を受けた経験の有無〟と〝いわゆる民族意識の強弱〟の関係であった(金明秀自身による厳密な記述は『在日韓国人青年の生活と意識』に当たってほしい。ここでは、わたしはかなり大胆に日常的な言葉に翻案して書いていきたい)。まず、被差別体験の有無と民族意識の強弱のあいだには、たいして明確な直接的影響力はないことがわかった。ただし、媒介変数を導入すると、〝差別を受けて日本に対してアタマに来て、より民族的に生きようと決意する人たちがいる〟一方で、〝差別を受けて韓国人であることが嫌で嫌でたまらなくなって、民族的なものから逃げようとする人たちがいる〟ことがわかった。つまり、差別を受けて民族意識を強める回路と差別を受けて民族意識を弱める回路が、それぞれ細い回路としてあるのだが、全体としては両者が相殺しあっているのだ、と。在日コリアンの次世代が、民族的に生きることを選択するかどうかは、差別の有無ではなくて、家庭や学校や参加している民族団体での〝民族教育〟のいかんによるのだ、と。――計量分析ってすごいことができるのだなと、金明秀さんから学ばせてもらった次第である。

この調査では「日本生まれで、韓国籍をもつ、一八歳から三〇歳の者」を母集団とした。外国人登録原票を元にしたサンプリングができようはずがないので、代わって、この母集団に属する人たちを最も高率に収録している在日韓国青年会所有の名簿からランダム・サンプリングにより一七二三名を抽出して調査を実施。回収票は八〇〇、回収率は四六・四パーセントであった。われわれとしては、サンプリングの手続き等、所与の条件のなかで最善を尽くしたつもりである。それでもなお、回答者には偏りがあろうとの批判はありうる。しかし、金明秀が多変量解析によって取り出してみせた、こういったファクターとファクターとの関係性としての知見は、調査の条件によっていかようにも変化しうる個々の設問への回答の分布の単純集計結果に比べて、はるかに確かなものだと言ってよいように、わたしには思われる。

わたしの三度目にして最後の統計的調査は、「千葉県人権啓発センター」が行政から受託した「人権問題に関する住民意識調査」を、一九九七年、九八年、九九年と、三年続けてやったもの。このときは、埼玉大学の同僚で社会心理学者の高木英至《えいじ》さんとすでに大学に職を得ていた金明秀さんの二人を、勝手に統計分析のわたしの先生と見立てて、なにかにつけて教えを乞いながら、自分のパソコンにインストールした統計分析パッケージSPSSを操作して、回答結果を分析した。しかし、行政からの委託調査の恐ろしさ、締切厳守のタイムリミットが待ち構えている。一九九七年度の年度末の九八年三月には、最後の一週間、大学の研究室に泊まり込み、そのうちの二日は徹夜仕事となった（このときわたしはジャスト五〇歳。これは応えました。これ以降、わたしは徹夜仕事という無茶をしたことはない）。

わたしにとって調査結果でいちばん面白かったのは、部落差別問題で「身内の結婚問題への態度」を被説明変数（従属変数）とし、あれやこれやの要因を説明変数（独立変数）にぶちこんで、重回帰分析に掛けた結果だった。その説明変数としては、同和教育で決まり文句のように言われていた〝同和問題に関する正しい知識の教育が大事だ〟ということを踏まえて、「同和問題の知識度」の要因を組み込んでおいたのだが、「同和問題の知識度」の「結婚問題への態度」への影響力はまったくのゼロ。つまり、「同和問題についてもの知りであろうと、無知であろうと、知識の量の多い少ないは、身内の人が部落の人と結婚したいと言ったときにどういう態度をとるかということとは、まったく関係ない」。影響力が圧倒的に強かったのは、被差別部落に対する

「異質視」であり「マイナス視」であった（通常の意味あいでのさわりの部分だけ、『黒坂愛衣のとちぎ発〈部落と人権〉のエスノグラフィ　Part 2』の三九～四二頁で紹介しておいたので、参照されたい）。――これは、長年のフィールドワークで実感としてはすでに摑んでいたことであったが、ここまで計量分析でクリアに出てくると、じつにうれしかった。

以上長々と説明してきたファクターとファクターの関係性を問う計量分析での多変量解析と、語りと語りの関係性を読み解く《多事例対比解読法》とは、相通ずるものがあるのではないか、というのが、わたしの直観なのだが、少しは意とするところが伝わっただろうか。

語り手の記憶はじつに確か

話を《多事例対比解読法》の実例を「ハンセン病問題」で具体的に提示するところに戻す前に、さきほど、わたし自身が個々の語りは信用ならないかのごとく口走ってしまったことに、みずから歯止めをかけておきたい。

「かたり」を漢字変換すれば、「語り」だけでなく、人をあざむく「騙り」もあれば、人にへつらう「噂り」もある。確かにそうなのだが、これは〝語られたもの〟だけが背負い込んでいるものではない。オルポートが本訳書で「個人的ドキュメント」の危うさとして、欺瞞、自己欺瞞、記憶間違い、暗黙の概念化等々の問題を指摘したのは、〝書かれたもの〟に対してこそであったことを忘れてはならない。その点、小熊英二は、自分の父親を聞き取り対象とした『生きて帰ってきた男――ある日本兵の戦争と戦後』（岩波新書、二〇一五）を著すまでは、基本的に、〝書かれたもの〟には資料価値を認めるが、〝語られたもの〟は頑ななまでに信用ならないとの態度をとっていた。その典型は、『１９６８〈上〉――若者たちの叛乱とその背景』『１９６８〈下〉――叛乱の終焉とその遺産』（新曜社、二〇〇九）であろう。あの〝全国学園闘争〟の時代を体験した人たちが大勢生きているのに、彼は体験者から聞き取りをしようとはしなかった。そうして書かれた『１９６８』に対しては、わたし自身も『社会学評論』第六二巻第一号（二〇一一）で全面批判の書評を書いたけれども、総じて、当事者たちには総スカンをくった（とりわけ、高口英茂の『東大全共闘と社会主義　5　東大全共闘運動の総括と社会主義社会への展望』（芙蓉書房出版、二〇一六）を参照されたい。『ロシア・シオニズムの想像力』（東京大学出版会、二〇一二）を書いた鶴見太郎の言う当事者たちの「主観的文脈」を蔑《ないがし》ろにしたとき、その作品は歴史社会学の範疇をはみだしてフィクションになってしまう、ということが理解されよう）。でも、その小熊英二氏も、『生きて帰ってきた男』では、語りをデータとして駆使するようになったのだから、よかったではないか、とはならない。明らかに彼は、自分の父親は「語り手」として例外的な資質の持ち主という評価をくだしたがゆえの、例外扱いのように思われる。いわく、「〔父は〕歴史研究者の観点からいって、きわめて優れた語り手だった。記憶が鮮明であるだけでなく、話が系統的であり、本筋からはずれない。また過剰な思い入れによって、記憶を修正しない。当時の実感や見方を、粉飾せず率直に語ってくれる。〔一緒に聞き取りをした〕林〔英一〕氏も、こうした人は珍しいと言っていた」（三八二頁）うんぬん。

わたしはこれまでに一〇〇〇人を越す聞き取りをおこなってきた。そのほとんどすべてが、なんらかの社会的マイノリティ当事者なり社会的災害の被害者なので、社会のなかでマジョリティの一員として過ごしてきた人びとまでそうかどうかは不明だが、少なくともわたしが話を聞かせてもらった人びとは、「きわめて」という修飾語が付くかどうかは別として、みなさん、「優れた語り手」だった。このことは、声を大にして言っておきたいことだ。

そして、当事者の記憶の確かさには、舌をまく。二〇一〇年一〇月二四日、鹿児島県鹿屋市の国立ハンセン病療養所「星塚敬愛園」に三泊四日で訪問中のわたしたちは、話をしてくださる方がいるというので、有村敏春（園名）さんを療舎に訪ねた。有村さんは開口一番、「ハンセン病ではとりたてて申し上げることはない。話したいのはサイパン玉砕戦についてだ」と切り出された。こうして、二日間、のべ八時間半の聞き取りのうち、その三分の二は、海軍の通信兵としてサイパン玉砕戦に従軍し、九死に一生を得て、まる一年間のジャングル内の逃亡生活、そして米軍の戦争捕虜となり、一九四六（昭和二一）年に復員してくるまでの物語であった。この語りは、ご本人のたっての希望で、単独で一冊の本、『生き抜いて　サイパン玉砕戦とハンセン病』（創土社、二〇一一）にまとめたのだが、わたしが本人の語りの記憶をとことん信用しなかったばかりに、編集ミスを犯してしまった。有村さんの語りは「〔捕虜収容所の〕事務所で、洋服をみな脱がされて、あの、PWの服を着せられて」というものであったが、〝戦争捕虜〟は英語ではprisoner of warだ、こういうのを略語化するときはPOWとするものだという、知ったかぶりの知識が禍《わざわい》して、この箇所を「PW」から「POW」に書き換えてしまったのだ。本が出てしばらくしたとき、たまたま、テレビでドキュメンタリーを見ていたら、第二次世界大戦のときのアメリカの捕虜収容所での戦争捕虜たちが大写しになったシーンが目に飛び込んできた。たしかに、シャツの胸に大きく書かれていたのは「PW」でした。シャツの右と左に大書するには「PW」でなくちゃダメなのだ。——つくづく、当事者の体験したことの語りは、その記憶を疑ってはいけないと思い知らされた瞬間であった。

有村さんから話を聞いたとき、彼は八七歳。翌年の六月にお会いしたときは、体調を崩し、大量の下血をした直後であった。もはや長時間の語りができる身体ではなかった。その後は、病棟暮らしをされていたが、家族なり、看護師さん、介護員さんに、自分の人生物語を読んでもらいながら、うつらうつらしているのを好まれた。わたしたちは、単純に〝功徳〟ができたのではないかと思った次第。その有村さんも、二〇一五年には亡くなられた。

もうひとつは、ギリギリセーフで、同じ過ちを犯さずにすんだ話。前述の『もどれない故郷《ふるさと》ながどろ』(芙蓉書房出版、二〇一六)の校正をしているときのこと。急に、結婚式で〝黒無垢《くろむく》〟を着たという語りの言葉に不安を覚えてしまった。「白無垢」なら馴染んだ言葉だが「黒無垢」なんて聞いたことない。なにかの間違いではないか、と。芙蓉書房出版の平澤公裕さんに電話をして相談。「危ないね。白無垢にしておきましょうか」ということでいったんは結着したが、ほどなくして平澤さんから電話が入った。「福岡先生、黒無垢というのもあるそうです。白無垢は、嫁ぎ先の家風に合わせてどんな色にも染まります、という意味だが、黒無垢は、わたしはすでに嫁ぎ先の家風に染まっています、という意味なのだそうです」と。

語り手は一九二六（大正一五）年生まれ、八九歳の女性。問題の部分の語りは、こうだ。「昭和十九年の四月に結婚……。ほのころ、おらみてぇな結婚〔式〕なんては誰もしてもらわにゃけど、おらは、ちゃんと、頭は島田に結《ゆ》ってもらって、角隠《つのかく》しかけて、黒無垢《くろむく》の着物きせてもらって。おらは立派な結婚式だった、あのころの時代では。あの年代では、みんな、結婚式なんてやんねぇもの」。そして、〝黒無垢〟たる所以がその直前で語られていた。「わたしらの時代は、いまの時代と違って、お見合いだの、それこそふたりしてよくなったから結婚しますなんていう時代ではなかったの。親同士がハァ、孫だからせでくっとか、姪っこだからせでくとかなって、親だちがだいたい決めて。……部落内では、わたしがゆってもあれだが、実家も、いまの嫁ぎ先も、土地は多く持ってるほうだったから、ほんだから、この身上《しんしょう》他人にくれんの痛ましいから、ほんで、〔イトコ同士で結婚〕するって、ほういう事態になっちゃったの」（二四〇頁）。ちなみに、「せでく」とは、土地の言葉で「連れてくる」の意。

語りに手を加えることは、ほんとうに怖いことだ。だから、わたしたちは、文意を伝えるのに補足が必要だと考えたときは、かならず亀甲カッコ〔 〕にくるんで加筆することにしている。そうしておけば、聞き手が語りを整理しているときに、ときに犯してしまう間違いを、読者が気づく余地が残る。ほとんど同じ理由で、わたしたちは「聞き書き」というスタイルは採らない。あくまで、「聞き取り」であり、「語り」の提示である。ここで「聞き書き」とは、聞き手が語り手になり代わって、聞き取った話を素材に〝一人称体〟で書き下ろしてしまうスタイルのものだ。たしか、山崎朋子の『サンダカン八番娼館――底辺女性史序章』(筑摩書房、一九七二)は、そのような聞き書きスタイルの本だったと思うが、わたしには怖くてできない。

ちょっと横道にそれるが、〝書かれたもの〟に比べて〝語られたもの〟は信用しがたいという議論をする人たちは、自己を語ることは、どうしても、自分をよく見せる、飾る、そういう自己正当化から自由になれないという点を突くようだ。だが、そう論じる人自身は、聞き取ることはしたことがあっても、聞き取られた体験があるのだろうか。識者としてのご意見を伺うというインタビューではなく、まさに、ライフストーリーとして、生まれてからこのかたの、体験、そのときどきの思いの聞き取りに応じたことがあるのだろうか。わたし自身は、主に東大闘争体験を中心としてだが、二回ある。一度目は、東大の北田暁大《あきひろ》さんから「東大闘争体験の聞き取りをしたい」と請われ、二〇一〇年一二月一四日に、彼の研究室に出向き、約二時間半の聞き取りに応じた。聞き手は、北田ゼミの大学院生だったが、このときには、わたしはその院生の質問にとまどいっぱなしだった記憶が残る。わたしとしては、せっかくのこの機会を活かして、わたしの記憶の底に沈んでいる、あれやこれやの、細々《こまごま》とした体験を思い起こしたかったのに、どうも質問が記憶喚起の有効な刺激となるようなものではなかったのだ。二度目は、二〇一一年七月一五日、東北大学の大学院生だった小杉亮子さんが、「東大闘争論を博士論文のテーマにしたいので、体験を聞かせてほしい」と、埼玉大学のわたしの研究室を訪ねてきた。午前一一時から、昼食、夕食を挟んで、聞き取りは五時間を超えた。聞き取りといっても、このときは、わたしの独演会に近かったと思う。しゃべりながら、自分で自分の記憶喚起にひたすらつとめた。

わたしが聞き取りの語り手をしたのはこの二回だけだが、わたしにとっては、講演会などで自分のことを語るのとは、ずいぶん異質な体験であった。講演では、聴衆に伝えたいメッセージがあって、しゃべる中身も事前に準備し、いろんな計算も入ってくる。しかし、長時間のライフストーリーの語りとなると、むしろ、事前準備はなにもなし。というよりも、準備の仕様がない。わたしにとって埋もれた記憶まで引きずり出してくれるような、そういうきっかけとなる質問をしてくれるといいなと思いながら（実際には、初回は期待を裏切られたし、二回目はその役割も自分でやるしかないなと考えたわけだが）、懸命に語っていた自分がいた。自己正当化以前のところに自分はいた、という明確な記憶がある。――ライフストーリーの聞き取りでの語りって、そんなものなのではないかなと思う。

いや、〝語られたもの〟は信用しがたいと言う人は、語りの意識的な自己正当化を問題にしているのではない、と言いそうである。そうではなくて、語りにおいて語られる過去の自己は、現時点での価値観によって意味づけられてしまう。だから、たとえば、四〇歳のAさんが二〇歳のときの自分を思い返して語る自己像と、六〇歳になったAさんが二〇歳のときの自分を思い返して語る自己像とでは、似て非なることだってありうる。そんな不確かなものが資料として使えようか、と。——わたしはそれでいっこうにかまわないと思っている。先にわたしは、ライフストーリーとは「だれだれさんが、何年何月何日、どこそこで、わたしの前で、かく語った、ということだけは確かだ、それ以上でもそれ以下でもない」と述べた。ちょうど、ポートレート写真が、つねに撮影の日付があるものであるように、聞き取りでの語りも、その日付で、パシャッと焼き付けられるものなのだ。最初の聞き取りと次回の聞き取りのあいだに一定の時間が流れ、語られる自己像に変容があれば、その時間のあいだに起きたどんな出来事、体験が、過去の自己像の意味づけを変容させたのか、そこを追究すればよいだけの話であろう。

「ハンセン病問題に関する検証会議」の被害実態調査班でお会いしたハンセン弁護団の弁護士さんたちは、口々に、「違憲国賠裁判が始まってから、原告になった人たちは、どんどん顔が明るくなり、雄弁になっていった。その変化はめざましいものだった」と、わたしに教えてくれた。人間は、どのような生き方の姿勢をとるかで、いくらでも変わりうる。その変化のプロセスを、語りをとおして跡づけることができれば、フィールドワーカーとして、そんなに面白いことはない。わたしはそう考えている。

「怒りの語り」対「感謝の語り」

話を本筋の《多事例対比解読法》のほうに戻そう。

わたしがハンセン病問題で当事者のライフストーリーの聞き取り調査を手掛けるようになったのは、二〇〇二年一〇月から二〇〇五年三月まで設置された「ハンセン病問題に関する検証会議」の「検討会委員」に、二〇〇三年四月に委嘱されたことがきっかけであった。この「検証会議」というのは、ハンセン病国賠訴訟の二〇〇一年五月の熊本地裁における原告勝訴判決、小泉首相による控訴断念を受けて、厚労省の第三者機関として設置されたものである。国費を使って、ハンセン病隔離政策という国が犯した過ちを検証するという、これまでに前例のないものであった。「検証会議」もしくは「検討会」には当事者委員が三名参加していたが、そのうち、全療協（全国ハンセン病療養所入所者協議会）の事務局長をされていた神美知宏《こうみちひろ》さんが、二〇〇二年一一月一一日の第二回検証会議において、「私は聞き取りということの重要性をあえて強調したい。〔強制隔離の〕被害者がどういう被害を受けてきたかが基礎になるべき調査であって、これをおろそかにされたのでは、〔検証の〕結果は非常に軽いものになってしまう。ごく一部の者だけの証言を得て、それで議論を済ましてしまってはならない。証言集だけでも一冊の本になるくらいの証言を集める必要があると思う」と主張されて、急遽、「いま証言をできる者」全員を対象とした被害実態聞き取り調査がおこなわれることになり、聞き取り調査の専門家としてわたしに白羽の矢が立ったのである。

「検証会議」の被害実態調査班でわたしが担当したことは、ひとつには、全国一三の国立ハンセン病療養所での入所者からの聞き取りの「聞き手」をしていただくソーシャルワーカーの方々に、使い勝手のよい「聞き取り調査票」を作成することであった。これは、二ヵ月ほどの俄《にわ》か勉強、詰め込み勉強で、なんとかこなした。「調査票」が使い物になるかどうかの実験は、二〇〇三年六月一二日午前、東京都東村山市の国立ハンセン病療養所「多磨全生園」内の、いまは取り壊されてしまった「ソーシャル会館」という小さな建物でおこなった川邊《かわなべ》嘉光《よしみつ》さんという療養所からの退所者の方が第一号であった。聞き取りが療養所内での自殺の話題になったとき、川邊さんは明らかに感情を昂ぶらせて涙され、聞き手のわたしもいささか当惑したことを、いまも覚えている。この川邊さんとは、以来懇意になり、二〇一二年夏と一三年夏の韓国のハンセン病問題調査、一三年秋の台湾調査には同行していただき、「国立ソロクト病院」や韓国内のいくつかの「定着村」、台北市郊外の「楽生院」を一緒に訪ねた。川邊さんが、訪問先のハンセン人（韓国では、当事者がみずからをこう名乗っている）に「わたしも日本のハンセン病回復者です。退所者です」と自己紹介されると、相手の方の顔が一気にほころび、実際問題としてその後の聞き取り調査がきわめてスムーズに進んだ。残念ながら、二〇一四年以降は、川邊さんは一週間の海外旅行には体調的に耐えられないということで、ご一緒することがかなわなくなった。

実験の第二号は、川邊さんからの聞き取りが終わった午後、全生園内の「全療協本部」の事務所で、全療協事務局長の神美知宏さんにお相手を願った。神さんは、調査班の会議には欠かさず出ておられたから、質問項目は熟知されていて、こちらはテーブルを挟んで、録音機をセットして座っているだけ。質問なしに神さんがどんどんしゃべる。そして、ときどき、「福岡先生、こんなものでいいですかね?」と、合いの手まで自分でうたれる。それに対してわたしは、ときたま、「ちょっと戻りますが……」と、さわりの部分と思われるトピックについてもっと詳しくお願いしますと言うぐらいのものであった。お元気だった神美知宏さんも、二〇一四年五月、「第一〇回ハンセン病市民学会」の前日、全療協会長として現地入りしていた群馬県の草津温泉で急逝された。――年をとると、こういう、話の寄り道というか、思い出話をやたらとしたくなります。乞う、ご容赦。

被害実態調査班の一員としてわたしがなすべきもうひとつのことは、わたし自身がいずれかの療養所に足しげく通って、入所者の方たちからの聞き取りを自分自身でもやることであった。ちょっとした経緯があって、ソーシャルワーカーの方たちにまじってわたし自身も聞き取りをする療養所は群馬県草津の栗生楽泉園となった。この原稿を書くために当時の記録をひっくり返してみると、二〇〇三年の夏にゼミの学生たちを連れて四回、泊まり掛けで調査に行っており、わたし自身が、ハンセン病国賠訴訟の原告団(熊本、東京、岡山の三地裁の原告をあわせて「全原協」という)の会長をつとめ、検証会議の委員でもあった谺《こだま》雄二さんを含めて九人の入所者の方から話を聞いている。あと、退所者の聞き取りもということで、聞き取りに応じてもよいという葉書の山のなかに、川邊哲哉《かわなべてつや》という名前を見いだし、あ、これは川邊嘉光さんのお父さんに違いないと思って、自分から聞き役を買って出て、その年の一一月に「検証会議」が鹿児島県鹿屋市の星塚敬愛園で開催されたときに、余分に一日泊まって、川邊哲哉さんから聞き取りをさせていただいた。哲哉さんは、一九二二（大正一一）年生まれで、聞き取り時点で八一歳。語りだしの部分は、いまでも鮮明に覚えている。「わたしは敬愛園に五〇何年もおって、入所者自治会の役員を五〇年余りやりましたから、できたら自分の伝記をまとめたい、そういう機会があればいいなというふうに思っておりましたから、検証会議の調査ということではなしに、今回の聞き取りに応じてもよいと思ったんです」。二日間におよんだ聞き取りのあと、川邊ご夫妻は、鹿児島は初めてだというわたしを車で桜島まで連れていってくださった。その川邊哲哉さんも、翌年には亡くなられた。ハンセン病問題の聞き取りは、〝いまがラストチャンス〟との思いを強烈に刷り込まれた。

このあと、二〇〇四年夏の検証会議で「家族の聞き取りもやるべきだ」との意見が出され、誰もわたしがやりますと手をあげる委員がいなかったので、わたしが引き受け、博士後期課程の院生だった黒坂愛衣さんに「調査補助者」になってもらい、九月に熊本県の菊池恵楓園内の面会人宿泊所「渓楓荘《けいふうそう》」に三泊して、ハンセン病家族の立場の方たち五名から聞き取り調査をおこなった。

こうやって数えてみると、検証会議の二年間でわたしが聞き取りをしたのは、たった一七人にすぎず、正直、たいしたことなかったなと思う。いやいや、ソーシャルワーカーの人たちが聞き取りをした分も、テープおこしの作業をやりますと誰も手をあげなかったので、わたしとわたしのゼミの学生たちで、ひたすらテープおこしという職人仕事に専念していたから、暇だったわけではない。それでも、期間内にテープおこしをやれたのは、全体のごく一部にすぎなかった。でも、検証会議の最終報告書の別冊の『ハンセン病問題に関する被害実態調査報告』は、Ａ４判で、付録資料を別として、ぜんぶで四二一頁だが、テープおこしをしてまとめた「国立療養所入所者を対象とした調査（第２部）」の部分が一一四頁、やはり五人分すべてをテープおこしした「家族を対象とした調査」の部分が八三頁、合わせて二百頁弱、全体の半分近くを占めたのだから、わたしもゼミの学生たちもよく頑張ったと思う。残りは、調査員として動いてくれたソーシャルワーカーの人たちが、聞き取りの場で、あるいは聞き取りの後で書いたメモ書きを元にしている。これら、音声おこしされないままの膨大な録音テープは、いま、国立ハンセン病資料館の倉庫に眠っている。このまま〝死蔵〟されてしまうのではないかと、わたしとしては気懸かりでならない。

検証会議の二年間での聞き取りは一七人にすぎなかったと書いたのは、検証会議が終わってからが、わたしたち（福岡安則と黒坂愛衣）の、ハンセン病問題聞き取り調査の本格的な始まりであったからだ。わたしたちの調査は「ＪＳＰＳ科研費、19530429、22330144、25285145、26590085」の研究助成のおかげであり、ここで記して感謝しておきたい。

さて、ハンセン病療養所の入所者の方たち、退所者の方たちからの聞き取りを積み重ねていって、語りと語りの〈あいだ〉に現われてきたものは何かといえば、当事者たちによって語られる語りにおいて、《怒りの語り》と《感謝の語り》が拮抗しているという現実である。《怒りの語り》は、〝療養所に閉じ込められたせいで、わたしの一生は台無しにされた〟というものだ。ぎゃくに、《感謝の語り》は、〝療養所に入れてもらったおかげで、いまこうして生きていられる〟というものだ。

この対立しあう語りの関係は、「らい予防法違憲国賠訴訟」において、〝わたしの一生を台無しにした国に、謝罪し、賠償してもらわなければ死んでも死にきれない〟と原告として立ち上がった入所者たちの意識と、ぎゃくに、〝お世話になってきた国を相手に裁判するなんてとんでもない〟と、原告を批判した入所者たちの意識に連なっていよう。

二〇〇一年五月のハンセン病国賠訴訟の熊本地裁勝訴判決、二〇〇五年三月の『ハンセン病問題に関する検証会議最終報告書』の公表といった事態を受けて、国がハンセン病に対して強制隔離政策を推進してきたことを〝断罪〟する認識が一定程度定着した後の段階で、ハンセン病療養所に調査なり取材に入った若手の研究者やジャーナリストは、わたしが言うところの《感謝の語り》を口にする入所者たちに出逢って、裁判闘争をたたかった弁護士たちが見過ごしていた、原告たちとは別の存在者たちを〝発見〟したかに驚喜して、ハンセン病療養所は、たしかにひどい面もあったが、よかった面もあったのではないかといった論調の論文や記事を書き始める。わたしの見るところ、ハンセン弁護団は、《感謝の語り》を口にする入所者たちの存在に気づかなかったわけでも見過ごしていたわけでもない。弁護団は、〝被害を被害と感得させないことこそ究極の被害である〟という認識のもとにかれらの存在を捉えていたのである（『栗生楽泉園入所者証言集（下）』所収の「弁護士座談会――ハンセン病訴訟にかかわって」参照）。しかし、いかんせん、かれらは原告にはならない。かれらの被ってきた〝被害〟は、裁判の俎上に載せられないままに終わったのだと言えよう。そのため、一九九八（平成一〇）年から二〇〇一（平成一三）年の熊本地裁での裁判では、ハンセン病療養所への「収容隔離」による被害だけが焦点化され、社会のなかでの「居場所を奪われる」被害については等閑に付される結果となった。熊本地裁の杉本裁判長は、ハンセン病元患者たちのじつに多様な被害を「人生被害」の一語に括った見事な判決文を書いたけれども、その半面で、ハンセン病元患者たちへの賠償金・補償金の額は、療養所への入所期間の長さによってのみ算定されるところとなり、一四〇〇万円、一二〇〇万円、一〇〇〇万円、八〇〇万円の四段階に区分けされた。退所者の人たちは、療養所に入所していた期間のみが被害として認定され、社会に復帰して、隠れるように暮らしてきた期間は〝被害なし〟とされたのである。その意味で、本稿の冒頭に述べた「ハンセン病家族による国賠訴訟」は、「癩予防法」および「らい予防法」、そして戦前戦後の「無癩県運動」によって、まさしく地域社会のなかで被った迫害・差別の実情を、家族が主体となって問題化する、はじめての闘いとなる。

話を元の文脈に戻そう。――多くの語りを聞いていくと、《怒りの語り》を語る人びとは、社会のなかで自分はこんなことをして生きていきたいという夢をもっていたのに、ある日、強制収容されて、療養所に閉じ込められた体験をもつ。あるいは、療養所に収容されたときにはすでに無菌、自然治癒していて、療養所でハンセン病治療を一度も受けたことがないにもかかわらず、社会には戻ることが許されなかった体験をもっていたりする。それに対して、《感謝の語り》を語る人びとは、ハンセン病の発症が地域社会の人びとに知られ、社会のなかから自分の居場所を奪われてしまった体験をもつ。あるいは、家族に匿《かくま》われているあいだは治療の方途がなく、明日をも知れぬ重い症状になってから療養所に収容され、療養所に入ったことで一命を取り留めた体験をもっていたりする。わたしの理解するところでは、《怒りの語り》も《感謝の語り》も、いずれも、強制隔離政策と無癩県運動によってつくり出された意識であるが、《怒りの語り》を語る人びとがハンセン病療養所を「アサイラム」として生きた人びとであるのにたいして、《感謝の語り》を語る人びとはハンセン病療養所を「アジール」として生きた人びとである、と言うことができる。「アサイラム」（英語でasylum）とは、外の社会では誰もが享受できるはずの自由を奪われた空間、ひとを閉じ込める空間のことだ。わたしたちには、精神病棟の分析をしたアーヴィング・ゴッフマンの『アサイラム――施設被収容者の日常世界』（誠信書房、一九八四）で馴染みの深い概念だ。「アジール」（ドイツ語でAsyl）とは、外の社会の迫害から身を守ってくれる聖域であり、逃げ込む場所のことだ。わたしたちには、日本の中世史家、網野善彦の『無縁・公界・楽――日本中世の自由と平和』（平凡社、一九七八）でお馴染みの概念だ。じつは最近知ったばかりなのだが、この二つの言葉が、もともとのギリシア語に遡れば、同一の言葉だったというのが面白い。

ハンセン病療養所からの退所者たちも、このような療養所への相異《あいこと》なる入所体験を抱えたまま、療養所を退所し社会で暮らしている。療養所を「アサイラム」として体験したひとと、「アジール」として体験したひとでは、コミュニケーションは成り立たない。生きた世界が違うのだ。だから、前者の体験をした人が、「いずれは療養所に戻るつもりだ」と言う人に、「目を覚ませ。あんな酷いところに戻るなんて、おまえはどうかしてるぞ！」と、いくら説得しても、その声は届かない。逆に、後者の体験をした人が、「療養所には死んでも戻らない」と言う人に、「そんなにいつまでも昔のことにこだわらないほうがいいよ」と言っても、怒りを買うだけだ。

　韓国の定着村で聞き取りをしていても、ハンセン人一世（という言い方を韓国ではする）で、「ソロクトには死んでも行かない」と言う人と、「いずれ、もっと年をとったら、ソロクトに行こうと思う」と言う人に出逢う。ソロクトは、日本による植民地支配下において朝鮮総督府によって設置された隔離収容施設であった。そこでは、日本国内と同様に、断種堕胎や強制労働等々がおこなわれた。戦後も含めて、まだ隔離が厳しかった時代には、小鹿島《ソロクト》から対岸の鹿洞《ノットン》まで、命懸けで泳ぎ渡ることをした人がいたぐらい、ある人たちにとってはソロクトは憎しみの対象だった。他方で、ある人たちにとっては、外の社会では学校に通って勉強することが許されなかったのに、まがりなりにも学校教育を受けることができ、仲間たちとサッカーなどのスポーツに打ち込むこともできる充実した生活を保障してくれるところがソロクトであった。――韓国で聞く語りも、日本の退所者たちの意識のありようと基本的には同一のものを示しているように思われる。

　ただ、誤解を招かないように一言付け加えておきたいが、わたしは〝ハンセン病療養所は、アサイラムとアジールの二面性をもっていた〟とは言っていないということだ。そうではなくて、

〝ハンセン病療養所をアサイラムとして生きた人たち〟と〝ハンセン病療養所をアジールとして生きた人たち〟がいる、ということだ。もう少し正確に言えば、「癩予防法」および「らい予防法」体制下で余儀なくされた体験を通して醸成された意識のありようの違いが、ある人たちには、ハンセン病療養所をアサイラムとして体験させ、ある人たちにはアジールとして体験させた、というのが、わたしの理解である。

なお、わたしより先に、有薗真代《ありぞのまさよ》さんが、ハンセン病療養所を「アサイラム」と「アジール」の概念を用いて記述している（「脱施設化は真の解放を意味するのか」、内藤直樹・山北輝裕編『社会的包摂／排除の人類学』昭和堂、二〇一四、所収）。有薗は、「入所者たちは、権力の側から押しつけられた境界線を、裏側からなぞって自ら線を引き直すこと――アサイラムをアジールへと転回させること――を試みた」と述べているように、ハンセン病療養所は、かつては隔離収容の「アサイラム」であったが、入所者たちの共同実践により「自由と平和」の圏域たる「アジール」へと転化させたのだ、と見ている。彼女の場合は、「アサイラム」と「アジール」は実体概念として用いられていると言える。それに対して、わたしの場合は、当事者の実感にもとづく表象として概念化している。また、方法的にも、有薗は史資料の内容分析に依っているのに対して、わたしは多数の聞き取りの突き合わせに依っている。彼女の場合は、入所者たちは〝有機的集合体〟として扱われているのに対して、わたしの場合は、入所者たちの〝多様性〟の現実をそのまま描いている。――有薗とわたしとでは、多くの点で、視点がまったく異なっている。

〝それぞれの東大闘争〟——ただ一つの客観的な意味体系は実在しない

わたしは、いま、ハンセン病療養所というものはアサイラムとアジールの〝二面性〟を備えていた、というわけではない。そうではなくて、空間とか建物とか人間の配置としては「ハンセン病療養所」なるものは実在してはいても、そこをどのようなものとして体験していくか、どのようにその世界を生きたかは、個人によってまったく違ったものであったのではないか、と述べた。

わたしは以前からこのような認識の仕方をしていたわけではない。わたしの社会学の勉強は、カール・マンハイムの知識社会学から始まっている。そのわたしなりの理解がどんなものであったかを説明するために、いまでは視覚障害者への差別表現にあたるものとして使用することを控えるべき言い回しだが、「群盲象を撫でる」という諺を、ここで使わせていただく（同じ意味で代わりになる諺がみつからないため、ご容赦願う）。この諺は、盲人たちが象に触って、象とはいかなるものかを言い表すのだが、太い柱のような足を触った者、細い尻尾を触った者、長い鼻を触った者、垂れ下がる耳を触った者、分厚い胴体を触った者、尖った牙を触った者で、それぞれまったく別のものとして表象していた、というお話である。マンハイムの説くところによれば、それぞれが依って立つ立場によって社会の見え方が異なるものだ、ということになるのだが、この譬え話では「象」なるものが実在するということが前提であるように、マンハイムにとっては、〝意味体系としての社会〟は客観的に実在するものとして考えられていたように思われる。そして、マンハイムは、個々の立場に拘束されていては「時代の診断学」は不可能だが、さまざまな立場からする認識を統合すれば、「虚偽の意識」を払拭して、「歴史の流れ」を的確に把握できる、と考えたようだ。

認識の統合うんぬんの議論は別として、わたし自身も、譬え話で言えば「象」は実在する、〝意味体系としての社会〟も実在すると、ついこのあいだまで考えていた。しかし、いま、わたしのなかでは、そのような認識は崩れ去っている。社会認識論的に言えば、譬え話での「象」の実在は論点先取であり、実在する保証はどこにもありはしないと考えたほうが、よさそうだ。

先に、二〇一一年に、東大闘争体験について小杉亮子さんの聞き取りに応じたことを述べたが、その後、東大闘争に「助手共闘」の一員としてかかわった最首悟さんからの聞き取りを二〇一三年六月四日にしたのを皮切りに、一年半あまりのあいだに、あの時代に東大に在籍していた人たちからの小杉さんによる聞き取りに、ちょうど三〇人分、付き合った。できるだけ多くの東大闘争にかかわった人たちからの聞き取りをしたいという小杉さんの希望をかなえてあげたいという気持ちと、それに便乗して、自分にとってあの時代が何であったかを振り返っておく絶好の機会だと思ったからである。最初のうちは、あの時代に東大文学部の社会学科の学生で、ともに「社会学科スト実」のメンバーであり、闘争の展開につれて「ノンセクトの全共闘」になっていった友人たちからの聞き取りが中心だったので、あのときぼくがいた現場には君はいなかったのかとか、あなたがかかわっていた救対活動はぼくはやっていなかったなとか、個々の体験に多少のズレはあっても、大きな体験の相違はなかった。

ところが、駒場のときの同級生で、民青の活動家であり、話を聞いてみたら当時すでに日本共産党の党員でもあった人の語りは、わたしには衝撃だった。当時は敵対関係にあったのだが、年を経て、年に一回の同窓会で顔を合わせるようになっていたから、「東大闘争論で博論を書こうとしている院生がいるのだけど、聞き取りをさせてもらえないか」と頼んだところ、「もう歴史的な過去になっていることだから、きちんと語り残しておきたい」ということで、埼玉大学のわたしの研究室までおいで願った次第。わたしなどは、一九六八年六月のあの日の突然の、大学構内への機動隊導入という事態に直面して、二つのことを感覚的に考えて、動き始めたわけだ。二つのこととは、ひとつは、大学当局に対して異議申し立てをする輩《やから》は目障りだからと、〝騒ぎ〟の現場にいなかった不在者まで処分したのは間違っている、東大教授といえども、間違ったことをしたなら、ちゃんと謝れよという感覚だ。意思決定の権限をもった人間たちの心からの謝罪なくしては、大学をまともな場にするための話し合いのテーブルに着くこと自体意味がないという感覚。（この感覚は、わたしのなかにいまでもある。原発事故に責任ある者はちゃんと謝れよ、家族にもハンセン病隔離政策で被害を与えたのだから、国はちゃんと謝れよ、というかたちで。）いまひとつは、不当処分がありながら、何もしないでいた自分が、そのようなよろしからぬ現実を支えてしまっているのではないか、という感覚だ。この感覚は、当時のベトナム戦争に実質的に加担している日本政府に対して、黙って何もしないでいる自分が、結局はベトナム戦争を許してしまっているのだ、という感覚にもつながっていた。それが、わたしにとっての《東大闘争》だった。とところが彼は、そういった個々のリアリティ感覚から出発するのではなく、共産党による革命を展望しつつ、大学を民主勢力の砦とするにはどうすればいいか、その意味では、個別東大闘争は大きな問題ではなく、全国学園闘争の一環としての東大闘争にすぎなかった、と言うのだ。――もはやうまく言い表せないが、そういう彼の語りを聞きながら、〝ああ、ぼくと彼とは、ぜんぜん別の世界を生きていたんだ〟という衝撃が走ったのだ。

わたしたちと同じ全共闘でも、反日共系の新左翼の諸セクトに属していた人たちは、〝革命にむけて七〇年安保闘争が決戦のときだ。そこに、この学園闘争で立ち上がった学生たちのエネルギーをいかに流し込んでいくか。それが最大の課題だ〟といった思いで、動いていたようだ。これまた、わたしとはまったく違う世界を生きていたわけだ。

あの時代、わたしたちの側からは「秩序派一般学生」と呼んでいた人たちからも、聞き取りをさせてもらった。一口で言えば、なにはともあれ〝秩序ある大学の再建〟がかれらの課題だった。これまた、わたしとは別世界の人間たちであった。

わたしたちが「東大闘争」と呼び、あるいは「東大紛争」と呼ばれた社会事象があったことは確かだが、それがそもそも何であったのかの意味の体系としては、客観的に実在するものはなかった、と言わざるをえない。外側からは、同時代の同一の状況のなかを生きているように見えるとしても、そこに生きていた個々人は、まるで別個の世界を生きていたのだ。わたしなら、これら一連の聞き取りデータを使って論文を書くとしたら、そのタイトルは《それぞれの東大闘争》

としたであろう。小杉さん自身は、「1960年代学生運動の形成と展開――生活史にもとづく参加者の政治的志向性の分析」と題する立派な博士論文を書き上げた。『東大闘争の語り――社会運動の予示と戦略』（仮題）として、出版の企画が進行中と聞く。小杉さんの作品が世に出るのが待ち遠しい。――いずれにせよ、小杉亮子さんの博論調査に付き合ったことが、「ハンセン病療養所」というものに対するわたしの認識にも大きな影響を与えたことは、確かだ。

最初の問いとしての「セピア色の記憶」

質的調査論、ライフストーリーの聞き取りの方法の問題に戻ろう。

桜井厚さんが、二〇〇二年に『インタビューの社会学』を贈ってくれたとき、一気に読了。これはすごい本が出たな、と思った。「実証主義的アプローチ」のみならず「解釈的客観主義アプローチ」をもしりぞけて、「対話的構築主義アプローチ」の立場を採ることの、鮮やかな宣言。――ちょっとズルをすることになるが、『インタビューの社会学』を読み返しているゆとりがないので、桜井厚・石川良子編『ライフストーリー研究に何ができるか』（新曜社、二〇一五）での石川良子さんの要約的記述でもって、説明に代えさせていただく。

これまでのライフヒストリー研究法には、実証主義アプローチと解釈的客観主義アプローチの二つがあった。前者においては、既存の理論や概念枠組みから仮説が設定され、それを検証するためにライフヒストリーが収集される。これに対して後者は、多数のライフヒストリーを収集して帰納的推論を重ねていくことによって、それらに通底する部分、つまり個人の主観を超えた社会的現実が見えてくると考える。……データに先立つ仮説かデータに根ざした仮説〔ここは「概念化」のほうが適切だと思う――福岡〕かという違いはあるものの、社会的事実はただひとつであり、研究者が適切な方法を採用すればそれに到達できると想定している点で、これらのアプローチは共通している。

これに対して対話的構築主義アプローチは、研究者も含めた人びとのやり取りを通じて社会的現実が構成されると考える。その意味で、ライフストーリーは過去の出来事の単なる表象ではなく、語り手と聞き手との対話の産物である。（三頁）

『インタビューの社会学』出版以後、というよりも以前からだが、桜井さんの主宰する研究会には多くの若手の研究者が集まり、あるいは、私淑していると公言する研究者が急増した。だが、ある時期から、あれ、おかしいなと、わたしは思うようになった。学会で研究報告を聞いていると、「わたしは対話的構築主義アプローチの立場で、半構造化インタビューをしました」といった決まり文句めいた文言を繰り返し耳にするようになったのだ。桜井さんが、インタビューでの語りは聞き手と語り手との対話をとおして構築されると喝破したとき、研究者が「対話的構築主義アプローチ」の立場に立とうと、「解釈的客観主義アプローチ」の立場に立とうと、「実証主義アプローチ」の立場に立とうと、聞き取りでの語りは聞き手と語り手とのやりとりをとおして構築されるという現実は、厳然たるものとしてわたしたちの目の前にあるはずだ。だから、〝わたしは対話的構築主義アプローチの立場に立ってインタビューをしました〟と言っても、なにも言ったことにはならない。桜井さんがこだわった「構え」の問題、すなわち、調査者が自分の先入観や期待をもとに、語り手にあらかじめ想定した語りを聞いてしまうという問題に対して、自分はどんな工夫を凝らしたのかこそが語られなければならないはずだ。その点、「対話的構築主義アプローチ」からの事例報告には、「構え」に対する事後的な自己反省の記述ばかりが目立つ。はっきり言って、わたしは少々食傷ぎみである。

　桜井厚さんは、インタビューには「構え」が付き物であることを強調した。これは、そのとおりだ。しかし、わたしに言わせれば、〈構え〉にもいろいろある。剣道でいえば、面をねらう構えがある。胴を抜くことを意図する構えがある。小手をとることを得意とする構えがある。しかし、相手の出方次第でいかようにも応接しようとする構えもあるのだ。聞き取りでもおなじことではないか。見田先生の『気流の鳴る音』の一節には、次のようなことが書かれている。

　ドン・ファンの目の使い方についての奇妙な、しかし一貫しておこなわれるレッスンは、焦点をあわせないで見る、ということだ。（八五頁、強調点は原文）

〈焦点をあわせる見方〉においては、あらかじめ手持ちの枠組みにあるものだけが見える。「自分の知っていること」だけが見える。〈焦点をあわせない見方〉とは、予期せぬものへの自由な構えだ。それは世界の〈地〉の部分に関心を配って「世界」を豊饒化する。（八六頁、強調点は原文）

わたしは、大事なのは、《焦点をあわせないで聞く》ということのためには、どうすればいいかと知恵を絞ることではないか、と思う。

その点、最近の、聞き取りでのわたしの最初の質問は、セピア色の写真をもじった「セピア色の記憶」を尋ねるところから始まる。すると、まったく予期せぬ語りが始まる。（予期しようがない！）

はじめまして。福岡安則と申します。きょうはよろしくお願いします。最初に、ちょっと変な質問ですが、写真が古くなるとセピア色になりますよね。それをもじって、ぼくが名付けたんですが、「セピア色の記憶」っていうんでしょうか、小さいときの、ぼやけてはいるんだけど、気になるご記憶、なにかございませんでしょうか？

二〇一三年一二月に沖縄を訪ねて、ハンセン病問題での聞き取りをしたときの事例を二、三紹介しよう。
まずは、ハンセン病療養所「沖縄愛楽園」の入所者自治会長の金城雅春《きんじょうまさはる》さんからの聞き取り（二〇一三年一二月一四日）。出生が、一九五四年、愛楽園近くの大宜味村《おおぎみそん》であることを確認した直後、「セピア色の記憶」を尋ねた。

金城　最初の記憶っていうのは、もう、大宜味村《ここ》にいたのは幼稚園までなんですよ。育ちは石垣島です。石垣に引っ越した理由が、台風で山崩れがあって、家がダメになって、それで引っ越すことになったんですけどね。山津波があったんだね。たくさんの人が亡くなってる。公民館にみんな、元気な人も亡くなった人も、一緒に、こう、いるっていう記憶が強烈に残ってますね。うちは半壊ですね。大雨〔のため〕ですね。裏山が、地下水が湧き出る場所だったんですね。それでドサッと崩れてしまったんです。

福岡　石垣島に行ったのは、親戚とか頼るところがあったということですか？

金城　もう、親父の弟が先ぃ行ってたんで。〔そのときの台風による山崩れとは〕無関係に。土地を求めて行った。〔ある意味で〕移民ですね。

福岡　石垣島の暮らしは楽しかったですか？

金城　まぁ、農家ですからね。貧乏な農家ですから。

福岡　サトウキビの栽培？

金城　うちは、パイナップルですね。〔小さいときから〕ずっともう手伝い。

この金城さんの「セピア色の記憶」の語りは、沖縄の人たちは、ずいぶんと〝移住する民、移民する民〟であることを、実感をもってわたしに教えてくれた。そして、別の聞き取りでの、わたしにとって意味不明の箇所の解き明かしにつながっていった。二〇一二年四月二二日、鹿児島県の星塚敬愛園で、沖縄出身の入所者、宮平栄信《みやひらえいしん》さんから聞いた次のような語りの意味が、わたしにはよく理解できていなかったのだ。ちなみに、宮平さんは、一九二六（大正一五）年、沖縄県渡嘉敷村《とかしきそん》生まれ。一九四五年一月、繰上げ徴兵検査。同年三月、入営。同年六月二三日の沖縄戦の戦闘終結以後、一二月の投降まで、沖縄本島を逃げまどう。一九五〇年五月、沖縄愛楽園に入所。

宮平　だけど、あれですね。兵隊に行っても、案ずるより産むがやすい。そんなにまで叩かれることとどうのこうのと言ったけど。理にかなった叩かれすれば、ああ、なるほど、悪かったなぁと思う。理にかなわんようなだけは〔御免だけど〕。とにかく〔わたしは〕学校時代に「軍人勅諭」というの、覚えておったからいいけれども。それで、〔初年兵は〕みんな沖縄のもンばかりでしょうが。〔召集〕延期、延期になって、もう三四、五になってるひとたちが、かわいそうでしたよね。「軍人勅諭」はもちろんわからん。〔「一《ひとつ》、軍人は忠節を尽くすを本分とすべし」で始まる〕五箇条も言えないしですね。ましてや、「戦陣訓」なんていうのは、全然わからん。だから、それだけはもう、悲惨《あれ》だったですね。

わたしにとって不可解だったのは、「三四、五まで召集が延期になる」なんて、どういうことなのだろう、ということであった。金城さんの語りがヒントになって、次に星塚敬愛園を訪ねたとき、宮平さんに伺った。

宮平　〔召集延期のひとがいたのはなぜか、ですって？〕沖縄というのは、小さい島だから、職業がないでしょ。だから、職を求めて、南洋あたりにぜんぶ出て行って。で、帰ってこんもんだから、召集令状、赤紙が来ても、〔本人に〕届かんわけ。

思いがけないかたちで、あっちの語りがこっちの語りにつながっていく。聞き取りをしていて、楽しい瞬間である。

沖縄愛楽園で金城さんから聞き取りをした二日後には、沖縄県読谷村《よみたんそん》のご自宅で、退所者のOさん〔本人が匿名希望〕から聞き取りをした。

福岡　お生まれは？

Oさん　生まれは、一九四一年四月五日。いま七二。
福岡　変な質問から始めますが。
Oさん　はい、どうぞ。
福岡　変な質問というのはですね、いわゆる写真でいうとセピア色みたいになっている、生まれてから最初の記憶って、なんかございます？
Oさん　最初の記憶は、戦争ですね。四歳〔になる直前の、一九四五年四月〕の、二日のはずですから、〔米軍の〕捕虜になったのが。家の下の〔ほうの〕壕で。〔四月の〕一日《ついたち》に〔米軍が沖縄本島に〕上陸して、二日にはもう捕虜になってると思うんですよ。だから、その、まぁ、初めて見る黒人兵《くろんぼう》の唇が紅《あか》く見えたですね。で、持ってるチーズが黄色く見えて。その印象ですね。〔わたしたちは白旗を掲げて〕壕から出てきたもんですから。

　後で聞いたんですけど、水と食べ物を準備してたらしいです。とっくにもう、察知していた。〔壕の〕下に避難してる人たちがいるというのを、外人は調べ尽くしてたんじゃないでしょうかね。

　このあと、ひとくさり、Oさんは、ほかにも、近くにガマが二ヵ所あり、片方は「中国大陸で兵隊だった人が、日本人の兵隊がどんな悪さをしたかを言って、もう命はないよ、殺されると。

たった〔その〕一言のために〔集団自決して〕。生き残ったほうには、ハワイ帰りの人がいて、米国人はそんなことはしないよ、ということで、一緒に出ていって、捕虜になったんですよね」と、多少大きくなってから聞かされた話を紹介してくれた。

ハンセン病問題で聞き取り調査をしていても、Oさんよりも年上の沖縄出身者からの聞き取りだと、まず、沖縄戦の過酷な体験が語られる。ハンセン病問題の調査なのだけれども、ハンセン病問題だけに《焦点をあわせない聞き方》をしていくと、いま、ハンセン病療養所に暮らす人たちが、ハンセン病以外にも重たいものを背負って生きてこられた現実に、頻繁に出くわす。サイパン玉砕戦、沖縄戦の戦争体験をもつ方々。中国大陸で生きた捕虜を銃剣で刺殺した兵士体験をもつ方。オーストラリアのカウラ捕虜収容所での暴動事件を生き抜いた方。ハンセン病の発症を隠して、死に場所を求めて軍属に志願し、南方まで出掛けて行ったけれども、命をながらえてしまった方。親に連れられて満蒙開拓団に行き、命からがら日本に逃げ帰った方。朝鮮半島から強制連行で日本に連れて来られた方々。長崎の原爆にあいながら山陰《やまかげ》にいて助かった方たち。東京大空襲のなかを逃げまどった体験をもつ方、等々。

金城さんとOさんの聞き取りの中日《なかび》には、やはり沖縄愛楽園で、入所者の平山壮一さん（ご本人の希望で、自分のことを書くときは、本名ではなく、短歌を詠むときの号にしてほしいと言われた）からの聞き取りをしている。

平山さんは、一九三六（昭和一一）年、与那国島《よなぐにじま》の生まれ。一九五一年に沖縄愛楽園に入所。

「セピア色の記憶」の質問には、金城さんやOさんのようなサプライズの物語は語られなかったものの、園内で結婚したおつれあいとのあいだに、一九七一年生まれの娘（そして一九七六年生まれの息子）がいることまでを話してくださった。じつは、おつれあいが妊娠したとき、あわや〝堕胎〟されそうになったのを、看護婦と喧嘩して、取り戻したのだという。そして、子どものいない兄夫婦が島で育ててくれる約束をしてくれたから、子どもの命を救えたのだという。

以下は、最後の挨拶のやりとりである。

福岡　どうも長時間、ありがとうございました。

平山　自分は、こういう聞き取りで、よく話をするんですがね。あの、〔園内にあった〕学校のことだけよく聞かれるんですよ。〔わたしが学校のことをよく知っているというので。〕またお話〔を聞かせてほしいと頼まれて〕どうかなと思ったんですけど。きょうは、ざっくばらんに、いろんな、先生からの質問があったから、わかるだけのことはお話しできたんですが。

福岡　ぼくは、あるひとつのことっていうよりも、なんか、生きてこられた全体を知りたいという、欲の深い質問なもんですから……。

平山　いいですね、そういう話は。こっちも答えやすい。〔わたしは〕話題が少ないもんですからね。他《た》の患者みたいに、ショック受けたというの、少ないんですよ。

福岡　いやいや、入所していながら、ちゃんと、

黒坂　お子さんをもたれて。
福岡　間一髪、ねぇ、助けて。
平山　フフフフ。

そして、わたしがトイレに立ったとき、平山さんが黒坂さんと学生二人に語った言葉も、録音機に入っていた。

平山　おもしろい先生ですね。〔大学の〕先生とおっしゃるもんですからね、これはもう、どうして話をしたらいいかなぁと思って、心配だった。
黒坂　気さくな……
平山　気さくですね。

聞き手としてのわたしを、平山さんが褒めてくださったと、ありがたく聞いた。「セピア色の記憶」の質問は、平山さんの場合には、直接的な効果はなかったかにみえるが、じつは、自分の持っているある種の知識を聞きにきたというよりも、自分の生きざまを聞きたいのだなと思っていただけたという、間接的な効果はあったのではないかと思う。
「セピア色の記憶」の質問は、聞き手と語り手が向かい合って座っただけでその場に立ち上がる、「ハンセン病問題」をトピックとした聞き取りです、といった枠組みを、ときには、もっと限定された、沖縄愛楽園の澄井《すむい》小中学校についてのインタビューです、という箍《たが》をはずすという効用をもつのだろう。

そうそう、桜井厚さんたち、「対話的構築主義アプローチ」の旗を掲げている研究者たちの手法で、違和感をおぼえることがもうひとつある。それは、語りの音声おこしを俎板の上にのせて、〝これは、全体社会で支配的なマスター・ナラティヴだ〟〝これは、パーソナルな語りというよりも、コミュニティ内の人びとに共有された用語法としてのモデル・ストーリーだ〟と、いわばラベル貼りをすることが、語りの分析のゴールになっていはしないか、ということだ。——ここまでくると、語りの内在的な読み取りというよりも、あらかじめ、「マスター・ナラティヴ」「モデル・ストーリー」「パーソナルな語り」という道具立てがあって、外側からそれを語りに適用しているように見える。

桜井厚さんも参加した一九八三年、八四年の奈良県御所《ごせ》市小林部落での聞き取り調査。そこで、松浦照恵さん（一九三六年生まれ、一九八三年一〇月七日の聞き取り時点で四七歳）が、次のように語った。『被差別の文化・反差別の生きざま』（明石書店、一九八七）の一節である。

聞き手　部落に生まれたということで、差別を直接受けたことありますか？

松浦　あのね、一般地区の子と親しい、いまでもしてますけどね、〔小学校〕六年生やったんかなぁ、その子のお母さんと御所の町で会ったわけ。夏休みやったから、「だれそれさん、いまどうしてますぅ。元気にしてますか」っていう話しして別れたら、そのお母さん、家へ帰ってな、「こういう子ぉと会《お》うたけど、どこの子ぉや」ってなったときにな、「小林の子ぉにでも、あんなええ子がいたんか」って言われたって。その子が、学校へ来て言うたわけ。

　そんときは、なんとも思わんと聞いてたけど、いま思うたら、「小林にでも、そんなええ子がいたんか」っていうことは、一つの差別ってことですやろ。むこうも、なんとなしに言うてるわけやけど、いまになってみたら、ああ、あれは差別やってんなぁ、って。（解放運動に参加して部落問題を）勉強してなかったら、やっぱし、それはわからなかったと思う。

（一二七〜一二八頁、強調点は引用者）


　こういった、「いまも忘れへんけど……」「そのときはわからへんかったけど……」といった〝用語法〟〝定式化されたイディオム〟が、桜井さんの言う「モデル・ストーリー」の一例と考えて間違いはあるまい。――わたし自身は、「モデル・ストーリー」うんぬんとラベル貼りするよりも、その場でこの語りを聞いていて、語り手の松浦照恵さんが、小学校のときの、それこそ何気ない会話を大人になってまで覚えていたという事実のほうに、衝撃を受けたのだが。その会話に〝差別〟という意味づけを付与する知識はなかったとしても、ずっと心のどこかで気になっていたのだということだ。

『ライフストーリー研究に何ができるか』に収録されている桜井さんの論文「モノローグからポリフォニーへ——なにが私を苛立たせ、困惑させるのか」を読むと、桜井さんが明らかに「モデル・ストーリー」よりも「パーソナルな語り」に価値を置いていることがわかる。

たしかにコミュニティや運動体は人びとの生活を基盤にしているものだが、コミュニティや運動体などの集団がもつ語り方は、一人ひとりが生きてきた経験を基礎とした語りとは異なるというのが、私の認識であった。（三二四頁）

被差別部落における「生活」経験の語り方のほうが、解放運動の語り方よりも被差別部落の生活世界の核心を突いている。私にはそう思われたのである。こうして解放運動にみられる「差別－被差別」の定型的なモデル・ストーリーよりも、人びとの経験をもとにしたパーソナルな語りこそが被差別部落の現実を理解する基盤になったのである。（三二四頁）

モデル・ストーリーが人びとの語りを促すだけでなく語りを阻害する、あるいは沈黙させる機能があることにも気づかされることにもなったのである。（三二五頁）

このあたりのわたしの感覚は、桜井さんのそれとはかなり違う。わたしたちが被差別部落を訪ねて話を聞くとき、語り手には、解放運動の支部長さんから、めったに集会などには出たことのない人まで、さまざまな人が登場してくれる。かれらが、差別について、部落というものについて、解放運動について語るその語り口は、とうてい「定型的なモデル・ストーリー」には収まりきらない。解放運動の集会で語られる言葉、運動体の機関紙に綴られる主義主張、そういったものを、一人ひとりの部落の人がどう受容し、自分の言葉にしているかは、それこそ、その人のそれまでの「生活世界」のありように応じて、さまざまである。わたしは、「モデル・ストーリー」と言われるものの「定型性」よりもむしろ、その「多様性」のほうに興味がある。

いずれにせよ、わたしは、「差別－被差別」の話、「解放運動」の話に触れないようにしていったら、そこに、ほんものの、あるいは、あるがままの「被差別部落の生活世界」が立ち現れる、とは思わない。「モデル・ストーリー」をしりぞけて、「パーソナルな語り」こそを捜し求める桜井さんの態度は、調査者である聞き手が〝聞きたい話だけ〟を聞こうとしていたという、そもそもの問題の出発点に、一回りして立ち戻ってしまっているのではないかと、わたしには思われるのだ。

当事者の批判には、取るものも取りあえず謝りに駆けつける

フィールドワーク、聞き取り調査は、いつも楽しい場面ばかりではない。ときに、窮地に立たされることもある。たとえば、当事者たちから批判の対象とされるときである。

わたしが主宰する研究会にときたま顔を出していた筑波大学の修士課程の院生から相談を受けたことがある。「アイヌ問題で学術誌に論文を書いたのだが、北大の先生がそれをアイヌの人に見せたらしく、当事者が怒っているというんですが、どうしたらいいですか？」という趣旨だった。埼玉大学のわたしのゼミの学生、小池田達郎《たちろう》君が「一夏の二風谷——今を生きるアイヌ民族」という上出来の卒論を一九九三年度に出していて、フィールドの北海道沙流《さる》郡平取《びらとり》町二風谷《にぶだに》で小池田君はその筑波大学の院生と一緒だったというから、〝事件〟が起きたのは、たぶん九四年のことだったと思われる。その院生に話を聞くと、「二風谷のアイヌの人たちには、自分が調査に来ていたことは告げてない」と言う。わたしが彼に言ったのは、「取るものも取りあえず、とにかく、いますぐ、謝りに行け。自分の何がいけなかったのか、ご批判ください、勉強させていただきます、と」ということだった。しかし、彼は二風谷には駆けつけなかったようだ。風の便りに耳にしたところでは、彼は九大の博士課程に進学し、そこでは、研究テーマをニュージーランドの先住民族、マオリに変えたらしい。わたしの助言は、彼には届かなかったようだ。

じつは、〝当事者から批判を受けたら、すぐに謝りに飛んで行け。当事者が批判してくれるというのだから、研究者にとってこんなチャンスはない〟という発想は、わたしのオリジナルではない。二〇一六年九月の大会で第三八回を数えた「日本解放社会学会」は、全国学園闘争の時代に院生や学部生で全共闘として闘って、けっきょくは大学に残ってしまった社会学者たちの呼びかけによって結成された学会だが、その初代会長の江嶋修作さん——言ってみれば、わたしの兄貴分のような人――に教えられていた言葉だ。有体《ありてい》に言えば、江嶋さんの受け売りであった。

そして、わたし自身が当事者からの批判の矢面に立つときが来た。二〇〇四年のことだ。少々詳しく、経緯の説明をしなければならない。

事の始まりは、千葉県内のA市教育委員会に勤める石井肇さんが、「部落における教育課題を明らかにし、市の教育施策に反映させる」ために、A市内の被差別部落M地区の人たちを対象とした聞き取り調査を実施したいと、「千葉県人権啓発センター」常務理事の鎌田行平さん（鎌田さんは、同時に、部落解放同盟千葉県連合会の事務局長でもある）に提案。二〇〇五年度にA市として予算を付けたいが、たった一年の調査ではまともな調査はできないだろうから、三年計画でやりたい、ついては当面は人権啓発センターのなかに研究会を組織して、調査を進めてほしい、と。こうして、二〇〇三年三月一四日に、第一回の会合がもたれて、「同和教育実態調査研究会」が立ち上げられ、わたしがその会長に就いた。実際の聞き取り調査は、A市M地区だけでなく、隣接したB町K地区の人びとをも対象として進められるのだが、このK地区、M地区は、わたしが東大の博士課程一年に在籍していた一九七六年の夏に、はじめて聞き取り調査で足を踏み入れて以来、ほぼ毎年少なくとも一回は訪ねている部落であった。「はじめて」というのは、この部落を訪ねたのもはじめてであったが、わたし自身が被差別部落を訪ねて聞き取りをしたのも、ここがはじめてという、二重の意味での「はじめて」であった。一九七六年の聞き取りは、狭山事件の弁護団からの依頼による調査であった。当時の主任弁護人、青木英五郎弁護士が、「狭山事件の犯人とされた石川一雄さんが、無実なのに虚偽の自白をさせられ、しかも、一審で死刑判決が言い渡されてもその虚偽の自白を維持し続けたことは、部落問題の理解ぬきには解明できない」として、日高六郎先生に相談。日高先生が社会心理学者の南博先生に声をかける。南先生が、実働要員として心理学の若手一人と社会学の若手一人を探してくれ、と。こうして、東大の新聞研究所の香内三郎先生からわたしに「狭山裁判の手伝いをする気はないかな。狭山弁護団からの依頼で、一橋大学の南博先生が引き受けることになったのだが、若い共同研究者を探しているんだよ」との電話を頂戴してうんぬんということだが、長くなるので、この程度で端折ることにしよう。七七年の夏には、南博・山下恒男・福岡安則の連名で最高裁に「意見書」を提出している。――そういうことで、鎌田さんとも石井さんとも、長年のつきあいがあったので、わたしが「同和教育実態調査研究会」の取りまとめ役を頼まれたのだろう。

初回の集まりには、地元のM支部の役員四名（そのうち三名が女性）、人権啓発センターから鎌田さんを含む二名、A市から石井さんを含む二名、研究者としては、わたしと桜井厚さんと黒坂愛衣さんの三名、そして、地域同研の高校教員一名が参加している。――この地域同研というのは、この地域で数年前から、同和教育推進教員をつとめる高校教員を中心に、K地区・M地区の中学生の勉強の面倒をみるところから始めて、〝地域に根ざして親、子ども、教員が自主的に同和教育に取り組む〟運動を担っていたものである。黒坂さんは、わたしがメンバーに加わらないかと声をかけた。彼女は、二〇〇四年七月までは栃木県小山市の被差別部落に住み込んでフィールドワークをしていたから、最初のうちは小山から、そのあとは埼玉県狭山市の実家から、はるばる千葉県まで調査に通ったわけだ。桜井さんは当時、千葉大学教授で、しばらく前からK地区、M地区にかかわるようになっていたので、鎌田さんが声をかけたと聞いている。

この研究会の調査活動は、月に一回の会合をもつペースで進められた。軌道に乗ってからでいうと、日曜日の午前中には、前の月にやった聞き取りのテープおこしをもとに、前述の顔ぶれで議論する。そして、午後には、聞き取りをする、という流れ。そして、ほぼ一年が経過した二〇〇四年二月二一日の第一〇回研究会のときに、わたしは出席者全員にあるコピーを配った。それは、『東京部落解放研究』一一号（一九七七年）に載った「関東の被差別部落(1)――永い眠りから醒めて」と題する五九頁におよぶK地区での聞き取りの記録であった。筆者名は「梅沢利彦・福岡安則・山下恒男」。前述の七六年の聞き取り調査に、七七年に、NHKに勤めながら「差別とたたかう文化会議」のメンバーであった梅沢さんとわたしでやった補充調査を足して、まとめたものであった。これを『東京部落解放研究』誌上に掲載することなどは、わたしよりはるかに年配の梅沢さんが仕切った。わたしは聞き取りのテープおこしをひたすらやる下働きであった。茨城大学助教授だった山下さんは、こういうかたちで自分の名前が出されたことさえ、事前には知らされていなかったと思う。雑誌が刊行された後で、地元の部落の人たちから「断りもなく勝手に本にするとは何事だ！」との批判が噴出したらしい。K地区の古くからの家に伝わる十手をかざした子どもの写真を掲載したことも問題となった。そして、雑誌は回収となり、K地区の集会所前の庭に積み上げられて、焼却されたという。当時のK支部の支部長さんがわたしたちの聞き取り調査の受入れの世話をしてくれていたが、この雑誌の編集・出版の時点で体調を崩されていて、最後の詰めの確認作業が不十分なままになってしまったようだ。――わたしは、このあたりのことは、後になって、それとなく教えられただけで、詳細はいまだに知らない。正式に「回収する」との通知も来なかったことから、まぁ、研究者の性《さが》とでもいうのか、世の中から回収処分されたこの雑誌を一冊、わたしは書架の奥にしまっておいたのだ。

二〇〇三年一一月二三日の聞き取りで、Nさん（七〇代の女性）が、以前、この地で解放運動が始まったころ、自分の母親が聞き取りに応じて、ひどいめに遭ったことがあった話をされた。K地区、M地区に部落解放同盟の支部が結成されたのが一九七四年。翌七五年には同和対策集会所ができている。集会所ができると、Nさんの母親は集会所に行って過ごすのを楽しみにしていたそうだ。

Nさん　運動が盛り上がり始まったときだからね、年寄り、いままで踏みつぶさってきて、やっと這い上がったとこ。歌、踊りが好きだったから、おばあちゃんが楽しみにして、集会所へ行《そ》ぐんだ《れ》よ。〔朝の〕一〇時ころから行って、お昼ご馳走になって、ほんで夕方まで。それ、ほら、楽しいでしょう。いままでにない楽しみじゃない。そうしたらね、〔ある日〕帰《けぇ》ってきたら、嫁がよぉ、おばあちゃんとこさ来て、「孫、かわいかねぇのかぁ！」って言《ゆ》ったって。出し抜けだから、おばあちゃん、「何言《ゆ》ってんだかわかんない。おらぁ、人に後ろ指さされるようなこともしねぇし、なんだかわかンねぇよ」っつったら、「自分の胸に聞け！」って。義理にも親でしょう。それで、うちのおばあちゃんは、「おら、おめぇに、そういうこと言われる筋合いねぇ」っつったら、「じゃあ、おれが言う」っつったんだって。「そのときの、とげとげしい言葉は、なんともいままでに、そういう言葉、吐かれたことない」っつったよ。

〔おばあちゃん、支部長さんに頼まれて、昔話をしたんだって。〕それを、この、カセットさ、録《と》ってあったんだよ。それが〔雑誌に〕載ったわけなんだよ。それだから、嫁、怒ったわけ。「孫、かわいくねぇのか！」って。それから、ほら、〔K地区での聞き取りを無断で雑誌に載せたことを糾弾する〕話が〔ムラの中で〕持ち上がってきて。で、うちのおばあちゃんも「もう集会所行かない」っつってんだよ。「もう、おれみてぇなのは、死んだほうがいいかもしんねぇな」って言《ゆ》ったもの。よっぽど、つらかったのよ。〔この話は〕二〇何年くらい前だよ。「おら、こういう口きかれたの、はじめてだ」っつったの。それ〔言った嫁も〕も、罪はないんだよな。やっぱり、わが子がかわいぃンだよ。だから、知らせたくなかったんだよ、この、部落だってことを。

Nさんのこの語りは、わたしにとって、まったくはじめて聞く話であった。わたしは迂闊にも、ほんとうに迂闊にも、Nさんの母親がMさんといって、一九七六年に、山下さんとわたしがお話を聞かせてもらったおばあさん（当時八〇代）であることに、まだ気づかなかった。気づかないまま、三〇年ちかく前にK地区でやった聞き取りの記録がある、そして、その公表手続きに欠けるところがあって回収処分となったことについて、わたしとしては、今回、こういうかたちで新たな聞き取り調査を進めていくにあたっては、調査研究会のメンバーのなかでは情報を共有しておいたほうがいいと判断し、探し出して、この研究会の外には持ち出さないという前提のもとで、二月の研究会で配布したのだ。――それが、地域同研の高校教員によって、「回収処分されたはずの雑誌の文章を、福岡が（被害当事者の肉親である）Nさんに断りもなく、みんなに配布したのは問題だ」と指弾された。次回の、三月一三日の研究会は、この問題だけが議論された。この会には、Nさんの娘さんのAさん（当時四〇代）も出席された。わたしにとって、Aさんとのはじめての出会いであった。ただし、このときは録音を禁じられたので、また、帰宅してからもフィールドノートを書く気にならなかったので、議論の中身についての記録も記憶も一切ない。備忘録には「鎌田さんが、いちおうの整理」とだけメモが残っている。

しかし、さらに日をあらためて、わたしと黒坂だけを除いたメンバーで福岡批判の会合がもたれたことを、後日わたしは鎌田さんから伝えられ、「で、どうしますか？」と問われた。わたしは即座に答えた、「Nさんのところに謝りに行きたいと思う」。「じゃ、日時を設定します」ということで、二〇〇四年四月一二日、わたしは黒坂さんを伴って、M地区のNさん宅を訪れた。立ち会ったのは、鎌田さんと、〝問題提起〟をした地域同研の教員、それと、それまで一度も研究会には顔を出したことのなかった地域同研のリーダーのS先生。わたしは、Nさんに、はっきりとだけど、一言だけ、「どうもすみませんでした」と言って、頭を下げた。Nさんは「謝ってくれれば、それでいいんだよ」と、一言だけ応じた。そのあとは、夕御飯を食べていけ、というので、この部落に伝わる製法のおいしい干し肉などを頂戴しながら、多少の緊迫感は残りつつも、部落問題をめぐっての普段の調子の会話が交わされた。

後日、わたしは研究室のロッカーの奥から、一九七六年のときのMさんの語りが入った録音テープを探し出して、Nさんに届けた。探し出したときに、わたしもMさんの語りを聞き直した。三〇年前のMさんが語るさいの表情が、ありありと思い浮かんだ。

Mさん　昔はええことねぇよ。昔はね、いまの時世と時世が違うから、いいことはないのよ。みんな泣くことばっかりよ。それをいま知ってくれれば、年とった者は後生《ごしょう》になるの。ほんとのことは、昔は泣きあかしたよ。だから、いまあんたらがこうやって来てくれて、こんなかの年寄たちだのなんかをよくしてくれるっていえば、ありがたいんだよぉ。昔は困ったよぉ。昔のこと言えば、富士の山ほど話したって話しきれないよぉ。

こうして、わたしの〝謝罪〟という出来事を挟んで、Nさんからは、二〇〇三年一一月から二〇〇五年九月までのあいだに六回の聞き取りをさせてもらった。わたしの長年のライフストーリー聞き取りのなかでも、最も長時間の語りを聞かせてもらったのが、このNさんだ。そして、Nさんの娘のAさんからは二〇〇四年九月四日に、そのAさんの娘のLさん（聞き取り時点で二一歳）からも二〇〇五年七月三〇日に、聞き取りをさせてもらった。小林初枝さんの著作に『おんな三代――関東の被差別部落の暮らしから』（朝日選書、一九九〇）というのがあるが、わたしは、この千葉県の部落で、Mさん、Nさん、Aさん、Lさんの〝おんな四代〟の語りを聞かせてもらったことになる。

そして、二〇〇六年二月四日の「総括討論のための拡大研究会」（研究会としては第三一回）には、関係者一八名が集まったが、そこでNさんはこう発言している。

Nさん　いちばんジィーンとくることはさぁ、福岡先生が〔三〇年前の聞き取りの〕おふくろの相手だったたってことを知ったたってことは、やっぱり、おれ、丈夫で生きてたから、福岡先生と会えて、おばあちゃんのことを知ったんだなってことをさぁ、うれしく思ってる。でも、おれはこういう人間だから、〔ふつうの人は〕おっかなくて、渡せねぇんじゃねぇんかな。でも、それ通り越せて、先生がさぁ、「じつは、これこれこういうわけだ」ってことを言ってくれて、〔おふくろの話が録音されてる〕カセットテープも渡されて、それで、〔娘の〕Aとふたりで、それ聞いたのよ。そのときに、Aが、「おばあちゃんと声がそっくりだよ。口の利き方まで似てる。親子って、すごいね」って。ふたりで、しみじみ、それ聞いたよ。
　あたしが話ししたことと、おばあちゃんが言った話が、親子って、おなじような苦労してたんだなぁと。だって、あたしは、おばあちゃんと年の差だって〔大きい〕。あたしは六番目〔の子だから〕。でも、〔親子で〕おなじような差別された話も、出てる。だから、あのテープを、福岡先生が、「Nさんにこれ渡すと、頭から怒鳴られたりなんかすっから、いっそのこと、隠しておいたほうがいいんじゃねぇか」と思って、くれないでいれば、そのままだかもしんない。だけど、おふくろの苦労した話を聞いてもらって、ね、けっきょく、失敗〔=回収焼却処分〕になったけども、それを、なにかの縁で、箪笥の片隅〔→研究室のロッカーの奥〕でもどこにでも置いてあったたってことと、やっぱり、あたしが、この聞き取りにかかわったっていうおかげなのかぁと。あたしは、だから、先生のほう、足向けて寝らンねぇ。そういう思いでさぁ、やっぱり、この運動にたずさわってて、よかったなぁと、しみじみ思ってる。

　こういうかたちで、この一件は落着したのだが、そういえば、Nさん宅で夕御飯の支度ができるのを待つ間に、地域同研のリーダーのS先生が「まさか福岡先生が謝りに来るとは思わなかった」と言った言葉を思い出す。この高校の先生たちは、自分たちが批判すれば、批判されたほうは逃げ出すと考えていたようだ。かれらは、「このK地区、M地区の人たちとは、死ぬまでのつきあいだ」と言っていたが、最近、K地区、M地区でかれらの姿を見かけることはない。

「委託研究」では研究者の著作権は消失?

この「同和教育実態調査研究会」では、もうひとつ、とんでもない事件に巻き込まれた。鎌田さんからは、A市では二〇〇五年度に予算が付く見込みがなくなったので、千葉県教育庁とも相談し、「平成一七年度文部科学省人権教育推進のための調査研究モデル事業」に乗せることとし、それによってこの調査報告書の印刷費を捻出することにしたとの報告を受けていた。公的予算が付いたということは、年度末までに「報告書」を仕上げなければいけないということで、報告書執筆を任せられた黒坂さんは必死になって原稿を書いていた。ところが、二〇〇五年一二月六日、鎌田さんから「同和教育実態調査中間報告書の字句訂正について」と題する以下のメールをもらった。

福岡安則様

中間報告書を提出したところ、県およびA市からいくつかの字句訂正等を求められました。たとえば、括弧付きの表現に対して括弧をとるとか、ひらがな表記のところを本来通り漢字で書くとかそういうことなので、内容に重大な変更を伴わない限り応じようと思います。その上で、字句訂正について、県およびA市からもらった原稿をもとに、私がやってしまおうと思いますが、いいでしょうか。

あと、地区名とか人名についても注文が出て、地区名については表記せず（表記すると、いかにもB町K地区が差別が厳しく、A市M地区が解放に向かっているかのような誤解を受けるとのこと）、人名はＡＢＣ……というように通しにしてほしいとのことでした。

お返事ください。


翌日、わたしは鎌田さんに、このような〝検閲〟には応じられないとの意思表示をするとともに、もっと詳しく聞いた。すると、たとえば、「予算は二〇〇五年度のものなので、聞き取り調査をした日時がそれ以前だと困る。以前にやった調査もすべてこの事業が始まってからやったことにするため、調査の実施日はぜんぶ消してくれ」といった要求まで出ているとのこと。――調査というものをなんと心得ているのか！　怒り心頭に発する、とは、こんな気分かなと思った次第。たぶん、鎌田さんはわたしが怒りだすのがわかっていて、なんとかそうならないように、あいまいな表現のメールをくれたのだろう。

さっそく、わたしは動いた。たまたまであるが、当時、わたしは千葉県に対して、いささかモノを言うことができる立場にあったのだ。――また事情説明のために横道に逸れるが、ご容赦。

一九八一年から二〇〇一年まで五期二〇年続いた保守系の沼田武が千葉県知事であった時代が終わり、堂本暁子が知事に選出されるや、千葉県からわたしにお呼びがかかるようになった。

二〇〇二年一〇月から二〇〇四年三月まで、わたしは「千葉県人権問題懇話会」の座長をつとめ、「千葉県人権施策基本指針」の取りまとめをおこなった。その後も、二〇〇四年度から二〇一〇年度までの七年間、「千葉県人権施策推進委員会」の委員長をつとめた。（そうそう、M地区のAさんには、この県の委員会の委員になってもらったことを思い出す。彼女の部落問題に対するひたむきな姿勢に惚れこんでのことである。）

わたしは「千葉県人権施策基本指針」を策定するにあたり、「基本的な視点」のひとつとして《共同参画を保障する》との文言を入れた。男女共同参画の言葉から男女という限定を外すことで、男女の問題に限らずに、いろんな人権問題の施策を決めるときには、当事者の参加を保障し、意見を聞き、一緒になって決めていくんだ、と。――その背後には、わたしの次のような考えがあった。「結果の平等」の理念を掲げることは大事だ。しかし、「結果の平等」を保障してしまったら、どうやら社会はシステムとしては成り立たないようだ。単純に言って、努力しようと怠けようと平等な分配が保障されるとなったとたん、他人任せにする人たちが出てくることは防げない。あるいは、学力などでは、「結果の平等」は保障できない。数学の試験で全員が百点をとる学力を付ける教育というものは想定できない。あくまで「結果の平等」は、はるかにめざす理念であり続けるしかないのだ、と。「機会の平等」の保障は、不可欠だ。しかし、「機会の平等」は、実際には、保障されえない。子どもたちが小学校一年に入学したとき、そのスタート時点で、すでにさまざまにハンディが形成されているのが実情だ。「機会の平等」は絶対に閉ざしてはならないが、「機会の平等」をもって平等が実現されているかに装うのは、欺瞞だ。その点、保障することに意味があるのは、「共同参画」ではないか。どんな問題でも、意思決定するときには、その当事者を必ず含めて、当事者の意見を尊重して決める。誰を当事者の代表とするかなど実施には難しい問題も出てくるが、《共同参画を保障する》ということは、単なる理念ではなく、権限をもった者がそれを保障すると決めさえすれば、実施できることだ、と。

わたしは、「千葉県人権施策推進委員会」の委員長という立場と、「千葉県人権施策基本指針」の《共同参画を保障する》という「基本的な視点」(これは千葉県の職員であるかぎり尊重しなければならないもののはずだ)をひっさげて、千葉県教育庁に乗り込むことにした。「千葉県人権施策推進委員会」を所管する県の人権室長に橋渡しをしてもらって、県教育庁に面談に行ったのが、二〇〇六年一月一六日。相手は、県教育庁の社会教育振興室長と人権教育室長と担当職員、それと、A市教育委員会の生涯学習課長(この時点では石井肇さんはすでに別の部署に異動していた)と担当職員。当方は、鎌田行平さんと黒坂愛衣さんが付いてきてくれた。備忘録では、午後の一七時一五分から一九時三〇分まで、とある。わたしの記憶では、このうち二時間ちかくを、わたし一人がしゃべりまくるというか、叱りつけていたように思う。いま当時の資料をパソコンのメモリーから取り出してみると、この日のためにわたしはA4で九枚、約一万字の「千葉県教育庁への異議申立て(案)」を準備している。わたしがいちばん力説したのは、県教育庁に設置され、わたしたちが作成中の「調査報告書」にあやれこれやの注文を付けている「千葉県人権教育推進のための調査研究委員会」には、被差別部落の当事者がメンバーとして入っていないではないか、それは「千葉県人権施策基本指針」違反である、ということであった。そしてまた、実際に調査研究を実施し、報告書を作成している者に対して、「文科省の予算をもらうことで、これは委託事業となります。したがって、執筆者には著作権はなくなることになりますが、ご了承いただきたい」との事前の説明が一切なかったことの不当性であった。

長時間のわたしの独演が終わったところで、A市教育委員会の担当職員から謝罪があった。「予算は二〇〇五年度のものなので、聞き取り調査をした日時がそれ以前だと困る。調査実施日を消去されたい」との要求をした件についてであった。彼は、教育委員会に配属になったばかりで、以前は資材を買い付ける部署で仕事をしていたので、予算執行にかかわる事案の日付が年度内にないと困るということしか念頭になかったのだ、と釈明した。あまりの返答に、わたしは唖然とするばかりであった。

県教育庁の室長からも謝罪はあったが、「千葉県人権教育推進のための調査研究委員会」の委員のリセットはできないとのことであったので、わたしとしては報告書原稿を引き上げさせてもらうことを宣告して、この日はお開きとなった。

その後、鎌田行平さんから「今回の調査に協力してくれた部落の人たちの思いを無駄にすることは、絶対にできない」との電話をもらった。彼のこの言葉は、重かった。そこで、わたしは事態の収拾に動き、二〇〇六年二月一三日、千葉県教育庁とA市教育委員会とわたしとのあいだでの「覚書」の調印をおこなった。その内容は、わたしの手元に残るメモによれば、以下のとおり。

「千葉県人権教育推進のための調査研究委員会委員長」（千葉県教育庁生涯学習課長）を甲とし、「A市人権教育推進のための調査研究委員会委員長」（A市教育委員会生涯学習課長）を乙とし、「社団法人千葉県人権啓発センター」内に組織された「同和教育実態調査研究会会長」（福岡安則）を丙とする。

甲と乙とのあいだで平成一七年八月九日に取り交わされた「委託契約書」の「第一五条（著作権）」の規定にかかわらず、本調査研究事業にかかる著作権は、甲と乙と丙のそれぞれに帰属するものとする。

但し、著作権というよりも人格権として、聞き取り資料の公表の許諾の最終的権利が語り手本人に属することを、甲と乙と丙は承認する。

少しだけ説明しておこう。甲と乙とのあいだで取り交わされた「委託契約書」うんぬんは、A市教育委員会から提出される報告書の著作権は県教育庁に吸い上げられることを規定したものであった。それを、実際に報告書を作成した「同和教育実態調査研究会」にも著作権はあることを認めさせたものである。そして、最後の但し書きは、調査に応じた人は、自分の聞き取り資料について、いつでも、それこそ土壇場であっても、「やっぱり、自分の語りは公表してほしくない」

と、その公表の取り止めを求めることができるということである。

そして、二〇〇六年二月二一日には、部落解放同盟中央本部の専従書記の内野貴志君から「文部科学省の見解」と題するメールをもらった。——解放同盟の専従書記を君《くん》付けで呼ぶのは、彼は埼玉大学のわたしのゼミの卒業生だからである。部落問題で卒論を書きたいと言って、栃木県小山市の被差別部落に住み込み、部落解放同盟栃木県連の事務所でアルバイトをしながら参与観察をしたという点では、黒坂愛衣さんの先輩である。ただ、彼の場合は、参与観察の「参与」のほうが「観察」に勝《まさ》って、卒業後も栃木県連に残り、部落の女性と恋愛結婚し、いつのまにか部落解放同盟中央本部が彼の職場となった。

福岡安則さま

おはようございます。内野です。

昨日（二月二〇日）、鎌田さんに同行して文部科学省に行ってきました。

「著作権」については、以下のような回答でした。

①国の税金を投じた事業であるから、省に提出された報告書など一切の書類に関する著作権は文部科学省に帰属する。

②事業に係る調査で得られたデータを、研究者が加工して利用するなど、データの二次利用に問題はない。

③「報告書」を利用したり内容を引用する場合は、事業に係る「報告書」であることが判るように、出典を明記さえすれば問題はない。

〝検閲〟と〝著作権〟の問題も、こうして結着し、年度末ぎりぎりで、『千葉県A市・B町における同和教育実態調査報告書』は完成した。ピンク色のカバーで簡易製本された、A4判、四二三頁の、分厚い報告書となった。鎌田さんは、これを〝電話帳〟と呼んだ。

いろいろ悩み考えるのが調査倫理

この時期、わたしは、日本社会学会の「倫理綱領検討特別委員会」の委員をつとめ、新たに発足した第一期の「倫理委員会」の委員にも就任したばかりであった。前述の「覚書調印」で、研究者の著作権を守ろうとしただけでなく、語りの扱われ方についての最終決定権は語り手本人にあることの確認は、「倫理綱領検討特別委員会」でのわたしの意見でもあった。わたしの考えでは、《調査倫理》は、研究者が悩みながら解決していくべきものであって、調査協力者から「同意書」にサインをもらい、あとは匿名化しさえすれば、語りをどう扱おうと研究者の自由だといった〝手続き問題〟に解消されてはならず、そのことを具体化しておきたかったのである。

このようなことを言うのは、わたしには、「ハンセン病問題に関する検証会議」での苦い経験があるからである。被害実態聞き取り調査に応じてくれた当事者で、わたしとわたしのゼミの学生がテープおこしをした語りについては、『最終報告書』付録に収録するに際して、検証会議の事務局から本人に「同意書」を求める手続きがおこなわれた。わたしが直接聞き取りをした人の場合には、「先生から『同意書』にサインをしてくれるように口添えしてください」と求められた。しかし、わたしがかかわったほとんどの人は、最後の最後まで「同意書」にサインをするのを嫌がった。自分の語ったことが資料として使われることはおおいに望むところだが、その手続きとして「同意書」を提出させられることへの、言ってみれば本能的な違和感があったようだ。それは、ある意味で当然だったのだ。検証会議で問題にされたことのなかには、ハンセン病療養所に収容されたときの手続きの一つとして、死んだときに備えて「解剖承諾書」への署名押印を強要された現実があった。ハンセン病問題の当事者たちにとって、「承諾書」とか「同意書」というのは、自分たちの人権を損なうものにほかならなかったのである。ハンセン病療養所が「解剖承諾書」にサインを求めたのは邪悪なことだが、検証会議が聞き取り資料の使用の「同意書」にサインを求めるのは善良なことだと、そう単純には割り切れないのではないか、というのがわたしの考えでもあった。

聞き取りにあたって、事前に調査の趣旨を説明し、納得のうえで語り手に協力してもらうのは当然のことだが、「同意書」にサインをもらうということ自体、日本社会には馴染まないのではないか。日本社会は契約社会ではないから、書類に署名押印を求めること自体が異様な感じを醸しだしてしまう。それよりも、わたしは、語りを用いた論稿であれば、公表前の原稿を本人に見せて、了解をもらうほうがはるかに大事だと考えている。その段階で、こんなふうに自分の語りが扱われるのなら、自分の意に染まないと、そこで公表を断わられたら、潔く諦めるしかない。それが、調査倫理というものだろう。

また、語りの提示にあたって、研究者の側の独断で、一律に「匿名化」するのも、いかがなものかと思う。わたしは、ある時期から、語り手の名前をどうするかは、本人と相談のうえで決めることにしている。そう考えるようになったのは、在日コリアン調査をして、『ほんとうの私を求めて――「在日」二世三世の女性たち』（新幹社、一九九一）をまとめるに際して、「朝鮮人が朝鮮人として生きられる日本社会を」という見出しを付けた語りの語り手、金静伊《キムジョンイ》さんに、わたしとしては素敵な仮名を考えて、これでいかがでしょうか、と提示したとき、「せっかく現実の社会で、通名を捨てて、本名で生きることを選択したのに、なぜ、そのわたしが先生の本のなかで仮名にならなければならないのですか」と抗議された体験からである。わたしたちの聞き取りに応じてくれる人のなかには、研究材料というよりも、自分の生きざまを記録してほしいと考えている人たちがけっこういる、そのなかには、本のなかでも本名で登場したいと考えている人が、確実にいるのだ。

ぎゃくに、自分が体験してきたことは、こんなことがこの社会にはあったのだということで、ぜひ記録に残してほしいが、自分の名前は絶対に出さないでほしいと希望する人もいる。つい先日お会いした「ハンセン病家族」の方は、両親ともが東北新生園の入所者で、一九四八（昭和二三）年という、ハンセン病療養所では「堕胎」が当たり前だった時代に、園のなかで生まれおち――本人自身「奇跡です」とおっしゃっていた――、生後すぐから新生園附属の保育所（通所施設ではなく養育施設）で育ち、中学を終えた段階で、園を退所した両親と一緒に暮らすようになるのだが、保育所の保母さんを「おかあちゃん」と呼んで育った彼には、実の親との関係がどうしてもしっくりこなかった苦悩を語ってくださった。その彼が、体験記録は残してほしいが、名前は伏せてほしいというケースだった。語り手一人ひとりと、何事も相談して決める。それが調査倫理というものだと、わたしは思う。

語り手の名前の件では、もう一つ、忘れられない思い出となっているケースがある。『栗生楽泉園入所者証言集（中）』（創土社、二〇〇九）に「外の社会には居場所がなかった」と題して収録させていただいた、ある入所者の方の場合である。二〇〇八年の秋は、テープおこしが済み、整理した原稿を持参して、たびたび群馬県草津町の栗生楽泉園を訪問した。失明していたりそうでなくても目が不自由な人が多かった入所者の方を前にして、原稿を読み上げての最終確認をするためであった。あるとき、入所者自治会長の藤田三四郎さんの寮舎に立ち寄ったら、「〇〇さんが自分の話は公表しないでほしいと言っていたよ」とおっしゃる。「いやあ、〇〇さんのお話は、すごく大事な話だと思う。名前を伏せ、地名も出さないということでは、いかがでしょうか、と伺ってもらえませんか？」とお願いしたら、目の前で電話をしてくれて、「完全な匿名にするということではどうですか？」と。「それなら、いいよ、という返事です」と言うので、すぐさま、○○さんの療舎に飛んでいって、目の見えない彼女を前に、原稿を読み上げながら、「お名前は、匿名希望Aさんでいいですか?」「はい」。「出身地は、○○県とは書かないで、ぼやかして、北陸地方ではどうでしょうか?」「それならいいですよ」と、ひとつひとつ了解をもらったことを思い出す。

「匿名希望Aさん」は、一九二一(大正一〇)年生まれ。彼女は尋常小学校の頃に症状が現れ始め、学校に行けなくなった。子守奉公などで働き始めるが、やがて眉毛が落ち顔色が黒くなったため、「白粉《おしろい》を塗り、眉毛も描ける」という理由で「水商売」で働くようになる。しかし「眉毛もないような病気は、いい病気じゃない」と客に見抜かれ、おかみさんに告げ口をされると、翌日には荷物をまとめて出て行くことを繰り返した。症状がひどくなり、二〇歳前後の頃は家に隠れて過ごした。当時は自殺も考えたが、死にきれなかったという。「偽名でも入れる療養所がある」ことを知り、楽泉園へ入所。Aさんは、〝こうして暮らさせていただいて、ありがたいと思っています〟と心境を語っていた。――わたしが、前述の「感謝の語り」という概念を着想するに至った語りの一つである。この語りがボツにならなくて、ほんとうによかったと思っている。

語り手の名前ひとつでも、スッタモンダ、語り手と相談し交渉するなかで決めていく。それがフィールドワークというものだし、そのなかで、わたしたちの調査倫理の感覚も培われていくのだと、わたしは思う。機械的に、〝匿名化したので問題はないはず〟ということではないと思っている。

それから、近年、アメリカやオーストラリアなどの風潮にならって、日本国内の各地の大学にも「研究倫理審査委員会」が設置されるようになってきた。その規定などを読むかぎりは、大変きれいごとの文言が並ぶ。しかし、わたしが主宰する研究会に顔を出す海外からの、日本の差別問題に関心をもつという若手研究者に、「じゃ、こんど、東京近辺の被差別部落に行く機会があるから、一緒に行こうか」と誘っても、「大学の倫理委員会に事前に許可を得ていないから、フィールドに入ることはできない。被差別の当事者と接触することはできない」と言われて、唖然としたことがある。調査しようと思う問題の当事者と会うこともないままに、調査研究の計画書をどうやって書くのだろうか。調査倫理の問題が〝手続き〟問題に収斂していくとき、事態はここまでくるのだ。こんなことで、社会学の意味あるフィールドワークが可能なのだろうか、とわたしなどは憂うる。

「盗人に追い銭をやる必要はない！」

さて、わたしは、千葉県の部落での「調査報告書」の一件が落着した時点で、日本社会学会の「倫理委員会」にこの問題を提起した。つまり、研究助成を受ける「補助事業」の場合には著作権が保障されるのに、「委託事業」となると、著作権が召し上げられるだけでなく、記述内容に対してまで不当な干渉、検閲がなされる事態に対して、学会として研究者の権利を守るように動いてほしい、ということであった。千葉県の部落での調査の件では、わたしたち研究者は、調査を実施し報告書を作成したことに対する謝金は、一円たりとももらっていない。それなのに、「委託調査だから、事業費を出した行政に著作権は帰属する」と言われては釈然としない。それだけでなく、研究内容にまで介入される危険があった。

この話を「倫理委員会」に出してみると、他の地方自治体からの女性問題に関する「委託調査」でも、調査報告書に対して、「ジェンダーという言葉自体を使うな」から始まって、内容に対する不当な介入が多々なされた話が出てくる。ちょうど、「ジェンダーフリー」に対するバックラッシュが吹き荒れていた時期であった。この雰囲気だと、委員のみなさんの賛同が得られるかなと思ったのだが、その瞬間、関西の大学に所属する年配の先生が、「盗人《ぬすっと》に追い銭をやる必要はない！」と、語気鋭く発言された。その先生が言われたのは、〝同和問題に関する意識調査〟が〝行政による委託調査〟として頻繁におこなわれた一時期の、関西圏におけるある社会学の先生たちのふるまいを、身近で、苦々《にがにが》しい思いで見てきたということであった。微妙なニュアンスまでは思い出せないが、〝あの人たちは社会学者の魂をカネで売ったんだ。ろくな調査をやっていない。そんな連中に著作権まで認めてやる必要はさらさらない〟という意見であった。「いや、それとこれとは違いますよ」とは言ってみたものの、そのようにおっしゃる先生の見解に、わたしとしても思い当たるところがあって、それ以上は強くは言えなかった。

思い当たる節《ふし》とは、わたし自身のこういう体験である。あるとき、部落解放同盟千葉県連の鎌田行平さんから電話があった。「県に要求して、同和問題での県民意識調査をやらせることになった。その調査を福岡さんにやってもらいたいと考えている。ついては、調査費用として県にいくらを要求すればいいか?」というものであった(いま調べてみると、一九八六年に『千葉県人権問題意識調査結果報告書』が出されているとあるから、この時期のことだったかもしれないが、時期については自信がない)。そのような経験はわたしにはなかったので、調査費用をいくらと見積もっていいのか、わたしはわからなかった。一九八三年から八四年に奈良県御所市小林部落でやった聞き取り調査は、部落解放同盟の機関紙『解放新聞』を発行している解放新聞社からの依頼であったが、そのときは、部落内の家に泊めてもらったこともあり、わたしたちが出してもらったのは往復の交通費だけであった。いわゆる原稿執筆料なるものも含め謝金はいっさいもらっていない。後に金明秀《キムミョンス》さんと一緒にやった統計的調査の「一九九三年在日韓国人青年意識調査」は、在日韓国青年会からの依頼であったが、このときも、わたしが出した条件は、〝調査実費はそちらで用意してくれ。謝金はいっさいいらない。そのかわりに、調査報告書をまとめたあとで、わたしたち研究者がこの調査をもとに本や論文を書くことを認めてほしい〟というものであった。

――見当がつかなかったわたしは、すぐに、日本解放社会学会の設立時からの仲間である専修大学の鐘ケ江晴彦さんに電話を入れた。彼の返事は、こういうものだった。「丁寧な予備調査をやって、研究会をやりながら、調査票を設計するまでの費用が、百万。調査票の印刷、調査票の往復の郵送料、データ入力の業者への依頼などで、二百万。予備調査から、データの計量分析の試行錯誤、調査報告書の執筆で、福岡さんもわたしも半年以上、かかりきりになる。正当な報酬として、二百万。ぜんぶで五百万あれば、足りるでしょう」と。わたしはそれを鎌田さんに伝えた。そして、この金額で予算が付くことになったとの報告を受けた。

予備調査の百万円ということについて、ちょっとだけ補足説明しておきたい。一九九七年からの千葉県内の「人権問題に関する住民意識調査」では、わたしたちが実際にやったことだが、意識調査を実施する当該市町村の被差別部落を訪ね、住民の人たちから結婚問題等の差別の体験や現状の聞き取りをし、学校の教員にも会って、学校のなかで同和教育に取り組めないでいる事情とか、部落に来て子どもたちの勉強をみているのだが、そこでは部落問題の話にはいっさい触れないでいる事情を聞いたりした。千葉県も房総の先のほうに行けば、泊まり掛けの調査になる。県民全体を対象とした調査ということで、県内あちこちに出掛けるそのような予備調査を、調査チームとして実施すれば、そこそこの費用がかかる、という次第だ。意味ある調査票を設計するには、そのぐらいの予備調査が必要、というのが、わたしたちのやり方であった。

ところが、である。後日、磯村英一先生から電話が入った。「千葉県の意識調査は君がやることになっていたと思うが、わたしのところに話が来た。わたしが受けて、実質は君にやってもらうということで、いいかね」と。わたしは、「はい、ありがとうございます。よろしくお願いします」と答えた。それが、数日後、東京都内のマンションの一室の磯村研究室を鐘ケ江さんとふたりで訪ねたところ、磯村先生は「この調査票で調査をやってくれたまえ」とおっしゃったのだ。話が違う。調査票の中身をパラパラとめくってみると、国が主導してやる同和問題に関する意識調査のための調査票をベースにしたもので、とうてい使い物にならない代物であった。わたしと鐘ケ江は、「ここには、県内では同和教育に取り組んでいるところですが、と書かれていますが、千葉県内はほとんど学校での同和教育はおこなわれていません。事実と違いますので、この調査票は使えません。丁寧な予備調査からやる必要があります」と申し上げたのだが、磯村先生は口答えは許さん、とにかくこの調査票でやってくれ、の一点張りであった。一九八二年に「マスコミと差別語問題」での調査をやったときには、磯村先生が研究費を取ってきてくれて、わたしたちに自由に調査研究をさせてくれた。そのときの磯村先生の態度とは、全然違った。まるで別人であった。わたしは、それまで磯村先生にはずいぶん目をかけていただいていたが、これが訣別の時となった。

磯村先生の心変わりは、なぜ、起きたのか？　いま思い当たるのは、ひとつには、磯村先生は千葉県の沼田知事と懇意な間柄であった。磯村先生が東大で教えたときの学生の一人が沼田武だったのだ。千葉県としては、部落解放同盟の要求を拒めず、意識調査を実施することになったけれども、〝県民の差別意識が強い〟とか〝県の同和問題への取り組みが不十分〟といった調査結果が出ると困るので、知事から〝結果はほどほどに〟との注文がついた可能性は否定できない。もう一つは、都内にオフィスを構え、秘書を雇えば、維持費がかかる。端的に言って、金がほしかったのか？　予備調査もやらない、調査票作りの検討もしない、統計分析といっても、せいぜいクロス集計まで、となれば、調査費用の支出はだいぶん浮く。執筆も、国レベルの既存の調査報告書の文章をなぞればいいだけだから、頭を使う必要がない。結果的に、かなりの金額が磯村先生の懐に入ったはずだ。（日本社会学会の倫理委員会で年配の委員が批判した関西の先生の場合も、大学外にオフィスを構え事務員を置いていたということを小耳にはさんでいた。社会学者が大学の研究室か自宅の書斎以外にオフィスを構えるようになると、それに見合った実入りが必要となる。やっぱり、そうなったらおしまいだなと、わたしなどは思う。）

委員会というものは、一人でも強く反対する委員がいれば、案としてまとまることはまずない。わたしの提案は立ち消えとなった。それにしても、なぜ、「委託調査」だと、委託元の行政によって、著作権が研究者から召し上げられてしまうのかという問題について、理詰めで考えておきたい。第一に、先の文科省の回答の言う「税金を使っているから」は、理由にはならない。科学研究費など、研究助成のかたちで補助金が国費から出される場合でも、著作権は研究者自身のものとして保障されているからである。

「委託調査」は、そもそも、行政がなんらかの政策なり施策を策定するにあたり、その参考にすべく、それに役立つデータや知見を求めて、誰かしかるべき研究者なり、その筋の業者に委託するものである。当の行政にとっては、その調査の成果を政策・施策決定の参考データとして自由に使えればそれで十分であり、なにも研究者から著作権を召し上げる必要はないはずである。むしろ、一般に、委託調査研究の成果が研究者の研究業績となることが保障されているほうが、そうでない場合よりも、研究者はオリジナルな着想をその調査研究に投入することが考えられ、結果的により有用な研究成果を行政は入手することが可能になるはずである。とすると、著作権の召し上げは、その委託研究の研究内容を部外秘にしなければならない事情があって、始められたことだと思われる。そのような委託研究の源流は、どこにあるか？　思い当たるのは「戦時中国研究」である。日本の支配の及んだ「満洲」などの中国東北部に研究者が駆り出されて、軍部の委託研究に従事したことがある。──わたしは、学部生だったか大学院生だったときに、どなたかから、福武直《ただし》先生が、一九四〇（昭和一五）年に東京帝国大学を卒業し、副手だか助手をしている時期に、そのような研究に従事していた、ということを聞いたことがある。まさしく、研究内容は〝軍事機密〟だ。論理必然的に、著作権は研究者の手元には残らない。ただ、日本が戦争に敗れ、軍部が解体したことで、福武先生がそのときの研究成果をまとめられたのが、『中国村落の社会生活』（弘文堂書房、一九四七）なのだと。

わたしが気にかけているこの「委託調査」の問題も、一時期の「同和問題調査」のような、法外な調査費用がつくものは、今日の行政の財政事情のなかでは、まったく姿を消した。逆に、地方の小さな自治体がやる「人権問題意識調査」などでは、あまりの小予算でもって、出入りの調査会社に泣いてもらうかたちで押しつけられている現実さえある。とはいえ、「委託調査」における著作権の問題も研究成果への不当な干渉の問題も解決したわけではない。どなたか、社会調査史を専門的に研究しようという方が、戦時下の軍部による委託調査も含めて、きちんと跡付けてくれると、たいへんうれしいのだが。

社会的カテゴリーの境界の曖昧性と内部の多様性

フィールドワークをしていての当事者からの批判、「委託研究」での著作権の召し上げといった重苦しい話題が続いた。本稿を終える前に、話題を変えて、気分転換をしたい。

わたしが一九七六年に被差別部落での聞き取り調査を始めてから、ちょうど四〇年が経過した。このかん、わたしは、ほぼ一貫して、社会的に被差別の立場に置かれたマイノリティ当事者からのライフストーリーに耳を傾けてきた。そのことをとおして、わたしの身体感覚とまでなった認識に、《カテゴリーの境界の曖昧さ、カテゴリーの内部の多様性》というものがある。

『社会調査事典』（丸善出版、二〇一四）に「差別」の項目を執筆したとき、わたしは差別の問題に接近する場合に留意すべきこととして、次のように書いた。

　人間の意識作用によって構成されるカテゴリーとカテゴリーの境界は、実は、もともと曖昧である。部落出身者とそうでない者との境界線、在日コリアンと日本人との境界線、強制隔離の対象とされたハンセン病患者とそうでない者との境界線、そのようなものがクリアに存在するわけではない。調査研究者が、虚構の境界線を引いてしまうならば、社会的差別の強化につながりかねない。その愚は避けなければならない。

カテゴリーの内部は、当たり前のことだが、実に多様である。その多様性を見落とすとき、そのカテゴリーに属する者たちをまるごと一定の色合いに染め上げることになる。それは、オルポートが「過度のカテゴリー化」とよんだものにほかならない。これまた、差別の社会調査が社会的差別の再生産に手を貸してしまうことになりかねない。要注意である。

被差別部落で聞き取りをしていて、目の前の語り手の女性は、もし〝部落の血筋〟などというものがあるとしたならば、それは八分の一にすぎない、といったことがあった。代々、〝部落の女性〟が〝部落外の男性〟と結ばれて、いま、彼女がいるのだ、と。そして、聞き取りをしているわたしたちの傍らで遊んでいる小学校にあがったばかりの女の子は、同じように計算すれば〝一六分の一〟だというのだ。あるいは、ハンセン病療養所で聞き取りをしていて、ハンセン病を発症したことのない人に、ずいぶんお会いした。〝間違えられて〟療養所に収容された人、働き手が隔離収容されてしまって、外の社会では暮らせないと、頼み込むかたちで入所した子どもや妻、等々。

いやいや、そもそも、大学のゼミで、ＦｔＭ（Female to Male）のトランスジェンダーの学生二人を前にして、わたしが、自分の頬を指しながら「ここはほっぺた」、そして自分の顎を指しながら「ここは顎」。「はい、頬と顎の境目はここだ、と示してみて！」と言ったときに、かれらはじつに愉快そうに笑った。男と女というカテゴリーさえ、その境目は曖昧なのだ。

カテゴリー内部の多様性については、たとえば、在日コリアンの若者たちからの聞き取りをしたとき、かれらの語るライフストーリーは、百人百様、実に個性的であった。しかし、〝百人聞いたら、百通りでした〟では、なにも伝わらない。多様性を伝えるためにこそ、分類なり、類型化によって、一見単純化してみせることが必要なのだ。アメリカのマンザナール収容所跡に掲げられていた標語、〝One Camp, Ten Thousand Lives; One Camp, Ten Thousand Stories〟をいま一度引用しておこう。この感覚を忘れ、自分が調査対象としたカテゴリーのなかから、一部の者たちだけを取り出して、それがあたかも全体にあてはまるかの如く研究者の側がつくってしまう物語を、わたしは「ワン・ストーリー」と呼ぶ。そういう研究だけはしたくないと、つねづねわたしは思っている。

浅野慎一・佟岩夫妻の仕事、三浦耕吉郎さんの仕事

本稿を書いている最中に、神戸大学の浅野慎一さんとおつれあいの佟岩《とうがん》さんの共同研究の成果、『中国残留日本人孤児の研究』(御茶の水書房、二〇一六)が贈られてきた。菊判、上下二段組みで五五八頁の、ずっしりと重い大著であった。

著者によれば、「筆者は二〇〇〇年以降、中国と日本の双方で、約四五〇名の残留孤児・残留婦人とその家族に面接聞き取り調査を行ってきた。本書はその中で、日本に永住帰国して兵庫県に住む四五名の残留孤児の調査結果を素材としたものである」(三頁)。「本書の素材となった調査は……すべて中国語で行い、その結果を日本語に翻訳した。/本書の調査対象者は全員、

二〇〇四年当時、神戸地方裁判所に国賠訴訟を提訴していた原告である。兵庫の原告団は最終的に六四名であった。本書の調査対象者は、その七割強を占める」（一六頁）。いやいや、恐れ入ります。わたしよりも、被差別当事者の聞き取りに執念を燃やして取り組む研究者がいようとは。すごい、の一語に尽きる。そして、この中国残留孤児問題での先行研究を見ると、その研究者自身もたしかに「インタビュー調査は実施している。しかし、二次資料への依存度が高い」（七一頁）。その結果、研究者の〝問題意識〟が先走ってしまっているのではないか、との批判は、説得力をもつ。

大著に挟まれていた所信には、「本書は、残留孤児の国家賠償訴訟の際、私達が原告側書証として神戸地裁に提出した報告書（中間報告）の、いわば最終完成版でもあります」とあった。中国残留孤児国賠訴訟は、日本の各地の地方裁判所に提訴されたが、わたしの知るところでは、唯一、神戸地裁でのみ「原告勝訴」の判決を勝ち取っている。浅野慎一さんと佟岩さんのこの仕事が、神戸地裁の裁判官に原告勝訴の判決を書かしめた大きな一助となったのではないかと、わたしは思う。

また、第三八回日本解放社会学会大会で、二〇一六年九月四日、五日と東北学院大学に滞在中に、関西学院大学の三浦耕吉郎さんから、『新修 福岡市史 民俗編二』（二〇一五）に収録の、「『人間の解放』をめざす人々」および「堅粕――改良住宅の民俗誌」という二編の抜刷を頂戴した。いずれも福岡市内の被差別部落でのフィールドワークと聞き取りのデータに基づく論考で、帰りの新幹線のなかでさっそく拝読し、すぐにお礼のメールを出した。

学会のおりに、ご労作二編頂戴しまして、ありがとうございました。味わい深い傑作ですね。三浦さんが、あんなに、語り手であるマイノリティ当事者に寄り添った《人情味あふれる》叙述をなさるとは、ちょっと思いませんでした。ぼくのほうが、はるかに《距離をとった》書き方をしてるんじゃないか、とさえ思いました。（以下略）

三浦さんからはすぐに返信が届いた。

早速、ご批評をいただき、痛み入ります。今回のものは、論文ではなく市民向けの読み物として書いたことが影響しているかもしれません。対象に「寄り添う」か「距離をとる」かについては、私にはさして一貫した立場があるわけではありません。逆にいえば、対象に「寄り添いすぎている」と感じられたら失敗だし、「距離をとりすぎていても」失敗だと思います。ただ、その間には、かなり広い工夫の利く自由な記述空間があるように思っています。もう一つ、言い訳が許されるなら、どちらの文章も、核心の部分は結構ハードで、アカデミックなテーマを追究しているつもりです。それが、論文よりわかりやすく記述できているなら、まぁ、いいか、という感じです。でも、お励ましいただいてありがたかったです。

三浦さんの言う、「市民向けの読み物」として書いたが、同時に、「アカデミックなテーマを追究している」というのは、たとえば、聞き取りに応じてくれた部落の人の「部落差別っていうのは、〔必ずしも――福岡による補足〕なんか特別な、ある観念をもってて出くわすんやなくて……」という語りから、三浦さんは、いわゆる偏見を持っていなくても、「生活体験の違い」から「認識のギャップ」が生みだされ、そのことが部落を避ける行動、態度をもたらすという側面に切り込んでいっている。したがって、問題の解決策の提示の仕方も、「差別はいけません」という規範強調型の教育ではなくて、「同和地区の人たちと一般地区の人たちのあいだに存在する同和問題にかんする認識のズレをどのように埋めていくか」といった具体的な形をとる。

なかなか、短いスペースで他者《ひと》の仕事のエッセンスを伝えるのは難しいが、わたしの読後感としては、スッキリとした感じをもたらしてくれた、ということは確かである。浅野慎一・佟岩夫妻、そして、三浦耕吉郎さんの、こういったお仕事に接するとき、社会学って、まだまだ捨てたものじゃないなと、うれしくなる。

あとがき

遠い昔の記憶をたぐりよせていくと、G・W・オルポートの *The Use of Personal Document* の初回の翻訳作業に沈潜していたのは、一九六九年の後半から一九七〇年のはじめのころだったように思う。東大闘争の、いわゆる敗北局面にあって、意気消沈とまではいかないが、なんとも気分が高揚しない。昼間から窓を締め切って電灯を点けた四畳半で、コツコツと英文を日本語に置き換えていた。〝ああ、翻訳って、こういう気分が昂ぶらないときに合っている作業だな〟と思いつつ、〝でも、もし、今度、翻訳をやるとしたら、年をとって、仕事をリタイアして、時間がゆったりしたときがいいな〟とも思ったのを、はっきりと覚えている。——外見的には、思い通りになった。しかし、いまが、けっして〝ゆったりした〟環境ではまったくないことは、最後に一言しよう。

今回、オルポートの *The Use of Personal Document* の二度目の翻訳をして、ほんとによかった、と思うことがある。それは、わたしの社会学の、あるいは生きていく上でのものの考え方の師匠は三人いると思ってきたが、どうやら、わたしは自分では気づいていなかっただけで、オルポートの影響を思いのほか強く受けていたらしいことが、判明したことだ。

わたしの三人の師匠の一人が見田宗介先生であることは、言うまでもないことだ。一九六六年四月に東大に入学し、哲学をやろうと思っていたのに、駒場での哲学の授業がなんとも面白くなくて、こんなはずではなかった、これからどうしようと思案に暮れていたとき、見田先生に出逢ったのだ。以来五〇年、見田先生を師と仰いできた。見田先生から学んだことは、一言でいえば、〈社会学って面白い〉ということに尽きる。二人目の師は、修論調査で繰り返し訪れた福岡県柳川の柳下村塾《りゅうかそんじゅく》運動のリーダーであった故・武田桂二郎さんだ。武田さんは昭和の年号がそのまま満年齢の人であり、東大は入っただけで授業も受けずに中退したとおっしゃっていたが、明らかに、地域の生活者たちのなかで、かれらと向き合いつつ思想を形成していくタイプの知識人であった。わたしなぞは、自分自身を知識人と考えたこともないが、それでも、東大の大学院まで出てしまった者としての〈他者との向き合い方〉を、幾ばくか学ばせてもらったように思う。（東大の大学院まで出てしまった、という言い方は、わたしのように差別問題の調査研究をしていると、義務教育すらまともに受けられなかった多くの人たちに出逢う。彼ら彼女らを鏡としたとき、自分のそのような立場性は厳然たる事実であることを思い知らされる。）三人目は、師というよりも兄貴分だが、一九八五年に創立した「日本解放社会学会」の初代会長の江嶋修作さんだ。江嶋さんからは、『マスコミと差別語問題』（明石書店、一九八四）の共同研究のときに、縦軸・横軸を切っての〈類型構築のやり方〉を具体的に教えてもらった（あとで気がついてみたら、見田先生が四象限の類型化の達人だった、という次第）。

そして、今回あらためて自覚したのだが、四人目の師匠が、どうやら、オルポートだったようだ。わたしがオルポートから学んだのは、〈徹底してデータを大事にするという姿勢〉であるように思う。そうは言っても、自分では、調査研究の場面ひとつひとつで、自分自身で身につけてきた研究スタイルだと、これまで思ってきたのだが。

徹底してデータを大事にするという姿勢とは、具体的には、第一に、調査研究にあたっての問いは、こちらがフィールドに持ち込むのではなくて、フィールドから立ち上がってくるものだ、という感覚。たとえば、わたしたち（江嶋修作、鐘ケ江晴彦、福岡安則）は、狭山事件再審弁護団の依頼により、再審請求人石川一雄の部落出身者としての生活史に迫った「意見書」を一九八六年に東京高裁に提出しているが、このときには、二審で寺尾裁判長が石川被告の供述のことごとくを信を措くに値せずとして採用しなかったのは、〝石川一雄は嘘つきか、物覚えが悪い〟という心証を形成していたがゆえではないかと思われ、この壁を崩すのがわたしたちの課題となった。しかし、証拠上は圧倒的に不利であった。石川さん自身は法廷で「小学校の途中から奉公に行って、あとは学校に行っていない」と供述している。しかるに、彼が在籍した入間川小学校の学籍簿には、六年の出席日数が「七八日」とある。供述と記録が齟齬したばあい、一般的には記録が勝る。しかし、このときは、石川さんの六年のときの担任の先生が山口県に在住とわかり、江嶋さんが広島から車を飛ばして会いに行き、お話をうかがうことで、謎は解けた。元担任の先生は「六年生のとき、一雄さんは一日も出席しておりません」と明言されたのだ。そして、学籍簿の〝幻の出席日数〟は、形だけは小学校卒業にしてあげようという教師たちの〝思いやりゆえの捏造〟だったとのこと。——このときの体験は、中途半端な調査では行き詰まることはあっても、徹底して調査をやりぬけば、問いはかならず解けるという確信を、わたしのなかに培った。データへの信頼の第二の姿勢である。

データを大事にする第三の姿勢は、新たなデータが入手できて、それまでに形成してきた判断の変更を迫られたときには、躊躇なく新しい判断に移行するのが正しい、という感覚である。社会学者たる者、それがデータに依拠する限り、昨日まで言っていたことと今日言うことが違っていても、なんら恥じるところはないのだ、と。

第四に、しかるべきデータを踏まえている限り、誰を前にしても、そこから導き出される知見を、ひるむことなく言明するのが社会学者というものだ、という感覚。たとえば、一九八八年から着手した在日コリアンの三世を中心とした若い世代の人たちの聞き取り調査では、かれらの圧倒的多数が日常的に日本式の通名を使っているのは、どうやら、かれら自身が小さいときから通名使用に馴染んでいるからではないかとの感触を得たのだが、それを、川崎市桜本在住の、在日二世のオモニ世代の女性に話したところ、「福岡さんは、まだ、わたしたちが味わわされてきた苦しみがわかっていない！　差別を避けるために、やむをえず、通名を使ってきたのですよ」と、叱りつけられてしまった。それで、『在日韓国・朝鮮人』（中公新書、一九九三）を書いたときには、弱気になって、少々筆を曲げてしまった。

それにしても、圧倒的多数の在日韓国・朝鮮人が、いまなお「通名」を使用しているのは、なぜか。

最大の理由は、日本人による差別を回避するためだ。とくに一世、二世は、民族名では仕事にありつけなかった体験を共有している。……

ただ、もうひとつの要因も考えておかなければなるまい。それは、差別を回避するために「通名」を長年使用しているあいだに、「通名」のはずの〝日本名〟に「在日」自身がなじませられてきたという側面である。……「在日」の集住する地域社会において、「在日」どうしが〝日本名〟で呼びあう現実がみられる。家庭のなかでも、もっぱら〝日本名〟で子どもを呼ぶという現実が支配的である。……（五九～六〇頁、強調点は引用に際してのもの）

手応えとしては「もうひとつの要因」のほうこそ「最大の理由」と思われていたのだが、確たる証拠とまでは言えなかったので、オモニの剣幕にたじろいでしまったのだ。しかし、金明《キムミョン》秀《ス》さんと一緒にやった『在日韓国人青年の生活と意識』（東京大学出版会、一九九七）の質問紙調査で結着が付いた。在日韓国人青年の八割弱が「まったく通名だけ」「ほとんど通名」もしくは

「通名の方が本名より多い」生活をおくっているところ、「差別されないためには、通名を使わざるをえない」という意見に対して賛意を示した回答は三割にみたなかった。それに対して、「本名であれ通名であれ、自分になじんだ名前で生きることが自然な生き方だ」という意見に賛意を示した回答が七割を超えたのだ。勝負あった、という次第。くだんのオモニにこのデータを示して説明したところ、今度は彼女も納得してくれた。もし、子どもたちに民族名を名乗って堂々と生きていってほしいと親たちが願うならば、実践的に意味があるのは、日本人による民族差別を批判するよりも前に、親たち自身が家庭のなかでも子どもたちを民族名で呼ぶことなのだ、と。

もう一例示そう。わたしは、一九九七年度、九八年度、九九年度と三年続けて、社団法人千葉県人権啓発センターの仕事として、千葉県内在住の市民を対象として、部落問題を軸に人権問題に関する意識調査を実施した。その調査結果として得られた知見のひとつが、学校同和教育の効果はほとんど確認されなかったこと。そして、同和教育がお題目として唱えてきた「同和問題の正しい知識」は、結婚差別の態度をなくすことにはまったく関係がないこと。結婚問題への態度に大きく影響しているのは、同和地区に対する「異質視」であり「マイナス視」にほかならないこと、であった。要するに、長年にわたる同和教育の取り組みは、残念ながら、ツボを外したものだったのだ、と。このことを、ある講演会で話したところ、会場にいた学校の先生たちが猛反発した。しかし、同じ会場にいた部落の人たちは「福岡先生の話されたことは、その通りだと思う」と納得してくれた。——いまは懐かしい思い出の場面である。

縷々述べてきた、このようなデータを大事にする感覚は、自分自身でつくってきたものだと思っていたが、その素地は、けっこう、学生時代にオルポートを翻訳したことに淵源するような気がしてきたのだ。それは、ちょうど、囲碁棋士になろうとする少年少女が、昔の名人本因坊の棋譜を見ながら碁盤上に黒と白の碁石を並べていくことを繰り返すなかで、いつのまにか、名人本因坊の囲碁感覚を身につけていくのと同じことなのかな、と思う。たいして訳もわからぬまま、一学生が英文を日本語に置き換える作業を、半年ぐらいをかけてコツコツやっているあいだに、オルポートのものの考え方が、発想の基盤に染み込んでいたのかもしれない、と。

わたしは、現役のとき、ゼミの学生たちにこういう言い方をした。――社会学者には、乱暴に言って、二つのタイプがある。一方の極にいるのは、頭の中に全世界が入っていて、なにかある世の中の人びとを驚愕させるような社会的な大事件（たとえば、一九九五年のオウム真理教による地下鉄サリン事件とか、一九九七年の少年Aによる神戸連続児童殺傷事件とか）が起きたら、たちまちそれを社会学的に分析し説明してみせることのできる社会学者である。念頭に思い浮かべていたのは、大澤真幸である。彼はわたしより一回り年下だが、見田先生の、いちばん優秀な弟子であるという意味での一番弟子である。そのことは衆目の一致するところであろう。その対極にいるのが、頭のなかは空っぽで、自分が社会のことはよく知らないことを承知していて、であるがゆえに、コツコツ調査をして、わかった限りでしか社会のことについて発言しないタイプの社会学者である。なにを隠そう、わたしがその典型だと思う。かく言うわたしも、見田先生の〝一番弟子〟である。大澤さんが一番弟子なのは才能と努力の賜物だが、わたしのばあいは、見田先生とはちょうど一〇歳違いで、たまたま、先生の〝一番最初の弟子〟となった次第。これは、運命のいたずらにすぎない。

わたしは二〇一三年三月末で埼玉大学を定年退職して暇になったはずなのに、必ずしもそうなっていない。昨日で六九歳になったが、この年にしていまなおフィールドワークに駆けずり回っている。さらには、週三日の〝孫守り〟のオブリゲーションも入って、けっこう忙しいのだ。そのせいで、弘文堂編集部の中村憲生さんには、三度《みたび》にわたって締切の延期をお願いする羽目になったのだが、見捨てることなく、最後までおつきあいいただき、心から感謝しています。

黒坂愛衣さん、ずっと一緒に調査研究をしてくれて、ありがとう。金香月《キムヒャンウォル》さん、上山由里香さん、韓国語のできないわたしが韓国で聞き取り調査ができてしまうのは、おふたりのおかげです。台湾調査では、宗田昌人《そうだまさと》さんのお世話になっている。感謝しています。

二〇一六年一一月一四日

福岡安則

【著者紹介】
福岡安則（ふくおか やすのり）
1947年生まれ。埼玉大学名誉教授。博士（社会学）。日本解放社会学会会長（1993年～1998年）。千葉県人権問題懇話会座長（2002年～2004年）。千葉県人権施策推進委員会委員長（2004年～2011年）。主要著書に、『被差別の文化・反差別の生きざま』（共編著、明石書店、1987）。『在日韓国・朝鮮人—若い世代のアイデンティティ』（中公新書、1993）。『在日韓国人青年の生活と意識』（共著、東京大学出版会、1997）。*Lives of Young Koreans in Japan* (Melbourne: Trans Pacific Press, 2000). 『聞き取りの技法—〈社会学する〉ことへの招待』（創土社、2000）。『栗生楽泉園入所者証言集』全3巻（共編著、創土社、2009）。『生き抜いて　サイパン玉砕戦とハンセン病』（共編著、創土社、2011）。『もどれない故郷《ふるさと》ながどろ』（共編著、芙蓉書房出版、2016）。

質的研究法

2017（平成29）年1月30日　初版1刷発行

著　者　G・W・オルポート、福岡安則

発行者　鯉渕友南

発行所　株式会社　弘文堂　101-0062 東京都千代田区神田駿河台1の7
TEL 03(3294)4801　振替 00120-6-53909
http://www.koubundou.co.jp

装　丁　笠井亞子
組　版　スタジオトラミーケ
印　刷　大盛印刷
製　本　牧製本印刷

ISBN978-4-335-55186-4